Eigentumswohnung:

Auswahl und Kauf

Harald Haakshorst

Gabriele Heinrich

Katja Hennig

2., aktualisierte Auflage, 11.–18.000 Exemplare

Verbraucherzentrale Nordrhein-Westfalen
ISBN 978-3-86336-002-3
Printed in Germany

Vorwort

Wenn Sie dieses Buch lesen, spielen Sie mit dem Gedanken, sich eine Eigentumswohnung zu kaufen, sei es eine Wohnung, die bereits bewohnt wurde, sich gerade im Bau befindet oder bisher lediglich in der Planung existiert. Unser Ziel ist es, Ihnen eine möglichst praxisnahe und leicht zu benutzende Information an die Hand zu geben und Ihren Blick dafür zu schärfen, worauf Sie besonders achten sollten. Dabei haben wir immer versucht zu vermeiden, dass Probleme überzeichnet oder Kaufinteressenten verunsichert werden.

Einige Aspekte, die Sie in diesem Buch lesen werden, mögen für Ihren konkreten Entscheidungsprozess nicht von Bedeutung sein. Jeder Fall liegt nun einmal ein wenig anders. Aber es ist sicherlich hilfreich, sich mit den grundsätzlichen Besonderheiten vertraut zu machen, die mit dem Erwerb einer Eigentumswohnung verbunden sind. Denn als Wohnungseigentümer sind Sie nicht nur für Ihre eigenen vier Wände verantwortlich, sondern zusammen mit Ihren Miteigentümern auch für die Belange des Hauses bzw. für das darin befindliche Gemeinschaftseigentum zuständig.

Wer in Ruhe mithilfe dieses Ratgebers seine kurz- und langfristigen Interessen analysiert und abwägt, dem sollte mit dem Kauf einer Eigentumswohnung eine gute Weichenstellung für seine Zukunft gelingen. Deswegen werden Sie bei der Lektüre feststellen, dass immer wieder die Anregung durchscheint, nichts zu überstürzen.

Der Aufbau des Buches orientiert sich daran, wie sich ein Interessent dem Kauf einer Wohnung nähert. Nach einem kurzen Überblick über **wichtige Begriffe** im Zusammenhang mit einer Eigentumswohnung, auf deren Erläuterungen Sie jederzeit zurückgreifen können, folgen grundsätzliche Erwägungen über **das Für und Wider des Kaufs** einer Eigentumswohnung (→ Seite 16 ff.).

Im Anschluss daran finden Sie einen **Überblick über die verschiedenen Wege,** die zu Ihrer Wohnung führen können, und die

Kriterien, die Sie bei der Auswahl Ihrer neuen Wohnung bedenken sollten.

Haben Sie sich erst einmal für eine – Ihre – Wohnung entschieden, müssen Sie sich zwangsläufig auch mit Ihrem künftigen Vertragspartner beschäftigen. Das Kapitel **»Der zuverlässige Verkäufer«** (→ Seite 65 ff.) soll Sie dabei unterstützen.

Unerlässlich sind aber auch die Durchsicht und Prüfung aller für den Kauf einer Eigentumswohnung **wichtigen Unterlagen**; dazu finden Sie Hinweise ab Seite 77. Wichtige Überlegungen beim Erwerb einer Wohnung betreffen

- die bautechnische Seite,
- die Verhältnisse innerhalb der Wohnungseigentümergemeinschaft, zu der Sie vielleicht künftig gehören werden,
- die Finanzierung des Ankaufs und des Unterhalts der Wohnung.

Jeder Immobilienkauf findet seinen vorläufigen Höhepunkt im **Gang zum Notar** und im **Abschluss des Kaufvertrags**. Daher liegt ein weiterer Schwerpunkt dieses Buches auf den Kapiteln »Termin beim Notar« (→ Seite 155 ff.) und »Der Kaufvertrag« (→ Seite 165 ff.).

Zur **Übergabe der Wohnung** an Sie finden Sie rechtliche und technische Hinweise ab Seite 207.

Abschließend erhalten Sie einen kleinen Überblick über die Rechtslage bei Mängeln der Wohnung und bei Streitigkeiten innerhalb einer Wohnungseigentümergemeinschaft, über Fragen im Zusammenhang einer vielleicht beabsichtigten Vermietung der neuen Wohnung und über erb- und familienrechtliche Aspekte, die bei oder nach Erwerb einer Wohnung bedeutsam werden können.

Ein solches Buch kann niemals eine individuelle Betreuung durch Fachleute ersetzen. Auch die Verbraucherzentralen bieten Beratung bei der Baufinanzierung und zur Prüfung eines Bauträgervertrags an. Sie beraten jedoch nicht beim Kauf einer Eigentumswohnung. Im Übrigen gilt immer: Zu Risiken und Nebenwirkungen fragen Sie Ihren Notar.

Inhalt

Zum Einstimmen und Nachschlagen

Gemeinschaftliches Eigentum

Zum gemeinschaftlichen Eigentum aller Wohnungseigentümer gehören das Grundstück, auf dem das jeweilige Haus gebaut ist, und die Teile, Anlagen und Einrichtungen des Gebäudes, die für dessen Bestand und Sicherheit erforderlich sind, die von allen Eigentümern gebraucht werden oder die die optische Gestaltung des Gebäudes prägen. Im Gemeinschaftseigentum stehen daher unter anderem Garten- und Hofflächen, das Dach des Gebäudes, dessen tragende Mauern, die Fassade, Hauptversorgungsleitungen und Kanalisation, aber zum Beispiel auch ein Aufzug und das Treppenhaus.

Gemeinschaftsordnung

Wichtige Regelung für die Eigentümergemeinschaft

Die Gemeinschaftsordnung ist häufig Bestandteil der → Teilungserklärung. Sie regelt das Verhältnis der Miteigentümer untereinander und gewährleistet, dass sich alle Mitglieder der Eigentümergemeinschaft nach einheitlichen Regeln verhalten. Die Gemeinschaftsordnung enthält, ähnlich wie eine Hausordnung, Regelungen zur Nutzung des Sonder- und des Gemeinschaftseigentums wie zum Beispiel die Einhaltung von Ruhezeiten, aber auch Bestimmungen zu den Instandsetzungs- und -haltungspflichten der Wohnungseigentümer sowie zu deren Zahlungsverpflichtungen, zur Verwaltung und zum Verwalter sowie Vorgaben für die Eigentümerversammlungen und für Beschlüsse. Ferner ist in der Gemeinschaftsordnung häufig festgelegt, dass manche Maßnahmen der Zustimmung der Gemeinschaft und/oder des Verwalters bedürfen, und bestimmte Umstände, wie zum Beispiel Schäden am Gemeinschaftseigentum, der Gemeinschaft unverzüglich mitzuteilen sind. Inhalt und Umfang dieser Regelungen sind jedoch von Gemeinschaft zu Gemeinschaft sehr unterschiedlich.

Instandhaltungsrücklage

Das → Wohn- bzw. Hausgeld umfasst regelmäßig auch einen Beitrag zur Instandhaltungsrücklage. Indem die Eigentümer eine solche

Instandhaltungsrücklage ansparen, soll die Finanzierung von Reparaturen des Gemeinschaftseigentums oder von vergleichbaren Investitionen gewährleistet werden. Die Eigentümergemeinschaft spart also einen »Notgroschen« an, der letztlich allen Eigentümern zugutekommt. Hier sollte kein falscher Geiz an den Tag gelegt werden.

Beim Verkauf bzw. Erwerb einer Wohnung wird der vom Verkäufer gezahlte Anteil an der Instandhaltungsrücklage nicht an ihn ausgezahlt. Der Käufer übernimmt also den Anteil am Gemeinschaftsvermögen (der Instandhaltungsrücklage).

Jahresabrechnung

Über das Hausgeld und die sonstigen Einnahmen der Gemeinschaft sowie deren Ausgaben wird jährlich abgerechnet. Die Jahresabrechnung wird vom → Verwalter erstellt und besteht aus der Gesamtabrechnung über sämtliche Einnahmen und Ausgaben einschließlich der Instandhaltungsrücklage sowie der sonstigen gemeinsamen Konten und den Einzelabrechnungen für jede Wohnungseinheit, aus denen sich die auf den jeweiligen Eigentümer entfallenden Anteile ergeben. Über die Genehmigung der Jahresabrechnung muss von der Wohnungseigentümergemeinschaft in der Eigentümerversammlung ein Beschluss gefasst werden, damit sie wirksam wird und unter anderem Grundlage für etwaige Nachforderungen sein kann.

Sondereigentum

Abgrenzung zwischen Sonder- und Gemeinschaftseigentum oft problematisch

Sondereigentum ist das, was Sie als Ihre private Wohnung betrachten. Dazu zählen alle umschlossenen Räume und Gebäudeteile, die in der → Teilungserklärung so bezeichnet sind und die nur einem einzelnen Eigentümer, also nicht der Eigentümergemeinschaft, gehören. Typischerweise gehören zum Sondereigentum die Räume innerhalb der Wohnung einschließlich der Tapeten, des Fußbodenoberbelags und der Heizkörper, Steckdosen etc. Das Gegenstück zum Sondereigentum bildet das → gemeinschaftliche Eigentum. Die Abgrenzung zwischen Sonder- und Gemeinschaftseigentum ist oft schwierig und kann zu Streitigkeiten führen. So zählt zum Beispiel der Innenanstrich von Wohnungsfenstern zum Sondereigentum, während die Rahmen, Verglasungen und Außenseiten derselben Fenster zum Gemeinschaftseigentum gehören.

Sondernutzungsrecht

Nur Teilungserklärung oder Vereinbarung begründet Sondernutzungsrecht

Ein Sondernutzungsrecht ist das Recht, gemeinschaftliches Eigentum allein und unter Ausschluss der anderen Eigentümer zu benutzen. So werden oftmals außen liegende Pkw-Stellplätze, die zwingend zum gemeinschaftlichen Eigentum gehören, unter den Eigentümern aufgeteilt, indem jeweils einem Eigentümer das Sondernutzungsrecht an einem bestimmten Stellplatz zugewiesen wird. Das hat zur Folge, dass die anderen Eigentümer diesen Stellplatz nicht benutzen dürfen. Wichtig ist hierbei, dass nur in der Teilungserklärung oder aber durch eine Vereinbarung aller Eigentümer ein solches Sondernutzungsrecht begründet werden kann. Sondernutzungsrechte werden zwar meist auch im Grundbuch vermerkt. Der genaue Umfang des Sondernutzungsrechts und die Details dazu können aber nicht dem Grundbuch, sondern lediglich der Teilungserklärung oder ergänzenden Vereinbarungen entnommen werden.

Teileigentum

Vom Wohnungseigentum unterscheidet sich das Teileigentum allein dadurch, dass die im Teileigentum stehenden Räume nicht zum Wohnen genutzt werden, also zum Beispiel ein Ladenlokal oder auch Garagen. Solche Räumlichkeiten werden auch oft als »nicht zu Wohnzwecken dienend« bezeichnet.

Teilungserklärung

Die Teilungserklärung ist eine notarielle Urkunde. Dazu gehört ein Aufteilungsplan, auf dem zu erkennen ist, welcher Raum zu welchem Sondereigentum gehört und wo die Grenzen zwischen Sonder- und Gemeinschaftseigentum verlaufen. Ferner gehört zur Teilungserklärung auch die amtliche Bescheinigung, dass das Sondereigentum in sich abgeschlossen ist (Abgeschlossenheitsbescheinigung). Die Teilungserklärung ist für alle Wohnungseigentümer verbindlich und daher nicht ohne Weiteres zu ändern. Meist beinhaltet die Teilungserklärung zusätzlich auch die Gemeinschaftsordnung.

Verwalter

Der Verwalter ist derjenige, der die laufenden Geschäfte für die Wohnungseigentümergemeinschaft regelt. Er führt deren Entscheidungen aus und nimmt die Rechte und Pflichten der Eigentümergemeinschaft wahr. Zu seinen Aufgaben gehören die Durchführung der gefassten Beschlüsse und, falls vorhanden, der Hausordnung, die Instandhaltung und -setzung des gemeinschaftlichen Eigentums, die Verwaltung des gemeinschaftlichen Vermögens wie zum Beispiel des Hauskontos und der Instandhaltungsrücklage oder auch die Einziehung der Kostenbeiträge. Das Amt des Verwalters kann auch ein Wohnungseigentümer ausüben. Seine Rechte und Pflichten sind im Wohnungseigentumsgesetz geregelt.

Wirtschaftsplan

Wirtschaftsplan muss genehmigt werden

Der Wirtschaftsplan beinhaltet die voraussichtlichen Einnahmen und Ausgaben für das jeweils nächste Jahr sowie den sich daraus ergebenden Anteil jedes Eigentümers an den voraussichtlichen Kosten und damit die jeweilige Höhe des Wohngelds für das kommende Jahr. Er basiert meist auf der Abrechnung des jeweiligen Vorjahres, sollte aber auch zu erwartende Veränderungen der Kosten beinhalten. Ebenso wie die Jahresabrechnung muss der Wirtschaftsplan von der Eigentümergemeinschaft in der jährlichen Eigentümerversammlung durch einen Beschluss genehmigt werden, damit er Grundlage sein kann für den Anspruch der Gemeinschaft gegen jeden einzelnen Eigentümer auf Zahlung des Hausgelds.

Wohn- bzw. Hausgeld

Als Eigentümer einer Wohnung sind Sie dazu verpflichtet, sich an den laufenden Kosten des Grundstücks und des Gebäudes zu beteiligen. Dafür muss jeder Wohnungseigentümer, meist monatlich, Wohn- oder Hausgeld zahlen, dessen Höhe sich aus dem Wirtschaftsplan ergibt und das, ähnlich wie die monatlichen Nebenkostenvorauszahlungen bei einer Mietwohnung, jährlich abgerechnet wird. Darin können die anteiligen Beiträge zu den Grundbesitzabgaben wie Müllabfuhr, Straßenreinigung und Entwässerung, zu Allgemeinstrom, Heizung, Wasser, TV-Anschluss, Hausreinigung, Gartenpflege, Versicherungen, Hausmeister- und Verwaltervergütung sowie zur Instandhaltungsrücklage enthalten sein.

Wohnungseigentum

»Wohnungseigentum« ist die juristisch korrekte Bezeichnung für eine Eigentumswohnung. Wohnungseigentum ist definiert als das Sondereigentum an einer bestimmten Wohnung verbunden mit einem Bruchteil am Gemeinschaftseigentum (Grundstück, bestimmte Teile des Gebäudes etc).

Wohnungseigentümergemeinschaft

Gesetzlich festgelegtes Entscheidungsorgan

Die Wohnungseigentümergemeinschaft ist die Gesamtheit aller Eigentümer eines Wohnhauses oder einer Wohnanlage nach dem Wohnungseigentumsgesetz (WEG). Wer Wohneigentum erwirbt, bekommt zugleich Rechte und Pflichten übertragen. Diese ergeben sich aus den Bestimmungen des WEG und Vereinbarungen der Wohnungseigentümer untereinander. Die Wohnungseigentümergemeinschaft entscheidet über die Verteilung der anfallenden Kosten wie beispielsweise die Müllentsorgung und die Bildung von Rücklagen für Reparaturen oder bauliche Maßnahmen an der Immobilie. Ihr oberstes Beschluss- und Selbstverwaltungsorgan ist die Wohnungseigentümerversammlung.

Auswahl der Wohnung

Grundsätzliche Aspekte und Überlegungen

Vor Ihrer Entscheidung darüber, eine Eigentumswohnung zu kaufen, sollten Sie sich darüber bewusst sein, was das grundsätzlich heißt und wo die Unterschiede zum Erwerb eines Hauses liegen. Eine weitere grundlegende Überlegung betrifft die Frage, ob sich der Kauf einer Wohnung – entweder zur Eigennutzung oder aber auch als Kapitalanlage – wirtschaftlich überhaupt lohnt.

Eigentumswohnung – was ist das eigentlich?

Eigentumswohnung = Sondereigentum an der Wohnung plus Miteigentum am Grundstück

Im Wohnungseigentumsgesetz (WEG) taucht nirgendwo der Begriff der »Eigentumswohnung« auf. Streng juristisch betrachtet werden Sie beim Erwerb einer Wohnung auch nicht nur Eigentümer der Wohnung: Vielmehr erwerben Sie einen Anteil an dem Grundstück, auf dem sich die Wohnung befindet, verbunden mit dem sogenannten Sondereigentum an der Wohnung selbst. Die »Eigentumswohnung« wird daher im Grundbuch (→ Seite 102), im Kaufvertrag und in ähnlichen Unterlagen auch meist nur bezeichnet als zum Beispiel »6.305/100.000 Miteigentumsanteil an dem Grundstück Gemarkung- Neustadt, Flur 12, Flurstück 34, verbunden mit dem Sondereigentum an der im Aufteilungsplan mit Nr. 5 bezeichneten Wohnung«. In besonderen Fällen werden übrigens auch andere Objekte, wie zum Beispiel Reihenhausanlagen, im Sinne des WEG aufgeteilt, für die dann auch dessen Regeln gelten.

Die für Sie wichtigste Besonderheit bei einer Eigentumswohnung im Vergleich zu einem eigenen Haus besteht darin, dass Sie damit nicht alles machen können, was Sie wollen. Stattdessen haben Sie die einschlägigen, gesetzlichen und vertraglichen Regelungen sowie die Entscheidungen der Gesamtheit der Wohnungseigentümer zu beachten. Denkbare Einschränkungen beginnen bereits bei der konkreten Nutzung Ihrer Wohnung: So darf eine Sondereigentumseinheit, die in der Teilungserklärung (→ Seite 80) als »Wohnung« bezeichnet wird, grundsätzlich auch nur als Wohnung, nicht also zum Beispiel als Ladenlokal, benutzt werden. Ferner dürfen Sie manche Veränderungen an Ihrer Wohnung nicht ohne Zustimmung der Eigentümergemeinschaft durchführen. Nicht zuletzt die Beteiligung jedes Miteigentümers an den gemeinschaftlichen Kosten des Grundstücks und des Gebäudes, die dafür notwendigen, monatlichen Zahlungen von Hausgeld, oft auch als Wohngeld bezeichnet, sowie die jährlichen Abrechnungen hierüber unterscheiden die Eigentumswohnung von einem Einfamilienhaus.

Unkündbarkeit – wesentlicher Vorteil der eigenen Wohnung

Hieraus sollten Sie aber nicht den Schluss ziehen, dass, wie häufig behauptet wird, die Eigentumswohnung sämtliche Nachteile einer Mietwohnung mit denen eines Eigenheims vereinigt. Ein entscheidender Vorteil spricht immer für eine selbst genutzte Eigentumswohnung: Solange Sie Ihren finanziellen und sonstigen Verpflichtungen nachkommen und kein extrem »unsoziales« Verhalten an den Tag legen, kann Sie in der Regel niemand gegen Ihren Willen aus Ihrer Wohnung hinauswerfen.

Kaufen oder Mieter bleiben?

Die Immobilienpreise sind derzeit (2012) in vielen Orten noch akzeptabel, die Zinsen im langjährigen Vergleich weiterhin günstig. Deshalb fragen sich viele Mieter, ob sich für sie der Kauf einer Eigentumswohnung lohnt und ob sie ihr Angespartes dafür einsetzen sollen. Vielleicht wird Ihnen sogar Ihre Mietwohnung zum Kauf angeboten. So viel vorweg: Ob sich der Kauf einer eigenen Wohnung im Vergleich zu einer anderen Vermögensanlage lohnt, hängt vor allem von der Zins- und der Wertentwicklung des Gebäudes und des Grundstücks ab (→ Seite 18). Krisen und Probleme auf dem Finanzanlagenmarkt sollten jedenfalls nicht zum vorschnellen Immobilienerwerb »verführen«.

Nicht berücksichtigt sind bei dieser Rechnung die laufenden Ausgaben für die Instandhaltung und die zusätzlichen Ausgaben für die Modernisierung, denn das Gebäude altert und wird an Wert verlieren, wenn es nicht regelmäßig instand gehalten und

Beispiel

Ein Ehepaar hat 50.000 Euro Eigenkapital. Es nimmt weitere 150.000 Euro Fremdkapital für den Kauf einer Eigentumswohnung auf. Werden nun ein Kreditzins von 5 Prozent und eine anfängliche Tilgung von 2 Prozent unterstellt, bedeutet dies eine monatliche Belastung von 875 Euro. Der Kredit wäre in gut 25 Jahren abbezahlt. Die Wohnung wäre dann schuldenfrei und – wenn ihr Wert jährlich um 1 Prozent steigt – ca. 250.000 Euro wert. Ein positives Ergebnis, allerdings beruht es auf einigen unsicheren Annahmen: Mit einer Wertsteigerung der Immobilie kann nicht in jedem Fall und dauerhaft gerechnet werden. Außerdem werden sich die Zinsen für den Kredit, je nach Vereinbarung, während der 25 bis 30 Jahre, in denen Sie Ihre Wohnung abzahlen, ändern. Denn in der Regel wird nur ein fester Zinssatz für 5 bis 15 Jahre vereinbart, danach neu verhandelt. Grundsätzlich ist nach § 489 BGB eine Kündigung nach Ablauf von 10 Jahren möglich, wenn eine Kündigungsfrist von 6 Monaten eingehalten wird. Sollte sich die Zinslage auf dem Markt seit Abschluss Ihres Kredits also stark verändert haben, könnte eine Kündigung nach 10 Jahren von Vorteil sein.

modernisiert wird. Man kann von Instandhaltungskosten in Höhe von ca. 2 Euro bis 2,50 pro Quadratmeter ausgehen. Auch ist zu bedenken, dass die Instandhaltungs- und Verwaltungskosten für Eigentumswohnungsbesitzer deutlich höher sind als die Nebenkosten für Mietwohnungen.

Würde das Ehepaar aus unserem Beispiel nun weiter zur Miete wohnen und sein Eigenkapital von 50.000 Euro langfristig anlegen, würde es bei einer jährlichen Rendite von 6 Prozent in 25 Jahren 215.000 Euro ansparen. Nach dieser Rechnung ist die Rendite bei der Vermögensanlage niedriger, die Investition in die Eigentumswohnung erscheint rentabler, zumal die weiterhin zu zahlende Miete noch nicht berücksichtigt ist.

Für einen Kauf kann auch sprechen, dass die Miete immer »verloren« ist, während Sie beim Kauf Kapital bilden, und zwar unabhängig von Geldanlageüberlegungen. Allerdings ist ein solcher Vergleich angesichts der vielen ungesicherten Annahmen schwierig. Außerdem spielen gerade beim Wohnungserwerb für die Selbstnutzung ganz andere Entscheidungskriterien eine Rolle als die Rendite.

Tipp

Die Stiftung Warentest hält im Internet einen kostenlosen Excel-Rechner bereit, mit dem Sie überschlägig kalkulieren können, ob es für Sie lohnenswert ist, eine Wohnung zu kaufen oder Mieter zu bleiben: www.test.de, dann Button »Rechner«, Rubrik »Bauen + Finanzen«.

Grundsätzlich gilt: Neben der Zinsentwicklung zeigt erst die zukünftige Wertentwicklung der Immobilie, ob sich die eigenen vier Wände lohnen; ihre Lage ist dabei wesentliches Kriterium. Die Immobilie erfordert mit zunehmendem Alter höhere Instandhaltungsausgaben. Der Gewinn liegt demnach in den steigenden Grundstückspreisen.

Der Kauf einer Eigentumswohnung zur Vermietung

Statt zur Eigennutzung kann eine Wohnung natürlich auch als Kapitalanlage erworben und vermietet werden. Für den Einstieg in den Immobilienmarkt sprechen die niedrigen Zinsen. Bei Effektivzinsen von unter 5 Prozent für eine Immobilienfinanzierung mit zehn Jahren Zinsbindung reichen die Mieteinnahmen häufig schon aus, um die laufenden Zinsen zu decken.

Als Altersvorsorge ungeeignet

Aber eine Eigentumswohnung zur Vermietung ist keine Basisanlage für die eigene Altersvorsorge oder den Vermögensaufbau; dazu ist diese Geldanlage mit zu vielen Risiken und Unabwägbarkeiten verbunden, wie im Folgenden erläutert wird. Sie eignet sich nur für Anleger, die neben dem Einsatz ihres Eigenkapitals für die Wohnung noch über weitere Vermögensanlagen verfügen. Eine Eigentumswohnung als Kapitalanlage ist vor allem für Anleger mit hohem Einkommen interessant, wenn sie ihren Sparerfreibetrag ausgeschöpft haben und ihre Kapitalerträge hoch versteuern müssen.

Unkalkulierbare Risiken

Der Immobilienkauf als Geldanlage ist mit Risiken verbunden. Einnahmen und Ausgaben lassen sich über die Jahre hinweg nicht sicher kalkulieren. So können die Mieteinnahmen sinken, bei Leerstand oder zahlungsunfähigen Mietern sogar ausfallen. Dann drohen neben dem Mietausfall weitere erhebliche Kosten, um sich von einem Mieter zu trennen und gegebenenfalls die Wohnung wieder in einen vermietbaren Zustand zu versetzen. Mietgarantien sind hier auch keine Garantie (→ Seite 23). Unkalkulierbar sind die Instandhaltungskosten. Zinsen können sich erhöhen, Steuervorteile können geringer ausfallen als geplant. Vermieter brauchen daher Reserven, um nicht schon bei den ersten Schwierigkeiten ins Schleudern zu geraten.

Die Rendite und das Risiko hängen – auch bei der Vermietung – von der Lage und dem Zustand des konkreten Gebäudes ab. Die Wohnungsnachfrage wird unter anderem sehr stark vom regionalen Arbeitsmarkt bestimmt, aber auch von der Infrastruktur vor Ort und der Attraktivität des Standorts in der Stadt.

Eine attraktive Wohnung in guter Lage ist eine Voraussetzung, aber noch keine Garantie für eine passable Rendite. Darüber entscheiden mehrere Faktoren:

- die Steuervorteile (→ Kasten unten),
- die Mietrendite – das ist das Verhältnis der Mieteinnahmen zum Kaufpreis (→ Kasten Seite 21),
- die künftige Entwicklung von Mieten und Immobilienpreisen,
- die Finanzierungskosten.

Steuervorteile für Vermieter

Immobilienanleger können mit Verlusten gut leben – solange sie nur in ihrer Steuererklärung zu Buche schlagen. Wer eine Eigentumswohnung vermietet, erzielt steuerpflichtige Einkünfte aus Vermietung und Verpachtung. Vermieter müssen daher mit der Steuererklärung eine Überschussrechnung abgeben, in der sie Mieteinnahmen und Werbungskosten gegenüberstellen.

Steuern sparen mit Verlusten

Dieser Teil der Steuererklärung ist für Vermieter meist eine lohnende Angelegenheit. Denn in den ersten Jahren nach dem Bau oder Kauf liegen die Werbungskosten durch Abschreibungen und Kreditzinsen meist deutlich höher als die Mieteinnahmen. Der Anleger schreibt steuerlich Verluste, die er mit seinen übrigen Einkünften verrechnen kann. Dadurch spart er Steuern. Erst mit zunehmender Entschuldung und steigenden Mieteinnahmen wird die steuerliche Gewinnzone erreicht. Aber zumindest ein Teil der Mieteinnahmen bleibt durch die Abschreibung weiterhin steuerfrei.

Abschreibungen: Für Abschreibungen gelten unterschiedliche Regeln, die in § 7 des Einkommensteuergesetzes (EStG) niedergelegt sind. Für Laien ist das Ganze nicht leicht zu durchschauen, Details sollten Sie auf jeden Fall mit Ihrem Steuerberater besprechen. Ein kleiner Überblick: Käufer gebrauchter Immobilien können 50 Jahre lang jährlich 2 Prozent der Gebäudeanschaffungskosten (inklusive Nebenkosten) absetzen. Für Altbauten mit Baujahr bis 1924 beträgt die Abschreibung 40 Jahre lang je 2,5 Prozent. Großzügiger ist die degressive Abschreibung für Neubauten. Hat der Eigentümer zum Beispiel nach dem 31. Dezember 2003 und vor dem 1. Januar 2006 den Bauantrag gestellt oder den Kaufvertrag abgeschlossen, kann er in den ersten zehn Jahren 4 Prozent, im 11. bis 18. Jahr je 2,5 Prozent und weitere 32 Jahre lang 1,25 Prozent abschreiben. Die Abschreibung steht Eigentümern nur für die Gebäudekosten, nicht aber für Kosten des Grund und Bodens zu. Bei Eigentumswohnungen müssen daher die anteiligen Grundstückskosten – meist 10 bis 30 Prozent – von den Gesamtkosten abgezogen werden.

Sonderabschreibungen: Ausgaben für die Sanierung von Baudenkmälern und Gebäuden in Sanierungsgebieten können Eigentümer in nur zwölf Jahren abschreiben. In den ersten acht Jahren erkennt das Finanzamt jeweils 9 Prozent, in den restlichen vier Jahren je 7 Prozent der Sanierungskosten an (§ 7 h, i EStG).

Instandhaltungs-, Betriebs- und Verwaltungskosten: Dazu gehören zum Beispiel Ausgaben für Reparaturen, das Haus- oder Wohngeld für die Betriebskosten sowie die Verwaltervergütung.

Finanzierungskosten: Das Finanzamt erkennt die laufenden Zinsen sowie einmalige Kosten wie ein Disagio (Abschlag vom Darlehen), Bearbeitungs- und Wertermittlungsgebühren sowie Notar- und Grundbuchgebühren für die Grundschuldbestellung an. Nur die Tilgung des Darlehens zählt nicht mit.

Von der Miete zur Rendite

Die Mietrendite gibt an, wie viel Prozent der Investitionskosten der Anleger über die Jahresmiete wieder hereinholt. Nach Berücksichtigung einmaliger und laufender Nebenkosten soll die Nettomietrendite mindestens 4 Prozent betragen, empfiehlt die Stiftung Warentest.

Bei Immobilien bedeutet Rendite nicht immer dasselbe. Im Folgenden werden die wichtigsten Rendite-Begriffe erklärt.

Bruttomietrendite: Die anfängliche Bruttomietrendite ist das Verhältnis der Jahresmiete (Kaltmiete ohne Betriebskosten) zum Kaufpreis. Sie liegt bei Eigentumswohnungen im Schnitt zwischen 4 und 5 Prozent, hängt aber stark vom einzelnen Objekt ab.

Nettomietrendite: Die anfängliche Nettomietrendite berücksichtigt zusätzlich die einmaligen und die laufenden Nebenkosten. Dazu werden zunächst die Kaufnebenkosten dem Preis zugeschlagen. Ohne Makler sind das rund 5 bis 6,5 Prozent des Kaufpreises (zwischen 3,5 und 5 Prozent Grunderwerbsteuer (⇢ Seite 22) und 1,5 Prozent für Notar- und Grundbuchgebühren). Beim Kauf über einen Makler kommen 3,5 bis 7 Prozent Provision hinzu. Im zweiten Schritt müssen von der Nettokaltmiete die Verwaltungs- und die Instandhaltungskosten abgezogen werden, die ein Eigentümer nicht auf die Miete umlegen kann. Das sind 200 bis 275 Euro pro Jahr für die Hausverwaltung und meist 6 bis 12 Euro pro Quadratmeter Wohnfläche und Jahr für die Instandhaltung. Für eine genaue Kalkulation dieser Kosten lassen sich Kaufinteressenten die Verwalterabrechnungen der letzten Jahre aushändigen.

Objektrendite: Die Objektrendite beruht auf einer Prognoserechnung der Einnahmen und Ausgaben für eine Anlagedauer von beispielsweise 20 Jahren.

Brutto- und Nettomietrendite in Euro

Kaufpreis	100.000
+ Nebenkosten (Grunderwerbsteuer, Notar- und Grundbuchkosten)	5.000
= Investitionskosten	105.000
Nettokaltmiete pro Jahr	5.400
– Verwaltungskosten pro Jahr	250
– Instandhaltungskosten pro Jahr	500
= Jahresreinertrag	4.650
Nettokaltmiete pro Jahr	5.400
: Kaufpreis	100.000
= Bruttomietrendite 5,40 Prozent	
Jahresreinertrag	4.650
: Investitionskosten	105.000
= Nettomietrendite 4,43 Prozent	

Darin gehen auch Annahmen über künftige Miet- und Kostensteigerungen und den späteren Verkaufserlös der Immobilie ein. Die Objektrendite soll vor allem einen Vergleich zwischen verschiedenen Immobilien erleichtern.

Bei der Objektrendite wird unterstellt, dass die Immobilie komplett mit Eigenkapital gekauft wird. Die Finanzierung ist nicht berücksichtigt, weil sie über die Immobilie selbst nichts aussagt.

Eigenkapitalrendite: Sie gibt den durchschnittlichen Jahresertrag auf das eingesetzte Eigenkapital an und berücksichtigt alle Einnahmen und Ausgaben im Anlagezeitraum einschließlich der Finanzierung. Die Eigenkapitalrendite ist entscheidend für den Vergleich mit anderen Kapitalanlagen. Doch Vorsicht: Sie ist das Ergebnis einer Prognoserechnung, deren Annahmen unsicher sind. Je geringer das Eigenkapital im Verhältnis zum Kaufpreis, desto weniger verlässlich ist die Rechnung. Vor allem bei einer Vollfinanzierung kann die Rendite schon bei einer geringfügigen Änderung der Prognoseannahmen gewaltig in den Keller sinken. Liegt die Eigenkapitalrendite viel höher als die Objektrendite, spiegelt das nur eine risikoreiche Finanzierung wider. (Aus: Finanztest 4/2004)

Grunderwerbsteuer

Jedes Bundesland kann mittlerweile selbst die Höhe der Grunderwerbsteuer festlegen. Zurzeit (Stand: 1.1.2012) beträgt die Grunderwerbsteuer je nach Bundesland zwischen 3,5 und 5 Prozent. Dabei ist entscheidend, in welchem Bundesland sich das zu verkaufende Grundstück bzw. die zu verkaufende Wohnung befindet. Daher sollten Sie sich rechtzeitig im Vorfeld eines Wohnungskaufs über die aktuelle Höhe der Grunderwerbsteuer informieren. Hierzu kann Ihnen auch der Notar nähere Auskünfte geben.

Je niedriger das Eigenkapital, desto höher das Risiko und desto teurer der Kredit

Häufig raten die Banken dazu, für vermietete Immobilien so wenig Eigenkapital wie möglich einzusetzen und am besten den Kaufpreis in voller Höhe über Kredite zu finanzieren. Denn Vermieter können die Kreditzinsen steuerlich absetzen und so einen Teil der Finanzierungskosten über die Steuerersparnis wieder zurückbekommen. Dieses Argument ist nicht falsch. Doch Anleger müssen wissen: Je geringer das Eigenkapital, desto höher ist auch das Risiko. Denn die monatlichen Kreditbelastungen bleiben, auch wenn die kalkulierten Mieten nicht mehr erzielbar sind oder Einnahmen sogar ausfallen, weil ein Mieter zahlungsunfähig wird. Eine hohe Fremdfinanzierung kann außerdem dazu führen, dass die Mieteinnahmen nicht reichen, um die laufenden Zins- und Tilgungsbeiträge zu zahlen. Oft müssen Anleger dauerhaft Geld zuschießen. Denken Sie dabei daran, dass die Steuerersparnis solcher Verluste aus Vermietung nur einen Teil der Unterdeckung auffängt. Außerdem wird der Kredit bei einer Vollfinanzierung durch Risikoaufschläge der Banken teurer. Je weniger Eigenkapital der Käufer einsetzt, desto teurer wird also der Kredit. Die Stiftung Warentest rät daher Kapitalanlegern, mindestens 10 bis 20 Prozent, besser 25 Prozent des Kaufpreises und zusätzlich die gesamten Kaufnebenkosten aus vorhandenen eigenen Mitteln aufzubringen.

Mietgarantien bieten keine Garantie

Zum Problem entwickelten sich in den letzten 20 Jahren immer wieder Mietgarantien. Sie waren ein wesentliches Verkaufsargument für den Erwerb von Eigentumswohnungen, da mit der garantierten Miete eine scheinbare Sicherheit angeboten wurde. Durch die Mietgarantie brauchte der Käufer das wirtschaftliche Risiko von Mietsenkungen und Leerstand in den ersten 5 bis 10 Jahren nicht zu tragen. Die Kosten für die Mietgarantie waren im Kaufpreis enthalten und wurden beim Erwerb des Eigentums von der Bank mitfinanziert. In den meisten Fällen bekam der Käufer jedoch nur die Garantie des Bauträgers oder einer eigens zu diesem Zweck gegründeten Firma. Die Mietgarantien entsprachen auch nicht unbedingt der tatsächlich erzielbaren Miete. Teilweise wurden Immobilien mit Mietgarantien über dem marktüblichen Mietniveau angeboten. In diesen Fällen dienten sie der Täuschung des Käufers über die mittelfristig erzielbaren Mieten. Zurzeit (2012) werden Mietgarantien nur selten angeboten. Wenn überhaupt eine Mietgarantie vertraglich vereinbart werden soll, dann sollte die garantierte Miete mit einer Bankbürgschaft abgesichert sein, um sich vor wirtschaftlichen Problemen des Garanten zu schützen.

Um die Frage beantworten zu können, ob sich der Kauf einer Eigentumswohnung als langfristige Kapitalanlage lohnt, benötigen Anleger einen Investitionsplan und eine Renditeprognose für mindestens 15 bis 20 Jahre. Im Investitionsplan werden für jedes Jahr alle voraussichtlichen Ausgaben von den Einnahmen abgezogen. Daraus kann man er-sehen, welchen Betrag der Eigentümer jedes Jahr zuschießen muss (Unterdeckung) oder an Überschüssen erwarten darf. In die Renditerechnung geht auch der erwartete Verkaufserlös der Wohnung am Ende des Anlagezeitraums ein. Lassen Sie sich die Berechnungen von der Bank vorlegen. Da diese Daten aber auf Prognosen beruhen, deren Grundlagen sich aus den genannten Gründen in den nächsten Jahren ändern können, sollten Sie der Kalkulation vorsichtige Annahmen zugrunde legen.

Tipp

FINANZTEST bietet einen Excel-Rechner »Mietimmobilien-Rendite«, mit dem Sie ermitteln können, unter welchen Bedingungen Ihnen der Kauf einer vermieteten Eigentumswohnung wie viel Rendite bringt. Zusätzlich können Sie mithilfe des Rechners einen Investitionsplan für einen Zeitraum von bis zu 40 Jahren aufstellen. Den Rechner gibt es kostenlos unter www.test.de.

Tätigen Sie keinen Wohnungskauf ohne Besichtigung der Wohnanlage und der Wohnung! Selbst wenn Sie die Wohnung als reine Kapitalanlage betrachten und sich diese mehrere Hundert Kilometer von Ihrem Wohnort entfernt befindet, müssen Sie sie unbedingt besichtigen und die Kaufunterlagen prüfen. Die Eigentümer vieler sogenannter Schrottimmobilien haben dies nicht getan. Ihnen wurden – sogar über einige große Banken – stark sanierungsbedürftige und schwer vermietbare Immobilien, darunter auch Wohnungen, verkauft. Sowohl der Immobilienerwerb als auch die Finanzierung (Kreditaufnahme) wurden oft von Strukturvertrieben in kombinierten Verträgen vermittelt. Vertreter von Strukturvertrieben suchten die Anleger zu Hause auf und überredeten sie zu dem Geschäft. Nun versuchen die Erwerber, den Kauf rückgängig zu machen, und prozessieren seit vielen Jahren.

Mitgegangen, mitgefangen, mitgehangen

Alle Wohnungseigentümer haften gemeinsam für Verbindlichkeiten der Gemeinschaft

Eine Besonderheit beim Erwerb von Wohnungseigentum gegenüber einem Hauskauf betrifft die Haftung der einzelnen Wohnungseigentümer für Verbindlichkeiten der Wohnungseigentümergemeinschaft gegenüber Dritten. Kann zum Beispiel der Unternehmer, der von der Wohnungseigentümergemeinschaft mit der Lieferung von Heizöl beauftragt wurde, von einem einzelnen Wohnungseigentümer die Bezahlung der gesamten Heizölrechnung verlangen?

Die Wohnungseigentümergemeinschaft kann Verträge schließen. So kann sie als »WEG Musterstraße 12 in 34567 Musterstadt« den Vertrag mit dem Verwalter, aber auch Versorgungs- und sonstige Verträge abschließen. Dann ist nur die Wohnungseigentümergemeinschaft selbst, nicht aber jeder einzelne Wohnungseigentümer persönlich Partei des entsprechenden Vertrags und somit Schuldner der darin eingegangenen Verpflichtungen.

Allerdings kann ein Gläubiger der Wohnungseigentümergemeinschaft auch von einzelnen Wohnungseigentümern Zahlungen verlangen, jedoch nur nach dem Verhältnis des jeweiligen Miteigentumsanteils des in Anspruch genommenen Wohnungseigentümers. Das heißt: Bei einem 6.305/100.000 Miteigentumsanteil ist der Wohnungseigentümer gegenüber Dritten auch nur zur Zahlung eines 6.305/100.000-Bruchteils von der Gesamtforderung gegen die Wohnungseigentümergemeinschaft verpflichtet. Dabei kann er dem Dritten gegenüber nicht einwenden, dass er seinen Anteil bereits an die Wohnungseigentümergemeinschaft bezahlt hat, zum Beispiel in Gestalt des Hausgelds!

Im hier genannten Beispiel kann sich der Heizöllieferant also aussuchen, ob er den Ausgleich der Heizölrechnung von der Wohnungseigentümergemeinschaft in voller Höhe oder von den einzelnen Wohnungseigentümern anteilig verlangt. Soweit die Rechnung des Heizöllieferanten von der Wohnungseigentümergemeinschaft oder den einzelnen Wohnungseigentümern ausgeglichen wird, kann er selbstverständlich keine weiteren Zahlungen verlangen.

Ein Wohnungseigentümer muss gegenüber Gläubigern der Wohnungseigentümergemeinschaft grundsätzlich nur für gemeinschaftliche Verbindlichkeiten, die während seiner Zugehörigkeit zur Wohnungseigentümergemeinschaft entstanden oder fällig geworden sind, entsprechend seinem Miteigentumsanteil haften. Als Käufer einer Wohnung haften Sie also im Verhältnis zu Gläubigern der Wohnungseigentümergemeinschaft nicht, wenn deren Forderungen vor Ihrem Wohnungskauf entstanden sind oder fällig wurden. Davon unberührt bleibt aber die Verpflichtung aller Wohnungseigentümer gegenüber der Wohnungseigentümergemeinschaft, dafür zu sorgen, dass die Wohnungseigentümergemeinschaft über ausreichend Liquidität verfügt, um ihre Zahlungspflichten erfüllen zu können.

Tipp

Um böse Überraschungen zu vermeiden, sollten Sie vor dem Kauf den Verwalter schriftlich Auskunft geben lassen, ob und in welcher Höhe Verbindlichkeiten der Gemeinschaft bestehen und wie diese gedeckt werden.

Achtung!

Setzen Dritte ihre Forderungen gegen die Wohnungseigentümergemeinschaft im Wege der Zwangsvollstreckung durch, können sie unter anderem auf die Gemeinschaftskonten zugreifen. Wenn die Eigentümergemeinschaft nicht mehr über ausreichend Geld verfügt, um die laufenden Betriebs- und sonstigen Verwaltungskosten sicherzustellen oder um einen gemeinsam aufgenommenen Kredit zu bedienen, müssen die zahlungsfähigen Wohnungseigentümer das Gemeinschaftsvermögen durch entsprechende Zahlungen aufstocken und damit die Liquidität der Wohnungseigentümergemeinschaft wiederherstellen. Also auch dann, wenn ein Gläubiger ausschließlich die Wohnungseigentümergemeinschaft in Anspruch nimmt oder wenn die gemeinschaftlichen Verbindlichkeiten (Zahlungsverpflichtungen) aus der Zeit vor Ihrem Eigentumserwerb herrühren, kann ein Liquiditätsengpass der Wohnungseigentümergemeinschaft auch zu Ihren Lasten gehen!

Dasselbe gilt zum Beispiel auch dann, wenn die Wohnungseigentümergemeinschaft aufgrund von Hausgeld- und sonstigen Zahlungsrückständen einzelner oder mehrerer Wohnungseigentümer nicht mehr über die notwendigen finanziellen Mittel verfügt. Daher sollten Sie sich unbedingt beim Verwalter über die Zahlungsbereitschaft und -fähigkeit der Miteigentümer und die Liquidität der Gemeinschaft informieren.

Persönliche Finanzierungsplanung

Wollen Sie eine Wohnung erwerben und sich für die Finanzierung über Jahre festlegen, dann haben Sie – ggf. zusammen mit Ihrer Familie – sicher klare Vorstellungen über die Lebensplanung der nächsten Jahre: Werden Sie mittelfristig mit zwei Einkommen rechnen können? Sind Kinder geplant und damit verbunden höhere Ausgaben für die Familie?

Am Anfang jeder Finanzierungsplanung sollte auf jeden Fall ein gründlicher Kassensturz stehen. Vorhandene Reserven (zum Beispiel Sparguthaben, Termingelder u. Ä.) und deren Verfügbarkeit sind zu überprüfen.

Für eine sichere Finanzierung werden mindestens 20 Prozent, besser 25 Prozent des Kaufpreises als **Eigenkapital** benötigt, zuzüglich der weiteren Kosten für den Erwerb (→ Seite 35) und der Kosten für geplante Umbauten bzw. Änderungswünsche.

1 bis 2 Prozent des Kaufpreises sollten Sie für alle **Beratungskosten** bereitstellen: Dies ist deshalb eine sinnvolle Investition, weil sich der Wohnungskauf so ohne Stress und überraschende Mehrkosten abwickelt. Die Entscheidung über den Kauf selbst sollten Sie später aber unabhängig davon treffen, wie viele Kosten Sie im Vorfeld bereits für Beratungen aufgewendet haben.

Monatliche Belastbarkeit nicht schönrechnen

Im nächsten Schritt sollten Sie Ihre mögliche monatliche Belastung ermitteln. Führen Sie dazu ein Haushaltsbuch über drei bis vier Monate oder machen Sie einen Überschlag über Ihre sämtlichen Einnahmen und Ausgaben. Sie sind auf der sicheren Seite, wenn Sie nicht mehr als 40 Prozent Ihres Nettoeinkommens für die Finanzierung verplanen. Für das zukünftige Hausgeld sind durchschnittlich rund 3 bis 4 Euro pro Quadratmeter Wohnfläche je Monat einzuplanen. Das können bei einer Wohnung von 130 Quadratmeter Wohnfläche immerhin 390 Euro und mehr monatlich sein!

Berechnen Sie nun die maximal mögliche Kreditsumme, um zu ermitteln, wie teuer die Wohnung werden darf. Diese Kennzahl gibt an, wie hoch Ihr Kredit sein darf, wenn Sie die vorher ausgerechnete monatliche Belastung zugrunde legen (→ Beispiel unten).

Legen Sie nun die ermittelte maximale Kreditsumme plus vorhandenes Eigenkapital als Höchstgrenze für die Kosten der eigenen vier Wände fest. Planen Sie dabei mindestens 6 Prozent des Kaufpreises für die Kaufnebenkosten ein; wenn Sie über einen Makler kaufen, sogar zwischen 8 und 12 Prozent, je nach Region und Verhandlungsgeschick.

Tipp

Grundwissen, ausführliche Informationen, Erläuterungen und weitere Beispielrechnungen finden Sie im Ratgeber »Baufinanzierung« der Verbraucherzentralen. Lassen Sie die von den Banken vorgelegten Kalkulationen von einem unabhängigen Finanzierungsberater prüfen. Fragen Sie dazu auch bei der Beratungsstelle Ihrer Verbraucherzentrale nach, ob und wann eine Baufinanzierungsberatung angeboten wird.

Wie errechnet sich die maximale Kreditsumme?

Tragbare monatliche Belastung x 12 Monate x 100
: (Nominalzins + Tilgung)
= maximale Kreditsumme

Beispielrechnung: Angenommen, Sie können 1.000 Euro monatlich für die Finanzierung Ihrer Wohnung einsetzen, dann rechnen Sie wie folgt: Setzen Sie in die Formel den Ihnen von den Banken genannten höchsten Sollzinssatz (Nominalzinssatz) für eine zehnjährige Zinsbindung ein – hier 5,5 Prozent – und berücksichtigen Sie 1,5 Prozent Tilgung (Rückzahlung). Das Ergebnis: Nach dieser Berechnung können Sie sich für 1.000 Euro monatlich einen Kredit von 171.428,57 Euro leisten.

Die Finanzierung für den Kauf

Laufzeit eines Kredits von der Zinshöhe abhängig machen

Bei der Baufinanzierung können Sie viel Geld verspielen. Wegen der sich immer wieder ändernden Zinssätze am Markt und der langen Laufzeit der Kredite machen schon geringe Zinsunterschiede am Ende mehrere Tausend Euro aus. Deshalb sollten Kreditverträge in einer Niedrigzinsphase, wenn der effektive Jahreszinssatz zwischen 4 und 6 Prozent der Darlehenssumme liegt, möglichst langfristig und in einer Hochzinsphase, wenn er sich über 8 Prozent bewegt, eher kurz- bis mittelfristig abgeschlossen werden. Dies gilt es abzuwägen, denn eine zu kurze oder zu lange Zinsbindung oder der falsche Finanzierungspartner können fatal sein.

Bei der Baufinanzierung können Bauwillige sich nicht blind auf den Berater der Bank verlassen. Sie müssen verschiedene Angebote einholen und sich unbedingt selbst informieren. In diesem Kapitel erhalten Sie eine allgemeine Vorstellung der wichtigsten Finanzierungsmodelle und Fachbegriffe. Um tiefer in die Thematik einzusteigen, sollten Sie den Ratgeber »Baufinanzierung« der Verbraucherzentralen lesen. Darüber hinaus gibt die Stiftung Warentest alle zwei Jahre das Finanztest Spezial »Bauen & Kaufen« heraus, das für Bau- und Kaufwillige Pflichtlektüre sein sollte. Auf Seite 30/31 finden Sie einen ersten Überblick über die wichtigsten Finanzierungswege.

Grundsätzliches zur Bausparfinanzierung

Die Bausparkassen bieten eine Vielzahl unterschiedlicher Bauspar-Finanzierungsmodelle und Tarife an, sodass eine optimale Wahl nur schwer zu treffen ist. Stellen Sie sich deshalb auf mehrmalige Nachfragen und längere Verhandlungen ein. Grundwissen zur Bausparfinanzierung liefert die folgende Übersicht.

Guthaben und Darlehen

Kombination aus Ansparleistung und Darlehen

Das Prinzip des Bausparens ist ein Geben und Nehmen. Der Bausparvertrag besteht deshalb aus einem von Ihnen anzusparenden Mindestguthaben und einem zinsgünstigen Darlehen, das Ihnen mit Auszahlung des Guthabens zur Verfügung steht und in den darauf folgenden Jahren abzuzahlen ist. Aus beiden Teilen setzt sich die Bausparsumme zusammen. Das anzusparende Mindestguthaben beträgt in der Regel 40 bis 50 Prozent der Bausparsumme und wird – je nach Tarif – mit 0,5 bis 3 Prozent verzinst. Bei einigen neuen Tarifen muss kein Mindestguthaben mehr angespart werden, um eine Zuteilung zu erreichen; die monatliche Tilgung ist dann aber höher. Ist das Guthaben angespart und ausgezahlt, beginnt die Zeit der Tilgung (Rückzahlung). Sie müssen nun monatlich die in dem Bausparvertrag festgelegte Zins- und Tilgungsrate bezahlen. Die Darlehenszinssätze liegen bei etwa 2 bis 5,5 Prozent und sind abhängig von Tarif und Tilgung, die Tilgungsraten liegen zwischen 6 und 8 Prozent der Bausparsumme.

Laufzeit von Bauspardarlehen kürzer als bei Annuitätendarlehen

Da die Darlehenskonditionen von vornherein für die gesamte Finanzierungsdauer festgelegt sind, lässt sich – im Gegensatz zu den meistens Zinsveränderungen unterliegenden Annuitätendarlehen der Kreditinstitute – die bei einer reibungslosen Rückzahlung entstehende Gesamtlaufzeit des Bauspardarlehens verlässlich ermitteln. In den Standardtarifen beträgt sie in der Regel 9 bis 11 Jahre, aufgrund der hohen Tilgungsrate ist die Gesamtlaufzeit des Bauspardarlehens also deutlich geringer als bei einem Annuitätendarlehen (→ Seite 32).

Weitere Kosten

Neben der einmalig zu zahlenden Abschlussgebühr in Höhe von 1 bis 1,6 Prozent der Bausparsumme entstehen häufig, besonders bei alten Verträgen, mit der Auszahlung des Darlehens weitere Kosten: 2 bis 3 Prozent Darlehensgebühr (einmalig), 8 bis 15 Euro Kontoführungsgebühr (jährlich) und evtl. auch die jährlich anfallenden Abonnementkosten für die Kundenzeitschrift des Instituts. Diese »zusätzlichen Gebühren« erhöhen den Darlehenszinssatz natürlich etwas. Zumindest das Abonnement für die Zeitschrift lässt sich aber kündigen.

Zuteilungsreife: Wann kann über das Geld verfügt werden?

Nachteil des Bausparens: Zuteilungszeitpunkt bei Vertragsabschluss ungewiss

Sind das vereinbarte Mindestguthaben angespart, die Mindestlaufzeit und die im Vertrag festgelegte Zielbewertungszahl erreicht, kann die Zuteilung, sprich die Auszahlung, erfolgen. Ein großer Nachteil des Bausparens ist das schwierige Timing. Denn der genaue Zuteilungszeitpunkt kann bei Vertragsabschluss nicht festgelegt oder vorausgesagt werden, da er auch von den Einzahlungen und der Darlehensnahme der anderen Bausparer abhängt.

Es passiert deshalb immer wieder, dass Baukunden zwar ihr Traumhaus gefunden haben, aber der Bausparvertrag noch nicht zuteilungsreif ist. Die Bausparkassen bieten für diese Situation unterschiedliche Modelle der Vor-, Zwischen- und Sofortfinanzierung

Bank, Bausparkasse oder Versicherung?

Finanzierungsbaustein	Kurzbeschreibung	Zinsbindung
Annuitätendarlehen	Langfristiges Bankdarlehen mit während der Zinsbindung gleich bleibenden Raten aus Zins und Tilgung; Gesamtlaufzeit meist 20 bis 30 Jahre; Tilgung in der Regel 1 Prozent, höhere Tilgungen können vereinbart werden.	Variable Zinsen oder Zinsbindung nach Vereinbarung, bei einigen Instituten maximal für 10 Jahre, zum Teil auch für 15 oder 20 Jahre oder die Gesamtlaufzeit.
Bausparen	Kombinierter Spar- und Darlehensvertrag. Mit der Ansparung eines Mindestguthabens (meist 30 bis 50 Prozent der Bausparsumme) erwirbt der Bausparer Anspruch auf ein günstiges Darlehen (in der Regel die Differenz zwischen Bausparsumme und Mindestguthaben).	Festzins über die Gesamtlaufzeit des Darlehens (in der Regel 7 bis 11 Jahre).
Bausparsofortfinanzierung	Kombination aus Bausparvertrag und tilgungsfreiem Darlehen. Bis zur Zuteilung des Bausparvertrags finanziert die Bausparkasse oder eine Bank die Bausparsumme vor.	Die Zinssätze und Raten stehen meist für die gesamte Laufzeit von 10 bis über 30 Jahren fest.
Fondsdarlehen	Tilgungsfreies Darlehen, das am Ende der Laufzeit mit dem Erlös aus einem Fondssparplan oder einer fondsgebundenen Lebensversicherung zurückgezahlt werden soll.	Variable Zinsen oder Zinsbindung nach Vereinbarung.
Länderförderung	Zinslose oder zinsgünstige Darlehen und Zuschüsse des Staates (je nach Bundesland unterschiedlich).	Unterschiedlich, mit zunehmender Laufzeit häufig steigender Zinssatz.
Kombikredit mit neuer Kapitallebensversicherung	Kombination aus tilgungsfreiem Darlehen und Kapitallebensversicherung; Tilgung nach 12 bis 30 Jahren mit der Auszahlung aus der Versicherung.	Meist 5 bis 12 Jahre, mitunter auch bis zu 15 oder 20 Jahren.
Kombikredit mit alter Kapitallebensversicherung	Kombination aus tilgungsfreiem Darlehen und bestehender Kapitallebensversicherung; Tilgung am Ende der Versicherungslaufzeit mit der Auszahlung aus der Versicherung.	5 bis 20 Jahre, am besten entsprechend der Restlaufzeit der Lebensversicherung.
KfW-Darlehen	Günstige Darlehen der KfW-Förderbank für den Bau und Kauf von Eigenheimen sowie für Modernisierungs- und Energiesparmaßnahmen.	Meist 10 Jahre.

Sondertilgung	Vorteile	Nachteile
Bei variablem Zins mit dreimonatiger Frist möglich. Bei Festzinsdarlehen vor Ablauf der Zinsbindung nur nach Vereinbarung im Vertrag (oft gegen Zinsaufschlag).	Grundsätzlich gut geeignet zur Eigenheimfinanzierung; bei langer Zinsbindung stabile monatliche Belastung und kalkulierbarer Schuldenabbau.	Zinserhöhungsrisiko nach Ablauf der Zinsbindung, hohes Risiko einer steigenden Belastung bei variablen Zinsen.
Jederzeit in beliebiger Höhe möglich. In der Sparphase können die Sparraten flexibel gewählt werden.	Niedriger Darlehenszinssatz (bei neueren Tarifen meist deutlich unter 4 Prozent Effektivzins); nachrangige Absicherung im Grundbuch; Zinssicherheit; staatliche Förderung (einkommensabhängig).	Niedriger Guthabenzins in der Sparphase; zusätzliche Kosten durch eine eventuell benötigte Zwischenfinanzierung; hohe monatliche Belastung durch schnelle Tilgung des Bauspardarlehens; Zuteilungstermin ist nicht garantiert.
Nach Zuteilung des Bausparvertrags jederzeit möglich. Vor der Zuteilung unterschiedliche Regelungen je nach Bausparkasse.	Kein Zinserhöhungsrisiko, wenn der Zinssatz für das tilgungsfreie Darlehen bis zur Zuteilung festgeschrieben ist.	In der Regel teurer als ein Annuitätendarlehen; Verluste bei vorzeitiger Rückzahlung; häufig irreführende Zinsangaben der Bausparkassen.
Bei variablem Zins mit dreimonatiger Frist möglich. Bei Festzinsdarlehen vor Ablauf der Zinsbindung nur nach Vereinbarung im Vertrag (oft gegen Zinsaufschlag).	Bei günstiger Aktienkursentwicklung deutlich billiger als eine Finanzierung mit direkter Tilgung.	Hohes Risiko; bei ungünstiger Kursentwicklung viel teurer als ein Annuitätendarlehen; für die Eigenheimfinanzierung nicht oder nur als ergänzender Baustein geeignet.
Unterschiedlich, in der Regel für den Kreditnehmer unrentabel.	Konkurrenzlos günstige Konditionen, die möglichst voll ausgeschöpft werden sollten.	Einkommens- und Wohnflächengrenzen; oft nur für Familien mit Kindern; kein Rechtsanspruch.
Vor Ablauf der vertraglichen Zinsbindung in der Regel ausgeschlossen.	Bei hohem Steuersatz Vorteile für Vermieter möglich. Restschuldversicherung ist enthalten.	Niedrige Renditen der Versicherer, Erträge werden besteuert, hohes Zinsrisiko durch fehlende Tilgung. Für die Eigenheimfinanzierung ungeeignet.
Vor Ablauf der vertraglichen Zinsbindung in der Regel ausgeschlossen.	Bei älteren Verträgen oft besser als eine Kündigung. Versicherungserträge sind steuerfrei (Abschluss vor 2005). Versicherungsschutz bleibt erhalten.	Niedrige Renditen der Versicherer; unsichere Ablaufleistung der Versicherung.
In der Regel nicht oder nur gegen Vorfälligkeitsentschädigung möglich.	Günstige Zinsen, vor allem in den Modernisierungs- und Energiesparprogrammen; keine Einkommensgrenzen.	Nicht alle Banken vermitteln KfW-Kredite; Bereitstellungszinsen fallen meist schon ab dem zweiten Monat nach Kreditzusage an.

an, um diesen Nachteil auszugleichen. Diese Zwischenfinanzierung ist allerdings mit zusätzlichen Kosten verbunden. So müssen Sie zum Beispiel für den bereits angesparten Betrag die Darlehenszinsen bezahlen, auch wenn Sie gleichzeitig für das Guthaben Zinsen für diesen Betrag erhalten.

Sofortfinanzierung

Mindestsparguthaben muss mitfinanziert werden

Eine spezielle Form der Finanzierung bieten die Konstantmodelle der Bausparkassen, bei denen der Kunde das Baugeld ohne eine Ansparphase sofort ausgezahlt bekommt. Im Gegensatz zur herkömmlichen Bausparfinanzierung ist bei der Sofortfinanzierung das zusätzliche Mindestsparguthaben mitzufinanzieren. Gleichzeitig muss ein höherer Bausparvertrag abgeschlossen werden, da ansonsten bei der Zuteilung nicht die Rückzahlung der vollen Darlehensschuld gewährleistet wäre. Für diese Finanzierungsform wird über die gesamte Laufzeit von 10, 15 oder 29 Jahren bis zur Tilgung des gesamten Darlehens eine gleich hohe monatliche Rate verlangt.

Annuitätendarlehen

Bei sofortigem Geldbedarf ist in der Regel ein Annuitätendarlehen die beste Entscheidung. Typisches Merkmal: Die monatliche Rate bleibt über die gesamte Dauer der Zinsbindung gleich. In der Regel wird der einmal vereinbarte Zinssatz auf 5, 10 oder 15 Jahre festgeschrieben. In Zeiten hoher Zinsen – wenn der effektive Jahreszinssatz über 8 Prozent der Darlehenssumme liegt – empfehlen sich in der Regel kurze Zinsfestschreibungszeiten, in Zeiten niedriger Zinsen – also wenn der effektive Jahreszinssatz zwischen 4 und 5 Prozent der Darlehenssumme liegt – lange Zinsfestschreibungen über mindestens 10 Jahre. Allerdings kosten Darlehen mit langen Zinsbindungen meist etwas mehr als solche mit kürzeren Festschreibungen. Die Zinsbindungsfrist ist nicht zu verwechseln mit der gesamten Laufzeit des Darlehens. Letztere ist

Beispiel

Ein Darlehen zu 6 Prozent Zins und 1 Prozent Anfangstilgung ist erst nach etwa 33 Jahren abgezahlt. Wer kann, sollte daher den Tilgungssatz erhöhen. Bei 2 Prozent Anfangstilgung wäre in diesem Beispiel schon nach etwa 23 Jahren Schluss mit der Rückzahlung, allerdings bei höheren Monatsraten.

meist wesentlich länger und abhängig von der Höhe der Tilgungsrate (→ Beispiel Seite 32).

Weil schon kleine Zinsunterschiede sehr stark ins Gewicht fallen können, ist es unerlässlich, die Zinskonditionen verschiedener Banken zu vergleichen. Es gibt auch Zinsvergleiche im Internet.

Empfehlenswert ist es, sich einen Tilgungsplan mit Angabe der Restschuld aushändigen zu lassen. Dadurch kann man genau erkennen, welches Angebot bei Laufzeitende das günstigste ist.

Achtung!

Ein Vergleich verschiedener Angebote ist nur auf der Basis gleicher Bedingungen möglich. Gleich sein müssen:

- die gewünschte Auszahlungssumme
- die Laufzeit der Zinsfestschreibung
- die Höhe der Tilgungssätze
- die Ratenhöhe
- die Restschuld am Ende der gewünschten Zinsfestschreibungsfrist
- etwaige Zusatzkosten durch von der Bank verlangte Versicherungen oder Ähnliches

Was müssen Sie für einen Darlehensvergleich unbedingt wissen? Die wichtigsten Begriffe kurz erklärt

Der **effektive Jahreszinssatz** ist das »Preisschild« eines Kredits. Er dient als Vergleichsmaßstab für alle Angebote. Er beinhaltet wichtige Nebenkosten, leider nicht alle. Die Nachfrage, welche zusätzlichen Kosten außerdem entstehen können, ist deshalb sinnvoll. Zusammen mit der **Tilgungsrate** gibt der **Sollzins** (Nominalzins) Auskunft über die Höhe der monatlichen Belastung.

Der **Nominalzins** ist dagegen eher eine Rechengröße, die Grundlage für die Berechnung des effektiven Jahreszinssatzes.

Mit der Wahl einer bestimmten **Zinsbindungsfrist** legen Sie fest, wie lange Sie den bei Vertragsabschluss vereinbarten Zinssatz zahlen, wie lange Sie Ihre monatliche Belastung also sicher kalkulieren können wollen.

Achtung!

Die Zinsbindungsfrist und die Laufzeit der Darlehen sind in der Regel nicht identisch.

Je höher die **Tilgungsrate** (Rückzahlungsrate des Darlehens) ist, desto niedriger sind die gesamten Kosten der Finanzierung und umso schneller ist das Darlehen abgezahlt, desto höher ist aber auch die Monatsrate. In der Regel beträgt der Tilgungssatz bei einem durch ein Grundpfandrecht (→ Seite 172) gesicherten Darlehen anfänglich 1 Prozent der Gesamt-Darlehenssumme pro Jahr. In Zeiten niedriger Zinsen sollten Sie einen Tilgungssatz von mindestens 1,5 bis 2 Prozent vereinbaren.

Banken finanzieren in der Regel nicht den gesamten Kaufpreis, sondern nur einen Teil davon. Um auf Nummer sicher zu gehen, wird die Bank selbst den Wert Ihres Kaufobjekts schätzen lassen (die dafür anfallenden Wertschätzungsgebühren zahlen allerdings Sie!) und auf dieser Basis den **Beleihungswert** festlegen. Dieser liegt meistens deutlich unter dem ermittelten Verkehrswert und dem Kaufpreis, da sich die Bank hier einen zusätzlichen Sicherheitsabschlag einräumt, um ihr Kreditrisiko so gering wie möglich zu halten. Sie müssen also davon ausgehen, dass der Beleihungswert nur rund 80 bis 90 Prozent des Kaufpreises ausmachen wird.

Beispiel

Eine Immobilie mit einem Kaufpreis (hier identisch mit dem ermittelten Wert) von 200.000 Euro hat abzüglich 10 Prozent Abschlag einen Beleihungswert von 180.000 Euro. Das bedeutet, dass hier ein Kredit von 180.000 Euro einem Beleihungswert von 100 Prozent entspricht.

Von diesem ermittelten Beleihungswert finanzieren die Banken wiederum nur einen Teil, nämlich einen Betrag bis zur Beleihungsgrenze. Viele Kreditinstitute legen die **Beleihungsgrenze** bei 60 Prozent des Beleihungswerts fest. Solche Darlehen bezeichnet man als erstrangig oder auch als 1a-Darlehen. In dem genannten Beispiel bedeutet das, dass nur 108.000 Euro zu diesen günstigen Konditionen finanziert werden können. Die verbleibende Finanzierungslücke müssen Sie dann mit einem weiteren Darlehen und eventuell auch noch mit Eigenkapital schließen. Finanzierungen, die in der Spanne von 60 bis 80 Prozent des Beleihungswerts gewährt werden, nennt man 1b-Darlehen. Die Zinskonditionen liegen ca. 0,3 Prozent höher als die eines 1a-Darlehens.

Tipp

Lassen Sie sich bereits bei Einholung verschiedener Angebote Ihre Restschuld am Ende der Zinsbindung ausrechnen. Das günstigste Angebot können Sie auch anhand der niedrigsten Restschuld am Ende der Zinsbindung erkennen.

Manche Banken finanzieren auch ohne Aufschlag bis zu 80 Prozent. Informieren Sie sich bei den infrage kommenden Banken genau über Beleihungsgrenzen und mögliche Aufschläge. Lassen Sie sich bereits bei Einholung verschiedener Angebote Ihre Restschuld am Ende der Zinsbindung ausrechnen. Das günstigste Angebot können Sie auch anhand der niedrigsten **Restschuld** am Ende der Zinsbindung erkennen.

Kosten für den grundbuchlich gesicherten Kredit: Verhandelbar ist der Zeitpunkt der Zahlung von Bereitstellungszinsen (in der Regel 0,25 Prozent der Darlehenssumme pro Monat), die man für das von der Bank bereitgestellte, aber noch nicht abgerufene Darlehen zahlen muss. Der Fälligkeitszeitpunkt dieser Zinsen lässt sich durch Verhandeln oft um mehrere Monate verschieben. Auch Teilzahlungszuschläge, Kontoführungs- oder Wertermittlungskosten können so häufig durch geschicktes Verhandeln reduziert werden.

Sondertilgung meist erst nach Ablauf der Zinsbindungsfrist möglich

Sondertilgungen: Darlehen werden in der Regel nach dem vereinbarten Tilgungsplan abgezahlt. Einen größeren Betrag auf einmal zurückzuzahlen, also eine Sondertilgung vorzunehmen, ist normalerweise erst nach Ablauf der Zinsbindungsfrist möglich. Erwarten Sie eine Schenkung oder eine Erbschaft? Dann sollten Sie Sondertilgungsrechte vereinbaren. Oder Sie verteilen Ihren Finanzierungsbedarf auf zwei Hypothekendarlehen und vereinbaren für ein Darlehen eine kürzere Laufzeit von 2 oder 5 Jahren, sodass Sie nach Ablauf dieser Zinsbindungsfrist die Restschuld mit der Erbschaft tilgen können.

Die Nebenkosten

Mit dem Erwerb einer Immobilie sind neben dem reinen Kaufpreis weitere Kosten verbunden, die Sie ebenfalls im Auge behalten sollten.

Die Kauf-Nebenkosten

Zu den Erwerbsnebenkosten gehören jeweils bezogen auf den Kaufpreis

- Grunderwerbsteuer, die derzeit – je nach Bundesland – zwischen 3,5 und 5 Prozent beträgt (→ Seite 22).
- Notargebühren rund 1,5 Prozent (→ Seite 205 f.),

- Gerichtskosten für Eintragungen ins Grundbuch rund 0,5 Prozent (→ Seite 205 f.),
- gegebenenfalls Maklerprovision von 2,5 bis 6 Prozent zuzüglich Mehrwertsteuer (– unbedingt verhandeln!),
- gegebenenfalls Kosten für die Beratung durch Architekten, Rechtsanwälte etc. – hierfür sollten 1 bis 2 Prozent des Kaufpreises angesetzt werden,
- unter anderem Kosten für ein eigenes Wertermittlungsgutachten (die Banken sollten inzwischen die von ihnen geforderten Wertgutachten selbst bezahlen).

Das Hausgeld – die laufenden Nebenkosten der Eigentumswohnung

Die monatlich anfallenden Nebenkosten für eine Eigentumswohnung – das sogenannte Haus- oder Wohngeld – werden leicht unterschätzt. Um nicht in Finanzierungsschwierigkeiten zu geraten, sollten Sie sich deshalb einen Überblick über die zu erwartenden Kosten verschaffen. Beim Einkauf in eine bestehende Eigentümergemeinschaft kann das Hausgeld erfragt werden, beim Neubau müssen Sie Vergleichswerte hinzuziehen (→ Seite 139).

Die Nebenkosten einer Eigentumswohnung liegen deutlich höher als die einer vergleichbaren Mietwohnung, da auch Kosten anfallen, die nicht auf den Mieter umgelegt werden, wie der Beitrag zur Instandhaltungsrücklage, das Verwalterhonorar, zusätzliche Versicherungen und anderes (→ Seite 136 f.).

Ermittlung des Hausgelds einer bestehenden Eigentümergemeinschaft

Kaufen Sie eine gebrauchte Wohnung, sollten Sie sich den Wirtschaftsplan des aktuellen Jahres und die Jahresabrechnungen mehrerer Jahre, die Gesamtabrechnung und die Einzelabrechnungen für die Wohnung vorlegen lassen. Daraus ersehen Sie das bisher zu zahlende Hausgeld. Denken Sie aber daran, dass diese Kosten künftig steigen können (→ Seite 19), etwa wenn für eine energetische Sanierung »gespart« werden muss!

Ermittlung des Hausgelds einer Neubau-Eigentumswohnung

Bei geplanten oder gerade erst fertiggestellten Eigentumswohnungen ist die Höhe des Hausgelds, also des in der Regel monatlich zu zahlenden Kostenbeitrags für das Gemeinschaftseigentum, noch offen. Zur Kalkulation der laufenden Nebenkosten können Sie oder die für die Wirtschaftsplanung verantwortliche Hausverwaltung nur Vergleichswerte heranziehen. Das Hausgeld von Neubauten liegt heute im Mittel bei etwa 3 Euro pro Monat und qm Wohnfläche, deutlich niedriger als bei Wohngebäuden, die 20 oder 30 Jahre älter sind. Für diese beträgt das Hausgeld im Mittel etwa 3,50 Euro pro Monat und qm Wohnfläche. Weiteren Einfluss auf die Höhe des Hausgelds hat die Größe der Wohnanlage. In der Regel sind die Nebenkosten für das Gemeinschaftseigentum in kleinen Wohnanlagen geringer als in großen. Unter anderem deshalb, weil in kleinen Wohnanlagen bestimmte Dienstleistungen wie Schneefegen oder Treppenhausreinigung häufig selbst erbracht, in größeren Anlagen von Unternehmen ausgeführt werden.

Tipp

Weitere Informationen zum Hausgeld erhalten Sie auf Seite 136 f., unter anderem eine Liste der zum Hausgeld gehörenden Kostenpositionen.

Worauf Sie beim gemeinsamen Erwerb einer Eigentumswohnung achten sollten

Gemeinsame Eigentümer teilen Kaufpreis und laufende Kosten an der Wohnung

Soll die neue Wohnung Eheleuten, Lebenspartnern oder sonst miteinander verbundenen Menschen als neues Heim dienen, besteht häufig der Wunsch, auch gemeinsam Eigentümer der Wohnung zu werden. Dies liegt nahe, wenn sie letztlich auch den Kaufpreis und die laufenden Kosten gemeinsam tragen. In fast allen Fällen wird dann das Eigentum zu gleichen Teilen erworben, bei Eheleuten also je zur Hälfte. Dies ist aber nicht zwingend! Es ist auch jede andere Verteilung denkbar. So möchten zum Beispiel manche Käufer die Eigentumsverhältnisse entsprechend ihren Anteilen an den Lasten und Kosten der Wohnung gestalten. Ob dies sinnvoll ist, hängt jedoch von den individuellen Lebensumständen ab.

Beim gemeinsamen Erwerb einer Wohnung sollten Sie berücksichtigen, was im Fall einer Trennung oder Scheidung mit der Wohnung geschehen wird. Gehört nämlich eine Wohnung mehreren Eigentümern, so haben sie auch dieselben Rechte daran! Keiner der Miteigentümer kann den anderen nach einer Trennung ohne Weiteres – von Ausnahmefällen abgesehen – aus der Wohnung hinauswerfen. Ebenso wenig kann einer der Miteigentümer ohne die Zustimmung des anderen die Wohnung verkaufen. Kommt nach der Trennung keine Einigung über die gemeinsam erworbene Wohnung zustande, so besteht die Möglichkeit einer sogenannten Teilungsversteigerung, wenn diese nicht zuvor ausgeschlossen wurde: Dabei wird, ähnlich wie bei einer Zwangsversteigerung, die Immobilie auf Antrag eines Miteigentümers öffentlich versteigert, um das gemeinsame Eigentum aufzuheben und in Geld »umzuwandeln«, das dann zwischen den ehemaligen Miteigentümern aufgeteilt werden kann. Dieses Verfahren dauert aber oft mehrere Jahre, kostet Sie Zeit und Geld und bringt selten den Erlös, der bei einem freien Verkauf der Wohnung erzielt worden wäre. Im Übrigen kann dann natürlich auch ein Dritter die Wohnung zu einem günstigen Preis erwerben, was häufig nicht im Interesse der Beteiligten liegt.

Miteigentümer können nur gemeinsam die Wohnung verkaufen

Bei der Trennung von Eheleuten kommt hinzu, dass die erworbene Immobilie und die Eigentumsverhältnisse daran sowohl bei einem etwaigen Zugewinnausgleich als auch im Zusammenhang mit Unterhalt relevant werden können.

Behalten Sie bei der Gestaltung der Eigentumsverhältnisse an der neuen Wohnung auch die **steuerlichen Konsequenzen** im Auge. Dies gilt weniger für die ohnehin anfallende Grunderwerbsteuer und Grundsteuer als für die Schenkungs- oder Erbschaftssteuer. Möglicherweise werden Sie sich ja später dazu entscheiden, die gekaufte Wohnung Ihrem Partner oder auch Ihren Kindern zu übertragen, sei es durch eine Schenkung zu Lebzeiten oder durch eine Verfügung für den Todesfall. Holen Sie hierzu unter anderem den Rat eines Steuerberaters oder eines Fachanwalts für Steuerrecht ein.

Besonderheiten können sich beim Erwerb einer Wohnung durch Ehegatten oder andere Partner ergeben, wenn einer von ihnen nicht (nur) die deutsche Staatsangehörigkeit hat. Es kann dann sinnvoll sein, bereits im Kaufvertrag eine Rechtswahl zugunsten des deutschen Rechts zu treffen. Allerdings verbietet sich dazu jede pauschale Aussage. Bitten Sie daher den Notar um nähere Auskünfte!

Das Wohnungsangebot

Der Kauf einer Eigentumswohnung ist – im Vergleich zum Hauskauf – mit einer Reihe von Besonderheiten verbunden. Diese hängen damit zusammen, dass Sie ein Wohngebäude zusammen mit anderen Eigentümern besitzen werden, es gemeinschaftlich verwalten müssen und – im Fall der Selbstnutzung – mit den anderen Eigentümern oder Mietern Tür an Tür wohnen werden.

Wohnungseigentümer haben weniger Gestaltungsfreiheiten als Hauseigentümer

Während Eigenheimbesitzer selbst entscheiden, was sie wie und wann renovieren, umbauen oder modernisieren wollen, tragen die Eigentümer einer Eigentumswohnungsanlage gemeinsam die Verantwortung für das Gebäude. Sie müssen gemeinsam Entscheidungen treffen zur Verwaltung und Instandhaltung des Gebäudes. Die Mehrheit entscheidet, vielleicht auch gegen Ihre Vorstellungen. Das eigene Haus kann – unter Einhaltung der einschlägigen Vorschriften – nach Belieben renoviert oder umgebaut werden, das Wohnungseigentum nicht. Das gemeinschaftliche Eigentum setzt dem bestimmte Grenzen. Im Vergleich zum Hauskauf müssen Sie deshalb den Kauf einer Eigentumswohnung noch sorgfältiger angehen und viel mehr Unterlagen überprüfen, wollen Sie nicht mit Unstimmigkeiten innerhalb der Eigentümergemeinschaft oder nicht einkalkulierten Kosten konfrontiert werden. Neben dem Kaufvertrag sind die Teilungserklärung und der Aufteilungsplan zu prüfen, die Baubeschreibung, weitere Vertragsanlagen wie zum Beispiel der Energieausweis und bei älteren Eigentumswohnungen die Protokolle der Eigentümerversammlungen, die Jahresabrechnungen und anderes (→ Seite 78 ff.).

Die Wohnung kann als Altbau oder Neubau erworben werden. Dabei ist zusätzlich zu unterscheiden, ob diese als Altbau »nach Gebrauch« oder umfassend modernisiert verkauft wird bzw. ob sie als Neubau sich noch in Planung oder im Bau befindet oder bereits fertiggestellt ist. Hiervon abhängig sind unterschiedliche Vor- und Nachteile und Besonderheiten zu berücksichtigen.

Eigentumswohnungen in Bestandsgebäuden

»Gebrauchte Wohnungen« erwerben Sie in der Regel von den bisherigen Eigentümern, also Privatpersonen, es sei denn, die Eigentumswohnung gehörte zu einer Mietwohnanlage, die privatisiert wird. Dann wird sie von der Wohnungsgesellschaft oder einem Zwischenerwerber veräußert, der die Privatisierung und Umwandlung der Miet- in Eigentumswohnungen vorbereitet hat.

Bestandsgebäude kann besichtigt und leichter beurteilt werden

Größter Vorteil: Ein bestehendes Gebäude kann besichtigt werden. Sie können sich mit eigenen Augen vom Haus, von der Wohnung, den Räumlichkeiten und der Bauqualität überzeugen und damit leichter beurteilen, ob die Wohnung Ihren Vorstellungen entspricht. Mehr dazu im Kapitel »Erwerb einer gebrauchten Eigentumswohnung« (→ Seite 123 ff.).

Die Immobilie können Sie in der Regel sofort oder kurzfristig beziehen, unter anderem muss die Wohnung renoviert werden. Ist sie vermietet, müssen Sie den Mietvertrag beachten. In diesen treten Sie grundsätzlich ein, denn »Kauf bricht nicht Miete«. Wenn Sie die Wohnung selbst nutzen wollen, müssen Sie als neuer Vermieter mit einer ordentlichen Kündigung Eigenbedarf anmelden (→ Seite 43).

Eine gebrauchte Eigentumswohnung ist in der Regel preiswerter als eine Neubauwohnung und liegt zentraler. Dafür sind die Instandhaltungs- und Heizkosten häufig höher. Bei Wohngebäuden, die unsaniert privatisiert und deren Wohnungen als Eigentumswohnungen verkauft werden, oder bei Häusern, in denen über Jahre hinweg nur die nötigsten Reparaturen erfolgten, müssen Sie in den nächsten Jahren gegebenenfalls mit einer umfassenden energetischen Modernisierung rechnen. Hat die Eigentümergemeinschaft dafür keine Rücklagen gebildet, werden wahrscheinlich Sonderumlagen (also Sonderzahlungen) erforderlich. Mit derartigen Kosten sollten Sie in so einem Fall rechnen. Natürlich gibt es auch umfassend sanierte und energetisch modernisierte Wohnanlagen. Eine Wohnung in diesen Wohngebäuden wird allerdings im Preis oft an eine Neubauwohnung heranreichen.

Planen Sie den Einzug in eine Wohnung, die zu einer seit Längerem bestehenden Eigentümergemeinschaft gehört, so können Sie vor der Kaufentscheidung bereits Einblick nehmen in die Verhältnisse dieser Wohnanlage: In Gesprächen mit dem Verkäufer, anderen Wohnungseigentümern und dem Verwalter sowie durch Einsicht in die wichtigsten Unterlagen erhalten Sie Informationen über den baulichen Zustand des Gebäudes und die finanzielle Situation der Gemeinschaft. Sie können erfahren, wie hoch die monatlichen Nebenkosten sind, also das Hausgeld. Sie können sich einen ersten Eindruck verschaffen über die Bewohnerstruktur, den Anteil selbst nutzender Wohnungseigentümer und Mieter, über Leerstände sowie die Fluktuation von Eigentümern und Mietern in dieser Anlage. Außerdem können Sie sich einen Überblick verschaffen über die Kompetenz und das Engagement der Verwaltung und die Atmosphäre in dieser Gemeinschaft.

Achtung!

Gebrauchte Eigentumswohnungen werden üblicherweise unter Ausschluss jeglicher Gewährleistung verkauft, sozusagen nach der Devise »gekauft wie gesehen«. Eine gründliche Prüfung aller relevanten Unterlagen (→ Seite 78 ff.) und der baulichen Substanz des Gebäudes ist daher erforderlich. Mehr dazu lesen Sie auf Seite 124 ff.

Häufig veralteter Wärme- und Schallschutz

Bestandsgebäude haben höchst unterschiedliche Raumgrößen und Raumanordnungen, abhängig vom Baujahr und dem jeweiligen Zeitgeschmack. Sie erlauben häufig ein individuelles Wohnen und bieten – besonders in Gründerzeithäusern – ein großzügiges Wohngefühl. Andererseits entsprechen der bauliche Wärmeschutz und der Schallschutz nicht den heutigen Standards.

Noch ein Vorteil älterer Wohnanlagen: Die Außenanlage ist fertiggestellt und ihre Pflege kann überprüft werden.

Rechtliche Besonderheiten beim Erwerb einer vermieteten Wohnung

Wenn Sie eine gebrauchte Wohnung kaufen möchten, ist diese möglicherweise (noch) vermietet. Dann gilt der Grundsatz: »Kauf bricht nicht Miete«. Das bedeutet, dass das Mietverhältnis auch beim Verkauf der Wohnung unverändert bestehen bleibt. Der Käufer wird also so behandelt, als hätte er selbst den Mietvertrag seinerzeit abgeschlossen und alle Vereinbarungen dazu mit dem Mieter selbst getroffen. Das gilt, wenn nichts anderes vereinbart wird, ab seiner Eintragung als neuer Eigentümer ins Grundbuch. Der Erwerber übernimmt dann sämtliche Rechte und Pflichten des Vermieters. Deswegen ist es beim Erwerb einer vermieteten Wohnung für Sie besonders wichtig, dass Sie sich umfassend über das Mietverhältnis und die üblichen Gepflogenheiten zwischen Vermieter und Mieter informieren.

Kaution muss bei Ende des Mietverhältnisses ausgezahlt werden

Hat der Mieter bei Beginn des Mietverhältnisses eine Kaution hinterlegt, so muss der Käufer der Wohnung diese Kaution nach Beendigung des Mietverhältnisses abrechnen und unter anderem auch auszahlen. Dazu ist er übrigens selbst dann verpflichtet, wenn ihm die Kaution vom Verkäufer gar nicht ausgehändigt worden ist.

Wenn die Wohnung, die Sie erwerben möchten, in einem Haus liegt, das erst nach der Vermietung der Wohnung in Wohnungseigentum aufgeteilt worden ist, können noch einige Besonderheiten hinzukommen: Der Mieter kann anlässlich des Verkaufs an Sie möglicherweise ein Vorkaufsrecht geltend machen. Das heißt, er kann nach Abschluss des notariellen Kaufvertrags durch Sie innerhalb einer Frist von zwei Monaten ab der Mitteilung an ihn verlangen, dass die Wohnung nicht an Sie, sondern an ihn veräußert wird. Außerdem können die Rechte des Erwerbers, das Mietverhältnis zu kündigen, weitestgehend eingeschränkt sein. Einzelheiten, ob in Ihrem konkreten Fall solche zusätzlichen Kündigungsbeschränkungen oder auch ein Vorkaufsrecht bestehen und wie damit zu verfahren ist, wird Ihnen der beurkundende Notar mitteilen.

Erwerb einer vermieteten Wohnung zur Eigennutzung

Kündigung des Mietverhältnisses nur aus besonderen Gründen möglich

Grundsätzlich gilt: Der Vermieter kann den Mietvertrag über eine Wohnung nicht ohne Weiteres kündigen. Damit er eine ordentliche Kündigung des Mietverhältnisses unter Einhaltung von Kündigungsfristen aussprechen kann, müssen besondere Gründe vorliegen, die das Gesetz aufzählt. Liegt keiner der gesetzlich vorgeschriebenen Gründe für eine ordentliche Kündigung vor, bleibt nur eine außerordentliche, fristlose Kündigung. Diese ist aber nur möglich, wenn der Mieter massiv gegen seine Pflichten, insbesondere zur Mietzahlung, verstößt und es deshalb für den Vermieter nicht zumutbar ist, das Mietverhältnis fortzusetzen.

Spricht der Vermieter eine Kündigung aus, für die kein ausreichender Grund vorliegt, muss der Mieter nicht ausziehen. Wenn der Verkäufer der Wohnung, die Sie erwerben möchten, den Mietvertrag bereits gekündigt hat, sollten Sie daher juristisch überprüfen lassen, wie hoch das Risiko ist, dass die Kündigung unwirksam ist und der Mieter in der Wohnung wohnen bleibt.

Der wahrscheinlich häufigste Grund für eine Kündigung des Mietvertrags im Zusammenhang mit dem Verkauf der Wohnung ist der Eigenbedarf der Erwerber. Aber Vorsicht: Eine solche Eigenbedarfskündigung kann nicht der Verkäufer, sondern nur der Käufer einer Wohnung aussprechen, und zwar grundsätzlich erst nach seiner Eintragung als Eigentümer im Grundbuch. Eine Kündigung wegen Eigenbedarfs ist dann möglich, wenn er die Räume als Wohnung für sich, seine Angehörigen oder auch für Angehörige seines Haushalts, wie zum Beispiel seine Lebensgefährtin, benötigt. Verfügt der Vermieter noch über eine andere Wohnung, in der er bzw. seine Angehörigen wunschgemäß wohnen können, kann dies einer Eigenbedarfskündigung entgegenstehen. Im Kündigungsschreiben muss der Eigenbedarf konkret und nachvollziehbar begründet werden. Ferner sind die jeweils geltenden Kündigungsfristen zu beachten. Die Rechtsprechung stellt strenge Anforderungen an das Vorliegen des Eigenbedarfs und die Formalien der Kündigung.

Tipp

Wenn Sie eine Wohnung erwerben möchten, die noch vermietet ist und in die Sie selbst einziehen möchten, sollten Sie unbedingt zuvor eingehend durch einen Rechtsanwalt klären lassen, ob in Ihrem Fall die Voraussetzungen für eine Kündigung wegen Eigenbedarfs erfüllt sind und was Sie dabei zu beachten haben.

Beim Erwerb einer bewohnten Immobilie zur Eigennutzung besteht immer die Gefahr, dass der Bewohner nicht oder jedenfalls nicht bis zum gewünschten Termin bereit ist auszuziehen. Die dann erforderliche Klage auf Räumung ist nicht nur mit dem Risiko verbunden, dass Sie den Prozess verlieren, sondern auch mit zeitlichen Verzögerungen. Um solche Unsicherheiten zu vermeiden, ist es sinnvoll, wenn Sie sich bereits rechtzeitig vor dem Abschluss des Kaufvertrags mit dem Bewohner Ihrer neuen Wohnung in Verbindung setzen und gemeinsam versuchen, eine für beide Seiten akzeptable Lösung zu finden. So kann zum Beispiel vereinbart werden, dass der Mietvertrag zu einem bestimmten Termin aufgehoben wird, der Mieter dann ausziehen muss und Sie ihm im

Gegenzug eine Entschädigung, unter anderem für die ihm entstehenden Umzugskosten, zahlen. Wenn kein ausreichender Grund zur Kündigung des Mietvertrags vorliegt oder aber sehr lange Kündigungsfristen einzuhalten sind, ist es oft der einzige Weg, um den Mieter zu einem Auszug zu bewegen.

Rücktrittsrecht vorbehalten

Wenn Sie den Erwerb der – noch bewohnten – Wohnung davon abhängig machen wollen, dass Sie dort bis zu einem bestimmten Termin einziehen können, sollten Sie sich im Übrigen das Recht vorbehalten, vom Kaufvertrag zurückzutreten, wenn die Wohnung nicht bis zu einem bestimmten Termin geräumt wurde. Für den Fall eines solchen Rücktritts sollte der Verkäufer möglichst die Kosten des Vertrags tragen, alle sonstigen, Ihnen durch den Rücktritt entstandenen Schäden ersetzen und auf eigene Schadenersatzansprüche verzichten.

Erwerb einer vermieteten Wohnung als Kapitalanlage

Bevor Sie eine Eigentumswohnung als Anlageobjekt erwerben, ist es wichtig zu wissen, ob Sie die erwarteten Mieteinnahmen tatsächlich erzielen können (→ Seite 19 ff.) und wie sich der künftige Umgang mit dem Mieter gestalten wird. Der Kauf einer vermieteten Wohnung kann Sie in eine kritische Situation bringen, wenn der Mieter die Miete nicht oder nicht in voller Höhe bezahlt, die Sie bei der Finanzierung des Kaufpreises einkalkuliert haben. Das Gleiche gilt, wenn der Mieter zwar seinen Zahlungsverpflichtungen bisher nachgekommen ist, aber bereits Streitigkeiten mit dem gegenwärtigen Vermieter hat, die auch später noch Auswirkungen haben könnten.

Machen Sie sich persönlich ein Bild von dem Mieter

Lassen Sie sich daher nicht nur den Mietvertrag sowie alle sonstigen Vereinbarungen einschließlich eines etwaigen Kautionssparbuchs und Ähnliches vorlegen. Fragen Sie den Verkäufer auch danach, ob Streitigkeiten mit dem Mieter bestehen, ob der Mieter die Miete pünktlich und in voller Höhe zahlt und ob er Mängel an der Wohnung rügt, deretwegen er künftig die Miete ganz oder teilweise einbehalten könnte. Versuchen Sie außerdem, möglichst frühzeitig den Mieter persönlich kennenzulernen, damit Sie auch ihn danach befragen und Sie einander beschnuppern können. Erweist sich der Mieter dabei als unangenehm, kann dies ein Anlass sein, den

Erwerb der Wohnung nochmals zu überdenken. Haben Sie erst einmal das Objekt gekauft, müssen Sie mit dem Mieter leben!

Wenn Sie sich nach eingehender Prüfung aller wesentlichen Fragen für den Kauf der Wohnung entschieden haben, muss auch der notarielle Kaufvertrag einige Regelungen zu dem Mietverhältnis beinhalten (→ Seite 178 f.).

Eigentumswohnungen in Neubauten

Neubauten sind in der Regel teurer als ältere Eigentumswohnungen. Dafür besitzen sie natürlich den Reiz des Neuen, vielleicht weisen sie auch eine zweckmäßige, moderne Architektur auf. Sie entsprechen den heutigen Standards in Bezug auf Wärmeschutz, Schallschutz, Heizung und Brandschutz. Die Qualität der Ausstattung (Fenster, Türen, Heizkörper, Bodenbeläge und anderes) ist unterschiedlich und natürlich abhängig vom Wohnungspreis.

Ausstattungswünsche können berücksichtigt werden

Ist die Wohnung noch nicht fertiggestellt, kann der Käufer in der Regel noch Einfluss auf bestimmte Ausstattungen nehmen, teilweise gegen Aufpreis. Seine Änderungs- bzw. Sonderwünsche bezüglich der Badezimmerausstattung, der Zimmertüren, Bodenbeläge, Tapeten oder Wandanstriche, Heizkörper, Steckdosenanzahl etc. können berücksichtigt werden.

Grundlage der baulichen Qualität und der Ausstattung ist die Baubeschreibung. In ihr sollten alle wesentlichen Standards, Qualitäten und Mengen genannt sein (→ Seite 87 ff.). Manchmal besteht die Möglichkeit, über spezielle Wünsche bezüglich der Sondernutzungsrechte zu verhandeln (→ Seite 87 ff.).

Ein Vorteil neuer Eigentumswohnungen ist die Haftung des Verkäufers bei Mängeln, die weniger eingeschränkt werden darf als beim Kauf eines Altbaus. Die Verjährungsfrist für Mängel am Gebäude beträgt in der Regel laut BGB fünf Jahre (→ Seite 169). Das Hausgeld ist bei Neubauten am niedrigsten. Dies gilt besonders für die Heizkosten sowie für die zu zahlende Instandsetzungsrücklage.

Ein Nachteil neuer Eigentumswohnungen ist, dass die konkrete Höhe des Hausgelds noch nicht feststeht. Zur Ermittlung des Hausgelds können nur Vergleichsdaten herangezogen werden.

Nachteilig: Information über Eigentümergemeinschaft nicht möglich

Ein wesentlicher Nachteil noch nicht fertiggestellter Neubauten besteht darin, dass die Zusammensetzung der Eigentümergemeinschaft noch unbekannt ist. Kaufen Sie als Letzte/r eine Wohnung, so können Sie sich natürlich ein erstes Bild der Gemeinschaft machen. Dennoch gibt es keine oder wenig Erfahrungen bezüglich der Zusammenarbeit und dem Gemeinschaftssinn der Miteigentümer.

Schließlich tragen Erwerber beim Kauf vom Bauträger das Risiko der Bauträgerinsolvenz. Hiervor können Sie sich über Vereinbarungen im Kaufvertrag in gewissem Umfang schützen (→ Seite 182 ff.).

Die Suche: Zugänge zum Angebot

Adressen von zum Verkauf angebotenen Eigentumswohnungen finden Sie im Internet, in den regionalen Tageszeitungen, in den Aushängen von Sparkassen und Banken und über Makler. Kaufangebote sind direkt an den Häusern angebracht oder in die Fenster gehängt. Auch über eine Zwangsversteigerung können Sie eine Wohnung erwerben. Und Sie können auch bei größeren Wohnungsgesellschaften nachfragen, ob diese Wohnungen verkaufen bzw. den Verkauf von Wohnungen planen.

Die bekanntesten Internet-Plattformen für den Immobilienmarkt sind www.immobilienscout24.de, www.planethome.de, www.immonet.de. Über Suchmaschinen werden Sie auf weitere stoßen (→ Übersicht). Inzwischen stellen auch die Tageszeitungen ihre Immobilienanzeigen ins Internet.

Immobilienportale

Internet-Adresse:	Regionaler Schwerpunkt:
www.freeimmo.com	Europa
www.immoba.de	Region Bamberg
www.immobilienscout24.de	Bundesweit
www.immo.openindex.de	Bundesweit
www.immokat.de	Bundesweit
www.immonet.de	Bundesweit
www.immowelt.de	Bundesweit
www.immowuerttemberg.de	Baden-Württemberg
www.immozentral.com	Bundesweit
www.kalaydo.de	Bundesweit
www.nib.de	Region Nürnberg
www.planethome.de	Bundesweit
www.wohnfinder.de	Sachsen, Sachsen-Anhalt, Thüringen

Erfolgreich verhandeln mit Maklern

Wohnungsangebote von Maklern sorgfältig prüfen

Erhalten Sie ein Wohnungsangebot von einem Makler, ist einiges zu beachten: Lassen Sie sich umfassende Informationen (Exposé, Grundbuchauszug, Lageplan, unter anderem Auszug aus dem Bebauungsplan, Teilungserklärung, später auch die weiteren Unterlagen wie Jahresabrechnungen, Protokolle etc.) aushändigen und prüfen Sie diese sorgfältig – unter anderem unter Hinzuziehung der Auskünfte von Behörden, Nachbarn, Eigentümerbeirat, Hausverwaltung und anderen.

Manchmal ist es ratsam, selbst zum Bauordnungsamt und zum Grundbuchamt zu gehen, um sich von der **Vollständigkeit der Unterlagen** zu überzeugen. Um Einsicht ins Grundbuch zu erhalten, benötigen Sie eine entsprechende Vollmacht des Grundstückseigentümers, in diesem Fall also des Wohnungsverkäufers.

Zur Beschaffung oder Bestätigung verbindlicher und eindeutiger Informationen kann es sinnvoll sein, dem Makler einen **Prüfauftrag** zu erteilen, den er schriftlich beantworten soll. Denn zu eigenen Nachforschungen, zum Beispiel über die Angaben des Verkäufers zum Kaufobjekt, ist der Makler nur verpflichtet, wenn dies vertraglich vereinbart ist. Grundsätzlich kommt nur in diesen Fällen eine Haftung des Maklers dafür in Betracht. Gibt der Makler dagegen lediglich die ihm vorliegenden Informationen des Verkäufers weiter, haftet er grundsätzlich nicht für deren Richtigkeit.

Reservierungsvereinbarungen sehr riskant

Schließen Sie keine **Reservierungsvereinbarung** mit dem Makler ab. Mit solch einer Vereinbarung sollen Kaufinteressenten an ein mögliches Kaufversprechen und an den Makler gebunden werden. Die Reservierungsvereinbarung beinhaltet höchstens das Versprechen des Maklers, das Objekt nicht anderweitig anzubieten, würde Sie aber an ein mögliches Kaufversprechen binden. Denn wenn Sie vom Kauf zurücktreten würden, wären Sie zur Zahlung einer Art Aufwandsentschädigung an den Makler verpflichtet. Solch eine Vereinbarung ist also für Sie mit dem Risiko hoher Kosten verbunden, aber für die Eigentümer der Immobilie nicht rechtsverbindlich, sie können die Immobilie trotz dieser Vereinbarung des Maklers anderweitig veräußern. Im Übrigen können Sie die Zusage des Maklers ohnehin nicht überprüfen, sodass die Reservierungsvereinbarung im Prinzip sinnlos ist.

Die **Provisionsforderungen der Makler** liegen – regional unterschiedlich – zwischen 3,57 Prozent und 7,14 Prozent des Kaufpreises der Immobilie inklusive 19 Prozent Mehrwertsteuer. Diese Makler-Courtage wird als »ortsüblich« bezeichnet, das heißt, sie soll der im Durchschnitt gezahlten örtlichen Provision entsprechen. Verhandeln Sie über diese Forderungen, denn die im Durchschnitt gezahlten Provisionen sind deutlich niedriger als die Forderungen! Zugeständnisse von ein bis zwei Prozent sind durchaus möglich (→ Seite 230 f., Literaturhinweise).

Unbeabsichtigte Vergütungspflicht gegenüber Maklern

Ein Maklervertrag kommt nicht nur durch eine ausdrückliche mündliche oder schriftliche Vereinbarung zustande. Mit einer Pflicht zur Vergütung kann er auch abgeschlossen werden, wenn ein Kaufinteressent Leistungen des Maklers entgegennimmt (sich zum Beispiel ein Exposé zuschicken lässt oder ein Haus besichtigt) und aufgrund eines entsprechenden Hinweises – zum Beispiel im Exposé – erfährt, dass er dem Makler bei Abschluss des Kaufvertrags eine Vergütung zu zahlen hat. Nimmt der Kaufinteressent danach weitere Leistungen des Maklers in Anspruch und verhandelt er auch nicht über dessen Vergütungsvorstellungen, wird von einem stillschweigenden Abschluss des Maklervertrags ausgegangen. Kommt der Kaufvertrag über die Eigentumswohnung daraufhin zum Abschluss, ist die Provision zu zahlen.

Häufig wird Kaufinteressenten bei weiterführenden Verkaufsgesprächen ein Maklervertrag oder eine Reservierungsvereinbarung (→ Seite 48) vorgelegt. Statt eines Maklervertrags akzeptieren viele Käufer in der Regel auch eine Klausel im vom Notar zu beurkundenden Immobilienkaufvertrag, nach welcher der Käufer zur Zahlung der Provision verpflichtet wird. Im Kaufvertrag ist dann die genaue Höhe der vom Käufer zu zahlenden Courtage festgelegt.

Grundsätzlich ist es empfehlenswert, klare und eindeutige Absprachen mit dem Makler zu treffen, am besten einen schriftlichen Vertrag abzuschließen. Hierin sollte festgelegt werden, ob und in welcher Höhe von wem (unter anderem auch vom Verkäufer) eine Vergütung zu zahlen ist. Legt der Makler Ihnen seinen Formularvertrag vor, sollten Sie diesen angesichts der Komplexität und Kompliziertheit der Materie von unabhängiger Seite prüfen lassen.

Viele Käufer wie Verkäufer sind sich nicht im Klaren, ob der Makler ihnen, der »anderen Seite« oder beiden Geschäftsparteien verpflichtet ist. Solch eine **Doppeltätigkeit** für beide Parteien ist grundsätzlich zulässig, wenn sie nicht vertraglich ausgeschlossen wird. Nehmen Sie die Doppelmaklertätigkeit aus dem Vertrag möglichst heraus und lassen Sie sich den Ausschluss schriftlich bestätigen, denn ein Makler, dem Sie erlauben, auch für die andere Seite tätig zu sein, darf Ihnen nicht mehr als einseitiger Interessenvertreter dienen. Er muss beiden Seiten gleichermaßen loyal zur Seite stehen. Diese Pflicht zur Unparteilichkeit kann zu Widersprüchen und zu Interessenskollisionen führen – mit der Folge, dass eine Partei benachteiligt wird. Denn es ist immer schwierig, »Diener zweier Herren« zu sein.

Tipp

Wollen Sie keine Notargebühr für die Maklercourtage zahlen, dann sollte diese nicht im notariellen Kaufvertrag über die Wohnung erwähnt werden, auch wenn die zusätzliche Notargebühr bei einer Courtage von insgesamt 10.000 Euro nur maximal 54 Euro zuzüglich Mehrwertsteuer beträgt.

Tipp

Mehr Informationen zur Zusammenarbeit mit Maklern finden Sie in der kostenlosen Broschüre »Maklerleistungen für Wohnimmobilien« (→ Seite 230 f.).

Zwangsversteigerungen

Auch in der Zwangsversteigerung können Sie eine Wohnung erwerben. Zwangsversteigerungen von Immobilien und die dabei zu beachtenden Rechtsfragen sind für einen Laien allerdings nicht leicht zu verstehen. Da die Regelungen zur Zwangsversteigerung von komplex sind, kann hier nur ein kurzer Überblick über den Verfahrensablauf gegeben werden.

Achtung!

Wenn Sie sich für eine Immobilie interessieren, die zwangsversteigert wird, sollten Sie unbedingt frühzeitig einen Rechtsanwalt zurate ziehen! Denn der Erwerb einer Immobilie im Wege der Zwangsversteigerung kann äußerst riskant sein. Die sich daraus ergebenden Risiken sind für jemanden, der nicht bereits häufiger mit Zwangsversteigerungen zu tun hatte, oftmals kaum erkennbar. Daher sollten Sie auf keinen Fall auf eine kompetente Beratung verzichten. Lassen Sie sich unbedingt rechtzeitig vor und auch während der Zwangsversteigerung von einem Fachmann beraten und begleiten!

Die zur Versteigerung anstehenden Immobilien werden von den Amtsgerichten in Aushängen im Gerichtsgebäude und in der Tageszeitung bekannt gegeben. Versteigerungstermine und Tipps finden Sie im Internet unter www.zwangsversteigerung.de, www.zvg.de und in Versteigerungskatalogen.

Haben Sie eine interessante Immobilie im Blick, so können Sie darüber ein Sachverständigengutachten beim zuständigen Amtsgericht einsehen. Weitere Auskünfte kann Ihnen der Gutachter mündlich erteilen.

Achtung!

Im Wertgutachten wird ein Verkehrswert der Immobilie festgelegt. Der muss nicht unbedingt ihren tatsächlichen Marktwert widerspiegeln. Erfahrungsgemäß kommen verschiedene Gutachter auf etwas verschiedene Werte. Der genannte Wert sollte für Sie nur einen Anhaltspunkt darstellen.

Wenn der Alteigentümer oder der Mieter dem Gutachter den Zugang zur Wohnung verweigert hat – einen rechtlichen Anspruch auf eine Wohnungsbesichtigung haben weder der Gutachter noch die Bieter –, wird das Gutachten nach Aktenlage verfasst. Dies ist dann im Gutachten vermerkt. In diesen Fällen wird dann »die Katze im Sack« versteigert und auf das Gutachten ist nur begrenzt Verlass.

Wenn Ihnen der Eigentümer oder Mieter aber den Zugang zum Objekt gewährt, sollten Sie mehrere Ortsbesichtigungen zu verschiedenen Wochentagen und Tageszeiten vornehmen, um den Lärmpegel am Abend wie auch zu den beruflichen Stoßzeiten festzustellen, und dazu einen Architekten oder Bauberater mitnehmen.

Vor der Versteigerung sollte die Finanzierung stehen. Dazu müssen Sie der Bank das Verkehrswertgutachten vorlegen. Diese setzt dann eine Beleihungsgrenze und die Kredithöhe fest. Vergewissern Sie sich, dass dieser Service kostenlos bleibt, auch wenn Sie den Zuschlag nicht bekommen. Beachten Sie allerdings, dass Sie der Bank vor der Versteigerung die vielleicht zu ersteigernde Wohnung nicht als Sicherheit für ein etwaiges Darlehen anbieten können.

Gehen Sie gut informiert in die Versteigerung. Vorher sollten Sie als Zuschauer an zwei bis drei Versteigerungen teilnehmen, um sich mit dem Ablauf vertraut zu machen. Legen Sie für die Versteigerung Ihres Wunschobjekts einen Höchstbetrag fest, an dem Sie während der Versteigerung auch festhalten.

Vorsicht!

Bei einer Zwangsversteigerung von Immobilien ist auch besonders darauf zu achten, ob bei der Versteigerung Rechte, die auf der Immobilie lasten, bestehen bleiben. Hierbei kann es sich um Grundpfandrechte, Dienstbarkeiten, Wohnrechte, Rentenlasten oder sonstige Rechte handeln. Bestehen bleibende Rechte sind vom Ersteher zu übernehmen und können den Wert der Immobilie beeinflussen und sogar zusätzliche finanzielle Belastungen auslösen. Sie beeinflussen unter Umständen erheblich die Beantwortung der Frage, ob und zu welchem Gebot der Erwerb der Immobilie überhaupt wirtschaftlich sinnvoll ist. Wenn und soweit Rechte bestehen bleiben, muss dies auch bei der Überlegung berücksichtigt werden, bis zu welchem Betrag geboten werden sollte.

Falls Sie sich für den Erwerb einer Immobilie im Wege einer Zwangsversteigerung interessieren, müssen Sie also unbedingt rechtzeitig vor der Versteigerung prüfen, ob, mit welchem Inhalt und in welchem Umfang Rechte nach der Zwangsversteigerung bestehen bleiben. Hierzu kann Ihnen auch das Amtsgericht, bei dem das Zwangsversteigerungsverfahren läuft, Informationen geben. Ziehen Sie aber unbedingt einen Fachmann hinzu, zum Beispiel einen auf diesem Gebiet erfahrenen Rechtsanwalt!

Der Ablauf einer Versteigerung

Um aktiv an einer Versteigerung teilnehmen zu können, müssen Sie einen gültigen Personalausweis oder Reisepass vorlegen. Sie müssen sich außerdem darauf vorbereiten, dass Sie beim Versteigerungstermin eine Sicherheit in Höhe von mindestens 10 Prozent des vom Gutachter geschätzten Verkehrswerts leisten müssen. Diese Sicherheitsleistung ist nur möglich in Gestalt eines Bundesbankschecks, eines Verrechnungsschecks, der frühestens am dritten Werktag vor dem Versteigerungstermin ausgestellt werden darf, in Form einer unbefristeten, unbedingten und selbstschuldnerischen Bankbürgschaft oder durch vorherige Überweisung an die Gerichtskasse.

Mit dem Zuschlag wird der Ersteher Eigentümer der Wohnung. Etwa vier bis sechs Wochen nach dem Zuschlag muss er die Immobilie bezahlen. Sein Höchstgebot plus 4 Prozent Jahreszins (umgelegt auf die vier bis sechs Wochen) werden zu diesem Verteilungstermin fällig, vor dem Eintrag ins Grundbuch.

Die Kosten einer Immobilie aus der Zwangsversteigerung

- Das Höchstgebot plus 4 Prozent Jahreszins (für den Zeitraum zwischen Versteigerungs- und Einzahlungstermin),
- Zuschlaggebühr des Gerichts, abhängig unter anderem vom Höchstgebot; dafür entfallen die beim Kauf einer Wohnung für die Beurkundung des Kaufvertrags entstehende Notargebühren,
- Gerichtskosten für die Eintragung des Eigentümers im Grundbuch, Finanzierungskosten und Grunderwerbsteuer (→ Seite 35).

Der Bezug der Immobilie

Zuschlag aus Versteigerung ist ein Räumungstitel gegen Alteigentümer

Lebt der bisherige Eigentümer noch in der ersteigerten Wohnung, so können Sie von ihm aufgrund des Zuschlagbeschlusses grundsätzlich die Räumung und Herausgabe der Wohnung verlangen. Verweigert der Alteigentümer den Auszug, müssen Sie einen Gerichtsvollzieher mit der Räumung beauftragen. Die Kosten für diese Räumung müssen erst einmal Sie übernehmen. Der Alteigentümer ist Ihnen gegenüber zwar dazu verpflichtet, diese zurückzuerstatten; allerdings wird er dies in den meisten Fällen nicht können.

Ist die Wohnung vermietet, gelten im Wesentlichen dieselben Grundsätze wie beim Kauf einer vermieteten Wohnung (→ Seite 41 ff.). Allerdings sind Besonderheiten zu beachten. Wenn Sie den Erwerb einer vermieteten Immobilie im Wege der Zwangsversteigerung beabsichtigen, sollten Sie sich daher auch hierzu bereits vor dem Versteigerungstermin anwaltlich beraten lassen.

Auswahl des konkreten Kaufobjekts

Lassen Sie sich Zeit mit der Suche nach einer geeigneten Wohnung. Geduld ist angesagt, denn Sie benötigen verschiedene Informationen: Wohnbedürfnisse müssen ermittelt, Auskünfte über den Gebäudezustand, die Lage, den Preis, die Eigentümergemeinschaft und anderes zusammengetragen, viele Unterlagen geprüft und Verhandlungen geführt werden.

Die Lage

Lage entscheidet über Wertentwicklung und Wiederverkaufswert

Die Lage, das Wohnumfeld, die Wegstrecken und die Wohnanlage nebst Grundstück sind von zentraler Bedeutung für die Kaufentscheidung. Eine günstige Lage ist wichtig für die Wertentwicklung und den Wiederverkaufswert; das Wohnumfeld hat großen Einfluss darauf, ob Sie sich in dieser Umgebung wohl fühlen werden. Ihre täglichen Wegstrecken sollten möglichst kurz sein und die Wohnanlage nebst Gemeinschaft sollte so sein, dass möglichst große Übereinstimmung herrscht. Auch für Kapitalanleger, die die Wohnung vermieten möchten, gilt: Schauen Sie sich die Immobilie so an, als wollten Sie selbst einziehen.

Die Lage: der wichtigste Faktor für die Wertentwicklung

Nicht nur der derzeitige Kaufpreis sollte für Sie von Bedeutung sein. Sie sollten sich auch überlegen, welchen Wiederverkaufswert Grundstücksanteil und Wohnung in einigen Jahren haben könnten. Denn da Wohnungseigentum zugleich eine Vermögensanlage ist und unter anderem zur Altersvorsorge dienen soll, muss die künftige Wertentwicklung mitbedacht werden. So sollten Sie auch einschätzen können, ob sich eine selbst genutzte Wohnung in einigen Jahren gut vermieten oder wieder verkaufen lässt und welchen Wiederverkaufswert sie dann in etwa haben kann.

Tipp

Denken Sie von Anfang an auch an den Wiederverkauf und achten Sie auf die mögliche Wertsteigerung Ihrer Wohnung, damit Sie keinen Wertverlust hinnehmen müssen.

Entscheidend dafür ist in erster Linie eine »gute« Lage, das heißt ein attraktives Wohnumfeld, eine gute Verkehrsanbindung und ein ausreichendes Dienstleistungsangebot. Allerdings kann sich dies langfristig auch ändern.

Besonders in strukturschwachen Regionen mit hoher Arbeitslosigkeit und Abwanderungstendenz ist das Wiederverkaufsrisiko hoch, weil es an Nachfrage fehlt. Deshalb sollten Sie – soweit dies möglich ist – in Erfahrung bringen, ob und wie sich Ihr Wohngebiet in den nächsten Jahren verändern wird. Mehrere leer stehende Wohnungen in größeren Wohnungsanlagen sind zum Beispiel ein Hinweis auf eine geringe Nachfrage und schwer verkäufliche Wohnungen.

Regionale Gegebenheiten beeinflussen Wertentwicklung

Außerdem sollten Sie die Situation des Wohnungsmarkts im Auge behalten. Die Immobilienmärkte sind gegenwärtig mehr als bisher von sehr großen regionalen Unterschieden geprägt. Neben Wachstumsregionen, wie zum Beispiel der Rheinschiene, gibt es Abwanderungsregionen – bestimmte Gebiete in den neuen Bundesländern oder auch im Ruhrgebiet –, in denen bei Immobilienverkäufen eher mit einem Wertverlust zu rechnen ist.

Weite Wege?

Zu Beginn der Wohnungssuche steht die Entscheidung, wo Sie später wohnen wollen. Diese Entscheidung hängt einerseits von der Lage der Arbeitsplätze, Schulen und sonstigen Notwendigkeiten Ihres Alltags ab, aber auch von dem Angebot an neu errichteten oder älteren Eigentumswohnungsanlagen.

Entfernung zu wichtigen Einrichtungen

Klären Sie vorab, ob eine Anbindung an die öffentlichen Verkehrseinrichtungen wie Bahn, Bus, Straßenbahn besteht. Ob Entfernungen als »nah« oder »weit« entfernt empfunden werden, ist natürlich individuell festzulegen.

Entfernung zu ...	nah	mittel	weit		nah	mittel	weit
Arbeitsplätzen	☐	☐	☐	Kinderspielplatz	☐	☐	☐
Kindergarten/Hort	☐	☐	☐	Grünanlagen	☐	☐	☐
Schulen	☐	☐	☐	Gemeindezentrum/Rathaus	☐	☐	☐
Lebensmittelgeschäften	☐	☐	☐	Sportanlagen	☐	☐	☐
Geschäftsstraßen/Einkaufszentrum	☐	☐	☐	Jugendtreff	☐	☐	☐
Ärzten/Apotheken	☐	☐	☐	Altenbegegnungsstätte	☐	☐	☐
Kino, Theater, Bücherei etc.	☐	☐	☐	....	☐	☐	☐
Straßenbahn- oder Bushaltestellen	☐	☐	☐	....	☐	☐	☐
Bahnhof	☐	☐	☐	....	☐	☐	☐

Das Wohnumfeld

Ein Gebäude, ruhig am Waldrand gelegen, mit grandiosem Tal- und Seeblick, das Stadtzentrum fußläufig erreichbar und mit einer Autobahnauffahrt um die Ecke – solch ein Gebäude werden Sie sicherlich nicht so häufig finden. Besichtigen Sie ins Auge gefasste Wohnanlagen nicht nur am Wochenende, sondern zur Arbeits- und Geschäftszeit sowie am Abend.

Tipp

Einen Blick von oben liefern Satellitenaufnahmen in hoher Auflösung, zum Beispiel bei google.maps und Google Earth.

Für die Begehung des Wohnungsumfelds und des Grundstücks, zur Besichtigung der Wohnung und Wohnräume sowie zur Beurteilung der technischen Haus- und Wohnungsausstattung können Sie die Checklisten auf den Seiten 57 bis 59 verwenden.

Besichtigen und beurteilen

Ältere Eigentumswohnanlagen und neu errichtete Wohnungen können – im Gegensatz zu den erst projektierten Wohnungen – besichtigt werden. Dies hat den Vorteil, Räume und ihre Ausstattung in Originalgröße zu erleben. Oft ist ein einziger Rundgang durch die von Ihnen ins Auge gefasste Wohnung nicht ausreichend. Nehmen Sie sich daher genügend Zeit für mehrere Erkundungen.

Besichtigung möglichst nicht allein vornehmen

Zur ersten Besichtigung sollten Sie natürlich Ihren Partner oder Freunde mitnehmen, und wenn Sie das Haus in die engere Auswahl gezogen haben, lassen Sie sich von einem Architekten oder Baufachkundigen (es muss in der Regel kein öffentlich bestellter oder vereidigter Sachverständiger sein) begleiten, um mögliche Defizite und Schäden entdecken und beurteilen zu können. Besichtigen Sie sowohl die Wohnung als auch das Gemeinschaftseigentum.

Projektierte Wohnungen müssen anhand der Grundrisse, Baubeschreibungen und Aufteilungspläne beurteilt werden. Hierfür sollten Sie fachkundige Unterstützung einholen und die Unterlagen von Architekten oder Bauingenieuren prüfen lassen.

Eine Vor-Ort-Bauberatung und das Angebot zur Prüfung der Unterlagen finden Sie unter anderem bei wohnen im eigentum e.V. (Adresse → Seite 233).

Checkliste: Begehung des Wohnumfelds und des Grundstücks

- [ ] Liegt das Haus an einer Durchgangsstraße oder in einer ruhigen Anliegerstraße?
- [ ] Wie stark ist der Verkehrslärm tagsüber, am Abend und an den Wochenenden?
- [ ] Ist damit zu rechnen, dass das Verkehrsaufkommen in den nächsten Jahren zunehmen wird?
- [ ] Liegt das Gebäude in der Einflugschneise eines Flughafens oder in der Nähe einer viel befahrenen Bahnstrecke oder Autobahn?
- [ ] Stehen Mobilfunkstationen oder Hochspannungsleitungen in der Nähe?
- [ ] Befindet sich ein Gewerbegebiet in nächster Nähe, eine Mülldeponie oder Ähnliches, und führt die Zufahrtsstraße dazu direkt an diesem Grundstück vorbei?
- [ ] Befinden sich feuergefährliche, lärmträchtige und geruchsbelästigende Einrichtungen, Betriebe o. Ä. in nächster Umgebung oder sind solche in der Planung vorgesehen? Einige Beispiele: Im Windschatten einer Tischlerei kann ein erhöhter Schadstoffausstoß die Luft belasten. Neben einem Schweinestall stinkt es! Auf einem Acker wird im Frühjahr Gülle ausgefahren! Über Ausflugslokale gibt es vielfach Beschwerden wegen Lärmbelästigung.
- [ ] Beeinträchtigt die Nachbarbebauung das Haus?
- [ ] Befinden sich auf dem Grundstück hohe Bäume, die unter anderem unter Naturschutz stehen?
- [ ] Ist das Gebäude starken Winden ausgesetzt, zum Beispiel bei einer Höhenlage?
- [ ] Liegt das Grundstück in einem Hochwassergebiet?
- [ ] Handelt es sich um eine regen- oder schneereiche Gegend?
- [ ] Sind Parkmöglichkeiten, Garagen oder Einstellplätze vorhanden?
- [ ] Gibt es Gartenbereiche, die allen Eigentümern zur Nutzung zur Verfügung stehen?

Das Umfeld

Auch wenn bei einem Wohnungskauf die Wohnung selbst im Vordergrund steht, sollten Sie das Umfeld mehrfach genauer prüfen, damit Ihnen nach einiger Zeit das Wohnen nicht verleidet wird. Diese Fragen geben einige Anregungen, worauf Sie achten können.

Checkliste: Beurteilung der Wohnung und der Wohnräume

- [ ] Nach welchen Himmelsrichtungen liegen die Räume? Wohnräume sollten möglichst nach Süden/Westen ausgerichtet sein, Schlafräume nach Osten, Nutzräume nach Norden/Osten.
- [ ] Nach welcher Himmelsrichtung liegen Terrassen, Balkone, Loggien?
- [ ] Welche Räume verfügen über einen direkten Zugang zu Garten, Balkon, Terrasse?
- [ ] Welche Räume sind einzeln vom Flur aus zugänglich, welche über Durchgangszimmer erreichbar?
- [ ] Hat das Schlafzimmer einen direkten Zugang zum Badezimmer bzw. liegt das Bad direkt daneben?
- [ ] Ist ein zusätzliches abgetrenntes WC erforderlich bzw. vorhanden?
- [ ] Gibt es einen offenen Küchen-, Ess- und Wohnbereich oder besteht zwischen Küche und Esszimmer eine direkte Verbindung?
- [ ] Sind ausreichend viele Räume vorhanden? Zahlreiche Eigentumswohnungen verfügen über eine große Wohnfläche, aber nur wenige abgetrennte Räume. Dadurch wirkt die Wohnung einerseits großzügig. Andererseits bieten diese Wohnungen wenige Möglichkeiten zum Rückzug oder zur Nutzungsänderung, wenn ein zusätzliches Schlafzimmer, Gästezimmer oder Arbeitszimmer gebraucht wird.
- [ ] Sind die Räume in ihren Nutzungsmöglichkeiten festgelegt oder lassen sie sich an andere Nutzungswünsche anpassen?
- [ ] Können Zwischenwände entfernt, versetzt oder eingezogen werden? Was sagt die Gemeinschaftsordnung dazu? Ist eine Zustimmung der Eigentümergemeinschaft erforderlich oder die des Verwalters?
- [ ] Ist die Wohnung barrierefrei? Ebenso der Wohnungszugang und der Hauseingang? Kann die Wohnung mit einfachen Mitteln barrierefrei umgerüstet werden?
- [ ] Was Ihnen noch wichtig ist ...

Die Wohnung

Prüfen Sie, ob die Wohnung mit ihrem jetzigen Zuschnitt für Ihren Bedarf geeignet ist, ob kleinere Umbauten erforderlich und möglich sind, und ob sie gegebenenfalls auch einem zukünftig sich ändernden Raumbedarf, zum Beispiel durch Familienzuwachs, standhalten kann. Dieser kleine Fragenkatalog soll Anregungen dafür geben, was zur Prüfung und Einschätzung alles gehören kann. Die Bewertung und Gewichtung der Antworten ist natürlich abhängig von Ihrem persönlichen Bedarf, Ihren Vorstellungen und Wünschen.

Checkliste: Technische Haus- und Wohnungsausstattung

- [ ] Ist der Hauseingangsbereich ausreichend beleuchtet?
- [ ] Sind die Hausflure und Wohnungszugänge ausreichend beleuchtet – mit Tageslicht oder nur mit künstlichem Licht?
- [ ] Gibt es eine Haussprechanlage?
- [ ] In welchem Zustand befindet sich die Briefkastenanlage?
- [ ] In welchem Zustand befindet sich der Aufzug?
- [ ] Gibt es eine wohnungseigene Heiztherme und einen eigenen Warmwasserspeicher oder Durchlauferhitzer oder gibt es eine gemeinschaftliche Heizungsanlage mit Warmwasserbereiter?
- [ ] Wie alt ist der Heizkessel, wie alt der Brenner? (Auskunft darüber geben Hinweisschilder am Gerät oder der Verwalter oder der Schornsteinfeger.) Prüfen Sie, ob der Energieausweis Informationen zur Heizungsanlage enthält.
- [ ] Gibt es eine Solaranlage zur Warmwasserbereitung oder Heizungsunterstützung?
- [ ] Sind die Heizkörper mit zeitgemäßen, funktionierenden Thermostatventilen ausgestattet?
- [ ] Hat jede Wohnung eine eigene Wasseruhr?
- [ ] Verfügt das Badezimmer über eine ausreichende Abluftanlage zur Vermeidung von Feuchteschäden und Schimmelpilzbildung?
- [ ] Verfügt das Haus über Kabelanschluss oder eine Gemeinschaftsantenne? Dürfen Sie entsprechend der Gemeinschaftsordnung eine eigene Parabolantenne anbringen oder muss dazu ein Beschluss der Eigentümergemeinschaft herbeigeführt werden?
- [ ] Gibt es ausreichend Steckdosen in den einzelnen Wohnräumen?
- [ ] Gibt es Leerrohre in den Wänden, falls zu einem späteren Zeitpunkt weitere Elektroleitungen nachgerüstet werden sollen?
- [ ] Ist in der Wohnung ein ISDN- oder DSL-Anschluss vorhanden bzw. der nachträgliche Einbau möglich?
- [ ] Sind Leerrohre für Telekommunikationsanlagen vorhanden?

Die Ausstattung

Unsere Fragen geben auch Anregungen dafür, sich bewusst zu machen und zu bewerten, was Ihnen wichtig ist. Dazu gehören sicher die absehbaren Energiekosten für Heizung und Warmwasser sowie ausreichend Anschlüsse für Ihre Telekommunikationsanlage.

Das gemeinschaftliche Wohnen

Wohnungsnutzer und Kapitalanleger haben unterschiedliche Interessen

Je nachdem, ob Sie die Wohnung selbst bewohnen oder als Kapitalanlage nutzen wollen, werden Sie unterschiedliche Erwartungen an die Gemeinschaft haben. Selbstnutzende Wohnungseigentümer wollen eher mitwirken und mitgestalten, Kapitalanleger sind häufig nur an einer reibungslosen Verwaltung interessiert. In jedem Fall sollten Sie sich über Ihre Interessen im Klaren sein und sich über die Mitsprachemöglichkeiten und das Klima in der Eigentümergemeinschaft informieren. In diesem Zusammenhang sollten Sie sich auch überlegen, wie groß die Eigentümergemeinschaft sein und wie die Bewohnerstruktur aussehen soll, zu der Sie gehören wollen. In sehr großen Eigentümergemeinschaften ab hundert Wohnungen aufwärts ist für die Pflege und Reinigung des Gebäudes sowie der Gartenanlage etc. weniger persönlicher Einsatz gefordert als in kleineren. Die Bewohner werden sich nicht alle gut kennen. Menschen, die wenig oder keine sozialen Kontakte suchen oder wahrnehmen können, sind hier eher zu finden. Dafür gibt es vielleicht zusätzliche Angebote, die sich eine kleine Eigentümergemeinschaft nicht leisten kann, wie zum Beispiel ein eigenes Schwimmbad, eine Sauna oder auch Gesellschaftsräume für private Feiern oder separate Gästezimmer. In großen Anlagen kann der Anteil der Mieter hoch sein. Das Hausgeld ist in diesen Wohnanlagen am höchsten, denn alle Dienstleistungen müssen nach außen vergeben und damit auch bezahlt werden. Für ein reibungsloses Miteinander gibt es eine ausführliche Hausordnung.

Je kleiner die Anlage, desto größer der persönliche Einsatz

In Eigentümergemeinschaften mit zehn bis dreißig Wohnungen kennt man sich in der Regel. Der eigene persönliche Einsatz wird umso größer, je kleiner die Anlage ist. Bestimmte Dienstleistungen wie Schneeräumen, Gartenpflege und Treppenhausreinigung können bzw. müssen per Hausordnung von den Bewohnern selbst übernommen werden. Allerdings werden solche Dienstleistungen in mittelgroßen oder kleinen Eigentümergemeinschaften zunehmend an Dritte vergeben, sodass hierfür Kosten anfallen.

Kleine Eigentümergemeinschaften organisieren häufig die gesamte Verwaltung selbst oder übertragen sie einem Miteigentümer.

Um die Situation der Gemeinschaft einschätzen zu können, sollten Sie in Erfahrung bringen,

- ob die Wohnungen überwiegend von den Eigentümern selbst bewohnt oder vermietet werden. Selbst nutzende Eigentümer haben häufig ein anderes Verhältnis zur Wohnung und zum Haus als Mieter und erwarten somit häufig ein höheres Engagement für die Pflege und Wartung der Wohnanlage als Mieter,
- ob es einen Mehrheitseigentümer gibt,
- wie groß die Fluktuation unter den Eigentümern und Mietern ist,
- ob und wie viele Wohnungen leer stehen und seit wann.

Aus den Protokollen der Eigentümerversammlung lassen sich oft Rückschlüsse über den Umgang der Wohnungseigentümer miteinander und das Verhältnis zum Verwalter ziehen. Aussagekräftig ist auch die Häufigkeit der gerichtlichen Verfahren innerhalb der

Vorsicht bei Mehrheitseigentümern

Besitzt ein Eigentümer einen Großteil der Wohnungen und die Stimmenmehrheit in der Eigentümerversammlung, kann er diese Machtposition nutzen, um seine wirtschaftlichen Interessen gegen die der selbst nutzenden Eigentümer und Kleinanleger durchzusetzen. Vom Kauf solcher Wohnungen rät der Verbraucherschutzverein wohnen im eigentum e.V. ab.

Der Verein verweist auf negative Erfahrungen mit Mehrheitseigentümern (zum Beispiel Fonds, Gesellschaften, Unternehmen, Bauträger oder Zwischenerwerber). So kommt es immer wieder vor, dass keine ausreichenden Instandhaltungsrücklagen gebildet werden, denn den Hauptteil des anzusparenden Geldes muss der Großeigentümer aufbringen. Beim späteren Wohnungsverkauf würden diese Rücklagen für ihn »verloren gehen«, das heißt bei der Eigentümergemeinschaft verbleiben. Ohne ausreichende Rücklagen unterbleiben notwendige Instandhaltungen, ein Wertverlust der Immobilie sowie zunehmender Modernisierungsstau sind die Folgen. Häufige Praxis in solchen Wohnanlagen ist es auch, dass der Mehrheitseigentümer mit seiner Stimmenmacht die Verwaltung bestellt, die dann häufig oder sogar allein in seinem Interesse tätig wird.

Gegen einen Mehrheitseigentümer kann zwar gerichtlich vorgegangen werden, wenn dessen Handeln ordnungsmäßiger Verwaltung widerspricht. Doch Gerichtsverfahren kosten Zeit, Geld und Nerven. Darüber hinaus besteht auch ein gewisses Insolvenzrisiko für die Miteigentümer. Geht ein Mehrheitseigentümer in Insolvenz, hinterlässt er in der Regel Schulden und Wohnungsleerstände. Finden sich keine Käufer für die Wohnungen, wächst der Leerstand; die Wohnanlagen verfallen.

Natürlich gibt es auch Mehrheitseigentümer, die ihre Stimmrechtsmajorität zur Werterhaltung der Immobilie und sozial verantwortlich ausüben. Trotzdem sollten sich Wohnungsinteressenten den Eintritt in diese Eigentümergemeinschaft gut überlegen, denn der Mehrheitseigentümer kann seine Anteile auch weiterverkaufen – an einen möglicherweise weniger verantwortlich handelnden Mehrheitseigentümer.

Eigentümergemeinschaft oder gegen den Verwalter. Gibt es Anzeichen für ein gestörtes Verhältnis innerhalb der Eigentümergemeinschaft, sollten Sie sich die Mitgliedschaft in dieser Gemeinschaft gut überlegen.

Preisvergleiche und Wertermittlungen

Der regelmäßige Vergleich der Immobilienpreise in den Wochenendausgaben der jeweiligen Tageszeitung verschafft Ihnen mit der Zeit einen Überblick über die Marktsituation. Die Aushänge bei Banken und Sparkassen sowie Recherchen im Internet bieten ebenfalls Anhaltspunkte. Schließlich können auch Makler Anlaufstellen sein. Sie kennen die regionalen Kaufpreise oder geben Ihnen Hinweise.

Bodenrichtwertkarten einsehen

Außerdem sollten Sie die Kaufpreissammlungen der kreisfreien Städte und Landkreise einsehen, die von den Gutachterausschüssen zusammengestellt und in den Grundstücksmarktberichten veröffentlicht werden. Teilweise wird dort differenziert nach Haus- und Wohnungspreisen. In den Bodenrichtwertkarten finden Sie die einzelnen Grundstückspreise pro Quadratmeter. Diese können erste Hinweise geben, welche Gegenden preislich günstiger und welche teurer sind. Veröffentlicht sind die Bodenrichtwertkarten und Auszüge aus dem Grundstücksmarktbericht im Internet. Sie finden die Gutachterausschüsse über die Suchmaschinen unter dem Stichwort »Gutachterausschüsse« und Ort oder Bundesland. Unter www.gutachterausschuss.de erhalten Sie eine Auflistung aller Länder. Die Gutachterausschüsse von NRW stehen unter www.boris.nrw.de.

Für einen ersten Preisvergleich sollten Sie den Preis pro Quadratmeter Wohnfläche ausrechnen und dabei auch die Sondernutzungsrechte, die Gemeinschaftseinrichtungen, die Grundstücksgröße und sonstige Extras im Auge behalten, die im Preis enthalten sind. Weitere Faktoren, die in einen Vergleich mit einfließen sollten, sind die Lage der Wohnung, das Alter der Anlage, die bauliche Qualität und die Qualität der Ausstattung (→ Kasten unten).

Schließlich ist zu ermitteln, ob sämtliche Kostenpositionen im Preis enthalten sind. Verpflichtet sich der Bauträger beim Neubau zur Übernahme sämtlicher Erschließungskosten? Was ist mit den noch zu erwartenden Kosten, die vielleicht erst in ein bis zwei Jahren anfallen? Ist die Fertigstellung der Außenanlage im Kaufpreis enthalten? Sind Malerarbeiten, Bodenbeläge, eine Einbauküche im Preis enthalten?

Ist bei einem Altbau im Laufe des nächsten Jahres mit einer Sonderumlage zu rechnen, weil zum Beispiel die Balkone saniert werden müssen?

Faktoren für den Preisvergleich

- Lage des Objekts
- Grundstücksgröße
- Größe der Wohnanlage, Gesamtzahl der Wohnungen
- Wohnfläche und Preis pro Quadratmeter Wohnfläche
- Gemeinschaftseigentum sanierungsbedürftig ja/nein
- Zuschnitt und Ausstattung der Wohnung
- Wohnung renovierungsbedürftig ja/nein
- Ausreichende Rücklagenbildung für Instandhaltungen vorhanden?
- Vorhandene Gemeinschaftseinrichtungen (zum Beispiel Waschküche, Fahrradräume, Sauna, Schwimmbad)
- Sondernutzungsrechte der Wohnung (zum Beispiel Kellerraum, Garage, Stellplatz, Gartenteil, Terrasse, Dachterrasse)

Wertermittlungsverfahren

Falls Sie hinsichtlich des Wertes der Wohnung unsicher sind, können Sie einen Immobiliensachverständigen beauftragen, der den »Verkehrswert« der Wohnung ermittelt. Der Verkehrswert wird gemäß § 194 BauGB »durch den Preis bestimmt, der im Zeitpunkt, auf den sich die Ermittlung bezieht, im gewöhnlichen Geschäftsverkehr nach den Eigenschaften, der sonstigen Beschaffenheit und der Lage des Grundstücks ohne Rücksicht auf ungewöhnliche oder persönliche Verhältnisse zu erzielen wäre.« Der ermittelte »Verkehrswert« kann allerdings nur als Verhandlungsgrundlage dienen, er ist ein Annäherungswert für den Marktpreis. Die Kosten eines von Ihnen beauftragten Sachverständigen tragen Sie. Dies gilt selbstverständlich auch dann, wenn die Vertragsverhandlungen scheitern und Sie die Wohnung daher nicht kaufen.

Um den Verkehrswert zu ermitteln, können Gutachter drei Verfahren anwenden:

1. Beim **Vergleichswertverfahren** werden die Kaufpreise vergleichbarer Objekte zur Wertermittlung herangezogen.
2. Beim **Sachwertverfahren** werden der Wert des Gebäudes und der Bodenwert getrennt festgestellt. Zur Ermittlung des Gebäudewerts werden die heutigen Neubaupreise herangezogen, abzüglich einer Wertminderung nach Alter des Gebäudes.
3. Beim **Ertragswertverfahren** werden die Einnahmen aus Gewerbe- und Wohnungsvermietungen zugrunde gelegt.

Liegen Bauschäden vor, wird der Gebäudewert bei allen Verfahren entsprechend gekürzt. Auf alle drei Verfahren haben die allgemeine Marktsituation und die Lage des Gebäudes entscheidenden Einfluss. Auch die Vermietung spielt eine Rolle. So lassen sich vermietete Wohnungen nur schwer an Selbstnutzer verkaufen, während Kapitalanleger naturgemäß ein großes Interesse an vermieteten Objekten haben.

In der Regel liegen einem Wertermittlungsgutachten zwei Verfahren zugrunde. Die beiden Ergebnisse werden miteinander verglichen, das zweite Ergebnis dient somit der Plausibilitätsprüfung.

Die Preise für ein Wertermittlungsgutachten sind seit Oktober 2009 frei vereinbar. Maßgebend sind der Zeitaufwand, der Schwierigkeitsgrad und der zu ermittelnde Wert. Es können auch pauschale Honorarvereinbarungen getroffen werden. Die Auslagen wie Fahrtkosten, Kopierkosten und anderes werden in der Regel gesondert abgerechnet.

Reicht Ihnen die mündliche Auskunft eines Gutachters, können Sie ihn zu einem Besichtigungstermin mitnehmen. Klären Sie, ob er die örtlichen Marktpreise kennt. Der Stundensatz beträgt ca. 80 bis 100 Euro zuzüglich Mehrwertsteuer und Anfahrtskosten.

Im Internet finden Sie außerdem Wertermittlungsrechner, die Ihnen eine erste »Hausnummer« nennen. Auch Makler verfügen über Wertermittlungssoftware für eine schnelle Berechnung.

Der zuverlässige Verkäufer

Umgang und Verhandlungen mit dem künftigen Vertragspartner

Wenn Sie Ihre Traumwohnung gefunden haben, müssen Sie mit Ihrem künftigen Vertragspartner über die Modalitäten des Verkaufs und die Details des Kaufvertrags verhandeln. Nicht selten kommt es vor, dass sich in dieser Phase Zweifel an der Zuverlässigkeit des Verkäufers oder Schwierigkeiten im Umgang mit ihm ergeben. Aber ebenso wichtig wie die Qualität des Kaufobjekts ist, dass Ihnen ein vertrauenswürdiger, kooperationsbereiter und solventer Verkäufer gegenübersitzt.

Privatperson als Verkäufer

Beim Kauf einer Bestandsimmobilie, also einer gebrauchten Wohnung, haben Sie es im Regelfall nicht allzu schwer, die Zuverlässigkeit und Vertrauenswürdigkeit Ihres Verkäufers einzuschätzen. Ein Indiz für die Zuverlässigkeit Ihres Vertragspartners ist, dass er Ihnen bereitwillig alle Informationen zur Verfügung stellt, die mit dem Kaufobjekt in Verbindung stehen. Dazu können auch die Unterlagen zählen, die er selbst beim Ankauf der Wohnung erhalten hat, zum Beispiel eine Baubeschreibung, Pläne und Wohnflächenberechnungen, aber auch Versicherungsunterlagen, Handwerkerrechnungen über Reparaturen in der Wohnung und ein Grundbuchauszug. In jedem Fall sollten Sie sicherstellen, dass Sie die Wohnung – wie üblich – lastenfrei erwerben, also ohne grundbuchlich eingetragene Sicherheiten für Schulden des Verkäufers. Ob noch Belastungen vorhanden sind, steht im Grundbuch (→ Seite 102). Dort eingetragene Belastungen müssen nicht identisch sein mit dem tatsächlichen Schuldenstand des Verkäufers. Wenn der vereinbarte Kaufpreis deutlich über dem Betrag der Belastungen liegt, die noch im Grundbuch eingetragen sind, so ist auch das Risiko gering, dass der Verkäufer seiner Verpflichtung nicht nachkommen kann, die eingetragenen Belastungen mit der Eigentumsumschreibung auf Sie löschen zu lassen. Wenn Sie aber besonders vorsichtig sein möchten, lassen Sie sich vom Verkäufer eine Bestätigung geben, nach der der Kaufpreis ausreicht, um die

Stellen Sie sicher, dass Sie die Wohnung lastenfrei erwerben

noch eingetragenen Belastungen löschen zu lassen. Bitten Sie den Verkäufer außerdem um eine Bestätigung des Verwalters, dass der Verkäufer keine Verbindlichkeiten gegenüber der Eigentümergemeinschaft hat.

Bauträger oder Immobilienhändler als Verkäufer

Kaufen Sie eine noch nicht gebaute oder eine gerade erst fertiggestellte Wohnung vom Bauträger oder gewerblichen Immobilienverkäufer, spielen die wirtschaftliche und die technische Leistungsfähigkeit und Zuverlässigkeit des Vertragspartners eine sehr große Rolle. Sie werden mit ihm ja nicht nur bis zur Übergabe des Objekts Ihrer Begierde zu tun haben, sondern – man muss leider sagen im Regelfall – auch noch danach, wenn zum Beispiel Mängel oder auch andere Probleme beim Neubau aufkommen (→ Seite 218 ff.).

Gründungsdatum beim Handelsregister erfragen

Gerade beim Kauf vom Bauträger haben Sie es meist mit einer GmbH zu tun. Hier können Sie schon erste Informationen aus dem Gründungsdatum ableiten. Ist Ihr Vertragspartner eine erst vor kurzem gegründete Gesellschaft, wird sie Ihnen kaum Referenzobjekte nennen können, wo Sie sich bei Eigentümern über die Qualität des Objekts und des Bauträgers informieren können. Meist ist es in diesem Fall auch schwer, die Vertragsgestaltungen durchzusetzen, die Ihnen wichtig sind. Es kann auch vorkommen, dass die Person, die letztlich hinter der Gesellschaft steht, schon mit anderen Gesellschaften im Markt aktiv gewesen ist, um sich immer wieder einmal – überraschend für die Vertragspartner – kurzfristig zu verabschieden und die Kunden mit einem unfertigen Gebäude und vielen Problemen allein zu lassen. Solche unseriösen »Hintermänner« sind gelegentlich schon in der ganzen Branche und insbesondere bei Bau- und Handwerksbetrieben bekannt.

Von der wirtschaftlichen Stabilität des Verkäufers hängt ab, wie wahrscheinlich es ist, dass der Bauträger in der Bauphase insolvent und der Bau daher nicht fertiggestellt wird, sondern stecken bleibt. Dies ist sicherlich der schlimmste anzunehmende Fall beim Kauf vom Bauträger. Die Bonität des Verkäufers spielt aber auch eine Rolle dafür, ob er nach der Fertigstellung des Bauvorhabens finanziell überhaupt noch dazu in der Lage ist, später auftretende Mängel zu beseitigen und mögliche Ansprüche des Käufers auf Schadenersatz, Kostenerstattung etc. zu erfüllen, ob also während dieser Gewährleistungsphase überhaupt noch etwas zu holen ist. Bitten Sie Ihren künftigen Vertragspartner daher vorab um den Bonitätsnachweis einer Bank oder einer Wirtschaftsauskunft. Hinweise zur wirtschaftlichen Zuverlässigkeit Ihres künftigen Vertragspartners kann Ihnen oftmals auch Ihre Bank geben, wenn der Verkäufer ein größeres Unternehmen oder aber regional sehr aktiv ist. Vielleicht haben Sie auch die Möglichkeit, sich bei Bau- und Handwerksbetrieben nach Ihrem Bauträger zu erkundigen. Wenn diese zum Beispiel über Zahlungsverzögerungen oder mutwillige Reklamationen des Bauträgers klagen, ist Vorsicht geboten.

Zusätzliche, allerdings kostenpflichtige Auskünfte können Sie auch von Wirtschaftsauskunfteien erhalten. Wirtschaftsauskunfteien sammeln Informationen über Unternehmen aus dem Handelsregister, aus Bilanzen und Geschäftsberichten, der Wirtschaftspresse und anderen Medien sowie aus Befragungen ihrer Kunden und Rechercheinterviews mit den angefragten Unternehmen. Auf dieser Informationsgrundlage erstellen sie einen Bonitätsindex, das heißt eine Bewertung der Zahlungsfähigkeit einzelner Unternehmen. Anhand dieses Indexes kann man vorsichtige Rückschlüsse ziehen im Hinblick auf die Insolvenzgefährdung des Betriebs.

Beispiel

Aus der Praxis einer Wirtschaftsauskunftei: Die Auskunftei vergibt einen Bonitätsindex, der zwischen 100 und 600 liegt. Diese Risikobewertung entspricht den Schulnoten von 1 bis 6, reicht also von der unbedenklichen Empfehlung 100 bis zur strikten Ablehnung 600. Hat ein Unternehmen mehr als 300 Punkte, dann sollten Wohnungskäufer einen Vertragsabschluss gut überdenken oder sich – wenn die Wohnung noch nicht errichtet ist – zusätzlich mit einer Vertragserfüllungsbürgschaft, die sie nach Absprache mit dem Bauträger von dessen Bank erhalten, absichern (→ Seite 182 f.).

Die Bewertungsverfahren sind bei allen Auskunfteien natürlich etwas unterschiedlich. Deshalb ist es wichtig, sich auch über die Bewertungsmethode zu informieren.

Die Kosten für diese Auskünfte sind sehr unterschiedlich und auch davon abhängig, ob es sich um eine telefonische/schriftliche Kurzauskunft handelt oder um eine ausführliche Bonitätsauskunft mit Detailinformationen, ob unter anderem telefonische Erläuterungen nachgefragt werden können und ob die Auskunftei die gewünschten Firmenangaben in eigenen Datenbanken vorrätig hat oder erst recherchieren muss. Einzelauskünfte sind für ca. 30 bis 50 Euro zu haben, allerdings ohne individuelle Erläuterung.

Auf weitere Möglichkeiten, sich vor der Insolvenz eines Bauträgers zu schützen, wird noch auf Seite 181 ff. näher eingegangen.

Zu den bekanntesten Wirtschaftsauskunfteien gehören:

Verband der Vereine Creditreform e.V.
Hellersbergstraße 12
41460 Neuss
Telefon 021 31/10 9-0
www.creditreform.de

Bürgel Wirtschaftsinformationen GmbH & Co. KG
Gasstraße 18
22761 Hamburg
Telefon 040/89 80 3-0
www.buergel.de

SCHUFA Holding AG
Verbraucherservicezentrum Hannover
Postfach 56 40
30056 Hannover
Telefon 018 05/72 48 32
(Der Anruf aus dem dt. Festnetz kostet 14 Cent pro Minute.)
www.schufa.de

Haben Sie es mit einem Bauträger zu tun, der schon länger in der Branche tätig ist, sollten Sie ihn darum bitten, Ihnen einige seiner bereits abgeschlossenen Bauvorhaben als Referenzobjekte zu nennen. Frühere Kunden des Verkäufers sind häufig eine wahre Fundgrube für Informationen! Versuchen Sie, Kontakt mit einigen früheren Erwerbern aufzunehmen, um sie nach ihren Erfahrungen, nach etwaigen Mängeln des Baus und auch nach dem Verhalten des Verkäufers hinsichtlich dieser Mängel und seiner sonstigen Kooperationsbereitschaft zu fragen. Sind in der Ihnen angebotenen Wohnanlage bereits Wohnungen verkauft, dann sprechen Sie auch mit den neuen Wohnungseigentümern über deren bisherige Erfahrungen mit dem Bauträger. Allerdings ist bei der Bewertung solcher Aussagen Vorsicht geboten: So treffen Sie vielleicht auf frühere Erwerber, die den Verkäufer und das von ihnen gekaufte Objekt loben, obwohl sie unzufrieden sind, weil sie sich selbst nicht eingestehen wollen, dass sie schlecht gefahren sind. Nur ein Querschnitt aus mehreren Informationsquellen kann Ihnen ein halbwegs zuverlässiges Bild über Ihren Vertragspartner vermitteln.

Kontakt zu früheren Kunden suchen

Die hier beschriebenen Vorsichtsmaßregeln gelten besonders, wenn Ihnen eine Projektgesellschaft gegenübertritt. Eine solche Gesellschaft bringt bereits durch ihren Namen zum Ausdruck, dass sie nur für ein bestimmtes Bauvorhaben, also nur für ein Projekt, gegründet wurde, um nach dessen Fertigstellung wieder aus dem Markt auszuscheiden. Ansprüche wegen Baumängeln, die erst nach der Auflösung der Projektgesellschaft festgestellt werden, sind dann nicht mehr durchsetzbar.

Seit den 90er-Jahren bis zur Finanzkrise 2008 wurden in Deutschland große Mietwohnungsbestände mit mehr als 1,9 Millionen Wohnungen verkauft. Zu den Verkäufern gehörten neben privaten Unternehmen auch Kommunen, Bundesländer und bundeseigene Unternehmen. Käufer waren unter anderem Investmentfonds, die sich als Immobilienunternehmen betätigen. Zu den Strategien der Käufer gehörte und gehört auch die Einzelprivatisierung mit dem Verkauf an Mieter und Kleinanleger. In vielen Fällen werden diese Wohnungen der 1950er- bis 1970er-Jahre unsaniert oder »pinselsaniert« weiterverkauft. In nicht wenigen dieser neu entstandenen Eigentümergemeinschaften bleibt das Unternehmen oder der Zwischenerwerber als Mehrheitseigentümer. Dies hat weitreichende Folgen für die einzelnen Miteigentümer, denn der Mehrheitseigentümer lenkt mit seiner Stimmrechtsmehrheit die Geschicke der Wohnungseigentümergemeinschaft, mehr dazu → Seite 61 »Vorsicht bei Mehrheitseigentümern«. Der Kauf einer Wohnung von solchen Privatisierern oder auch von Zwischenerwerbern sollte also gut überlegt sein.

Die Verhandlungen mit dem Verkäufer

Wie sehr Sie Ihrem Vertragspartner vertrauen möchten und auch können, erkennen Sie daran, wie sich die Gespräche und Verhandlungen mit ihm gestalten. Wichtig ist dabei zunächst, dass Ihr Gegenüber dazu bereit ist, ausführlich über die Einzelheiten des Objekts und die Modalitäten des Kaufs mit Ihnen zu sprechen, offen und ohne Zeitdruck darüber zu verhandeln und die jeweiligen Verhandlungsergebnisse auch vertraglich festzuhalten. Vorsicht ist immer geboten, wenn der Verkäufer zwar sehr gesprächsbereit ist und freudig Zusagen gibt, deren schriftliche Fixierung aber meidet: Der zuverlässige Verkäufer wird Ihnen nichts versprechen, was unseriös oder unrealistisch ist, sodass er Ihnen auch alles schriftlich geben kann, was Ihnen wichtig ist und worüber Sie sich mit ihm geeinigt haben. Scheuen Sie sich auch nicht, den Notar hierauf anzusprechen, nicht zuletzt deshalb, weil er bei einer Beurkundung nur das berücksichtigen kann, was ihm mitgeteilt wird. Einzelheiten zu den diesbezüglichen Aufgaben und Pflichten des Notars finden Sie ab Seite 156.

Nur schriftliche Zusagen sind sicher

Egal, ob Sie von einem privaten Verkäufer, einem Immobilienhändler oder auch einem Bauträger kaufen: Sie werden oft erleben, dass der Verkäufer oder auch der Makler schon einen Vertragsentwurf beim Notar in Auftrag gibt, manchmal sogar einen Beurkundungstermin vereinbart, bevor Sie sich überhaupt zum Kauf entschieden haben. So nutzen manche Immobilienverkäufer die Sorge des Kaufinteressenten, dass er den Notar bezahlen muss, wenn dieser einen Vertrag entwirft, der letztlich nicht zustande kommt, um Druck auf den Kaufinteressenten auszuüben. Richtig daran ist, dass der Notar grundsätzlich für die bloße Anfertigung eines Entwurfs eine Vergütung erhält, auch wenn es anschließend nicht zu einer Beurkundung kommt. Damit aber nicht Sie diese Kosten tragen müssen, sollten Sie weder dem Verkäufer noch dem Makler eine Vollmacht erteilen, in Ihrem Namen und auf Ihre Kosten einen Notar mit der Erstellung eines Vertragsentwurfs zu beauftragen. Will Ihr Gesprächspartner einen Vertragsentwurf beim Notar anfordern, so stellen Sie – möglichst schriftlich – klar, dass Sie nicht der Auftraggeber sind. Im Übrigen sind die Kosten des Notars bei der Anfertigung eines Entwurfs nicht so hoch, als dass Sie voreilig und gegen Ihren Willen den Vertrag unterzeichnen müssten: So betragen die Kosten eines bloßen Vertragsentwurfs bei einem Kaufpreis in Höhe von 100.000 Euro lediglich 240,12 Euro zuzüglich Mehrwertsteuer und Auslagen.

Keine Vollmacht für Vertragsentwurf erteilen

Viele Kaufinteressenten haben Hemmungen, einen bereits vereinbarten Beurkundungstermin zu verschieben oder noch währenddessen und in Anwesenheit des Notars die Verhandlungen abzubrechen und den Vertrag nicht zu unterzeichnen.

Keine Angst vor Verschiebung

Unser Rat: Verlegen Sie die Beurkundung auf einen späteren Termin oder brechen Sie sie ab, wenn Sie den Vertrag so, wie er vorliegt, nicht abschließen möchten! Und lassen Sie sich nicht einreden, dass Zusatzvereinbarungen oder »kleine« Änderungen ja auch später noch in den unterschriebenen Vertrag aufgenommen werden können! Sie sollten sich auch nicht von etwaigen Kosten abhalten lassen, die im Verhältnis zur Bedeutung eines solchen Geschäfts für Sie eher gering sind.

Kauf einer gebrauchten Wohnung von privat

Die Verhandlungen beim Kauf einer gebrauchten Wohnung von privat sind oft relativ einfach: Auch der Verkäufer ist häufig nicht routiniert in solchen Verhandlungen. Auch er möchte vor allem späteren Streitigkeiten vorbeugen, sodass ihm an klaren und ausgewogenen Absprachen gelegen ist.

Makler an schnellem Abschluss interessiert

Anders kann es sein, wenn ein Makler eingeschaltet ist, der über mehr Erfahrungen im Umgang mit potenziellen Verkäufern und Käufern verfügt und dementsprechend taktieren kann. So kommt es vor, dass sämtliche Gespräche ausschließlich mit dem Makler geführt werden und sich die künftigen Vertragspartner erst beim Termin zur Beurkundung des Kaufvertrags beim Notar kennenlernen. Dem Makler ist an einem zügigen Kaufvertragsabschluss gelegen, weil er meist erst dann seine Provision erhält. Dies kann mitunter sein Verhalten beeinflussen. Der vom Makler geschuldete Erfolg eines Vertragsschlusses ist erst erreicht, wenn der Kaufvertrag vom Notar beurkundet wurde und wirksam ist.

Kauf einer neuen Eigentumswohnung vom Bauträger oder Immobilienhändler

Behalten Sie beim Kauf vom Profi immer im Auge, dass Ihnen geschulte Gesprächspartner gegenüberstehen. Zu deren typischen Verhandlungstaktiken gehört es, den Kaufinteressenten unter Druck zu setzen und ihn so zu einem raschen Vertragsschluss zu bewegen, um möglicherweise aufkommende Zweifel zu verhindern.

So finden sich oft bereits kurz nach Beginn der Vermarktung eines größeren Projekts zahlreiche »Verkauft«- oder »Reserviert«-Schilder in Angeboten oder Exposés, die den Kunden dazu bewegen sollen, schnell zuzugreifen. Denselben Zweck verfolgen Hinweise auf andere Interessenten, die angeblich kurz davor stehen, sich für die Wohnung zu entscheiden, oder auch auf vermeintliche

Wartelisten. Dies wird auch als Argument dafür benutzt, von den Kaufinteressenten schon am Anfang der Vertragsverhandlungen die Unterzeichnung einer – für den Verbraucher letztlich wertlosen – Reservierungsvereinbarung und die Zahlung einer Reservierungsgebühr zu verlangen, die zwar auf den Kaufpreis angerechnet wird, aber dann, wenn sich der Interessent gegen den Kauf entscheidet, verfällt. Auch dies kann den Verbraucher dazu veranlassen, vorschnell zu viele Kompromisse zu akzeptieren.

Nehmen Sie sich genügend Zeit für Ihre Entscheidung

Lassen Sie sich davon nicht unter Zeitdruck setzen und unterschreiben Sie keinerlei »Vorvereinbarungen oder »Reservierungsvereinbarungen«! Selbst in den Fällen, in denen tatsächlich eine schnelle Entscheidung notwendig ist, sollten Sie lieber das Risiko in Kauf nehmen, die mutmaßliche Traumwohnung nicht zu bekommen, als das Wagnis eingehen, übereilt einen vielleicht unvorteilhaften Kaufvertrag abzuschließen oder eine mangelhafte Wohnung zu erwerben. Der Kauf einer Eigentumswohnung ist möglicherweise das wirtschaftlich folgenschwerste Geschäft Ihres Lebens. Fordern Sie daher von Ihrem Vertragspartner ausreichend Zeit ein, um sich ausführlich zu informieren, um sich eingehend über sämtliche Konsequenzen bewusst zu werden und um alle für Kauf und Finanzierung wichtigen Fragen zu klären. Nicht ohne Grund gilt unter anderem beim Kauf einer Immobilie von einem Bauträger oder einem gewerblichen Immobilienhändler die Vorschrift, dass zwischen der Übersendung des Vertragsentwurfs und der Beurkundung im Regelfall eine zweiwöchige Frist liegen muss. Der dahinter stehende Gedanke, dass dem Käufer ausreichend Zeit gegeben werden soll, um sich mit dem Inhalt des Vertrags auseinanderzusetzen, lässt sich auch auf Kaufverträge zwischen Privatleuten übertragen, wobei dann die Frist durchaus kürzer sein kann.

Es kommt auch vor, dass die Werbeaussagen über ein Objekt in Prospekten nicht mit dem Inhalt des Kaufvertrags oder der Baubeschreibung übereinstimmen. Achten Sie auf solche Unstimmigkeiten. Verlangen Sie, dass sich die für Sie besonders wichtigen Angaben, zum Beispiel zur Fertigstellung des Baus oder auch zu bestimmten Eigenschaften des Objekts, im Kaufvertrag bzw. in der Baubeschreibung eindeutig wiederfinden. Besondere Vorsicht ist geboten, wenn der Verkäufer zwar im Vorfeld des Vertragsschlusses großzügige Versprechungen macht, aber nicht dazu bereit ist, diese Zusicherungen auch in den notariellen Kaufvertrag aufzunehmen. Dies kann ein Indiz dafür sein, dass der Verkäufer Sie zu einem zügigen Vertragsschluss bewegen, sich selbst aber nicht auf seine Zusagen festnageln lassen will. Sprechen Sie in solchen Situationen den Verkäufer oder den Vermittler darauf an, warum er das, was er Ihnen scheinbar verbindlich zusagt, nicht schriftlich festhalten will. In solchen Fällen kann es sinnvoll sein, bei der notariellen Beurkundung selbst auf solche Zusagen zurückzukommen und den Verkäufer in Anwesenheit des Notars darum zu bitten, diese auch in den Vertrag aufzunehmen.

Drum prüfe, wer sich »ewig« bindet

Ist erst einmal der notarielle Kaufvertrag abgeschlossen, sind Sie an die gekaufte Eigentumswohnung, an Ihren Vertragspartner und an den Inhalt des notariellen Kaufvertrags gebunden, ohne dass Sie nachträglich Änderungen verlangen oder sich hiervon einfach lösen können.

Nach Vertragsschluss oft verändertes Verkäuferverhalten

Wundern Sie sich daher nicht, wenn nach Vertragsschluss die Verhandlungs- und Kompromissbereitschaft eines Verkäufers erheblich nachlässt. Fälle, in denen insbesondere Bauträger nach der Beurkundung des Kaufvertrags für den Käufer kaum noch erreichbar sind, auf dessen Anschreiben nicht reagieren oder aber ihn ständig an andere Gesprächspartner verweisen, die sich für nicht zuständig erklären, sind keine Seltenheit.

Es ist für Sie also absolut unverzichtbar, mehr als eine Nacht über eine solche Kaufentscheidung zu schlafen, das Für und Wider des konkreten Objekts genau und in Ruhe abzuwägen, den Vertragsschluss sorgfältig vorzubereiten und unter anderem auch den technischen, finanziellen, steuerlichen und juristischen Rat von Fachleuten einzuholen!

Wichtige Unterlagen
Prüfung vor Unterzeichnung des Kaufvertrags

Die Besichtigung von Wohnungen macht sicherlich viel Spaß, die Sichtung der Kaufunterlagen weit weniger. Trotzdem ist diese Tätigkeit immens wichtig, um den Durchblick zu bekommen, denn der Kauf einer Eigentumswohnung ist komplizierter als der Kauf eines Eigenheims. Stellen Sie sich darauf ein, Aktenordner voller Unterlagen prüfen zu müssen. In diesem Kapitel werden die wichtigsten Unterlagen für den Kauf einer Eigentumswohnung vorgestellt. In den beiden folgenden Kapiteln finden Sie Listen (Seite 125 für gebrauchte Eigentumswohnungen, Seite 141 für neue), welche Unterlagen Sie für den Kauf einer Altbauwohnung oder einer Neubau-Eigentumswohnung benötigen.

Prüfung der Kaufunterlagen

Prüfung des Kaufvertrags durch Rechtsanwalt hilfreich

Holen Sie sich Unterstützung für die Prüfung. Lassen Sie den **Kaufvertrag nebst Anlagen** von einem Rechtsanwalt prüfen. Befragen Sie ihn zu allen unverständlichen Klauseln und lassen Sie sich Verhandlungstipps und Alternativformulierungen für solche Vertragsbestimmungen geben, die ungünstig für Sie sind.

Die **Teilungserklärung** und **Gemeinschaftsordnung** sollten Sie ebenso prüfen lassen, auch wenn Sie mit dem Verkäufer darüber nicht verhandeln können. Denn sie enthält wichtige Vorgaben zur gemeinschaftlichen Verwaltung der Wohnanlage und zu den Rechten und Pflichten der Wohnungseigentümer.

Bezüglich der **Baubeschreibung** eines Neubaus sollten Sie sich bei einem Architekten oder Bauingenieur Rat holen und ihn auch zur Besichtigung mitnehmen. Diese Beratungsleistungen müssen bezahlt werden.

Wenn Sie für alle zusätzlichen Beratungskosten 1 bis 2 Prozent des Kaufpreises in Ihrer Finanzplanung bereitstellen, dann ist dies eine sinnvolle Investition für einen Immobilienerwerb ohne Stress und überraschende Mehrkosten. Die Entscheidung über den Kauf selbst sollten Sie aber unabhängig davon treffen, wie viele Kosten Sie im Vorfeld bereits für Beratungen aufgewendet haben.

Teilweise werden Sie feststellen, dass sich Ausführungen und Vorgaben in unterschiedlichen Unterlagen überschneiden. Die Tierhaltung kann zum Beispiel in der Gemeinschaftsordnung oder in der **Hausordnung** geregelt sein oder in beiden, der Kostenverteilungsschlüssel in der Gemeinschaftsordnung oder in den **Protokollen der Eigentümerversammlung** oder in der **Beschlusssammlung,** falls vorhanden. Vorgaben an den Verwalter finden Sie im **Verwaltervertrag** und eventuell in der Gemeinschaftsordnung. Aus diesem Grund sind möglichst alle Unterlagen zu prüfen und auch miteinander abzugleichen.

WEG wichtiges Hilfsmittel für angehende Eigentümer

Damit aber noch nicht genug. Sie sollten auf alle Fälle bei der Prüfung der Unterlagen das aktuelle Wohnungseigentumsgesetz (WEG) hinzuziehen und einzelne wichtige Regelungen daraus lesen, um sich eine erste Vorstellung von den Vorgaben an die Verwaltung und die Organisation des Wohnungseigentums zu machen. Das WEG ist sozusagen die Bibel der Wohnungseigentümer. Die Gemeinschaftsordnung, die Satzung der Eigentümergemeinschaft, kann davon abweichen. Soweit aber die Gemeinschaftsordnung keine Regelungen enthält, gilt das Gesetz.

Legen Sie sich eine Wohnungskaufakte an, in der Sie sämtliche Kaufunterlagen, Pläne, Baubeschreibungen, Exposés etc. abheften und archivieren. Lassen Sie diese immer vollständig, entnehmen Sie bei späterem Gebrauch nur Fotokopien, damit die Akte nicht ein paar Jahre später nur noch fragmentarisch existiert, weil Handwerker Pläne mitgenommen haben oder ein Rechtsanwalt vergessen hat, die Teilungserklärung wieder zurückzuschicken. Wichtig ist zudem, dass nicht nur Vertragsentwürfe aufbewahrt werden. Nach Jahren lässt sich sonst nur schwer klären, ob der Vertrag tatsächlich geschlossen wurde oder etwa nur Verhandlungsgrundlage war. Ohne Unterschrift gibt es häufig Unklarheiten, ob es sich lediglich um einen Entwurf handelt.

Auf einen Blick
In eine Wohnungskaufakte gehören mindestens:

- Kaufvertrag nebst Anlagen,
- Baubeschreibung, Pläne, Exposé,
- Teilungserklärung und Gemeinschaftsordnung,
- Beschlüsse zur Kostenverteilung (Kopien).

Teilungserklärung und Gemeinschaftsordnung

Teilungserklärung und Gemeinschaftsordnung sind von ihrer Bedeutung her die Satzung oder Verfassung der Eigentümergemeinschaft. Landläufig wird oft nur von der Teilungserklärung gesprochen, gemeint ist aber meist die Urkunde, die sowohl die Teilungserklärung als auch – üblicherweise – die Gemeinschaftsordnung enthält.

Die eigentliche Teilungserklärung bestimmt Inhalt und Umfang des Gemeinschaftseigentums und des Sondereigentums der einzelnen Wohnungs- und Teileigentümer. In der Gemeinschaftsordnung sind die Rechte und Pflichten der Wohnungseigentümer untereinander und gegenüber der Verwaltung festgelegt.

Teilungserklärung und Gemeinschaftsordnung können von WEG abweichen

Der teilende Eigentümer des Wohnhauses bzw. der Wohnanlage, oft ein Bauträger oder eine Wohnungsgesellschaft, bestimmt beim Neubau oder bei der Umwandlung von Miet- in Eigentumswohnungen die Inhalte und die Regelungsbereiche der Teilungserklärung und Gemeinschaftsordnung. Dabei können die Vorschriften des Wohnungseigentumsgesetzes ergänzt oder in gewissem Umfang abgeändert werden. Bauträger und Privatisierer haben bei der Erstellung von Teilungserklärungen einen sehr großen Gestaltungsspielraum, den sie natürlich auch zum eigenen Nutzen verwenden können.

Mit der Teilungserklärung und der Gemeinschaftsordnung schafft dieser »teilende Eigentümer«, wie es in der Rechtssprache heißt, ein Vertragswerk, das für lange Zeiträume Bedeutung hat und für sämtliche Wohnungseigentümer, auch die nachfolgenden Erwerber, bindend ist. Sie kann, von nur einigen Ausnahmen abgesehen, nach derzeitiger Rechtslage nur einstimmig durch Vereinbarung sämtlicher Wohnungseigentümer geändert werden.

Wichtig!

Käufer können nicht über Änderungen an der bereits beurkundeten Teilungserklärung einschließlich Gemeinschaftsordnung verhandeln. Sie müssen diese Regelwerke also in der vorgelegten Form akzeptieren – oder vom Kauf der Wohnung Abstand nehmen.

Kaufinteressenten wissen meistens nicht um die Bedeutung der Teilungserklärung und Gemeinschaftsordnung und unterziehen sie keiner ausreichenden, umsichtigen Prüfung. Ohne eine eigene Überprüfung wissen Käufer aber nicht, was in der Eigentümergemeinschaft auf sie zukommen wird. Teilungserklärungen fallen höchst unterschiedlich aus, neben ausgewogenen, verbraucherorientierten Regelungen finden sich auch solche, die einseitig die Interessen des teilenden Eigentümers als Miteigentümer oder die des Verwalters begünstigen. Häufig fehlen auch wichtige Regelungen, die das Miteinander der Wohnungseigentümer ausgewogen festlegen und eine ordnungsgemäße Verwaltung erleichtern. Daneben gibt es Festsetzungen, die undurchsichtig oder gegenstandslos sind oder lediglich den Inhalt des Wohnungseigentumsgesetzes wiedergeben.

Aufgrund der unterschiedlichen Qualität der Teilungserklärungen, die natürlich Auswirkungen auf das gemeinsame Verwalten der Wohnanlage haben, ist es wichtig, die bedeutsamsten Regelungen vor der Kaufentscheidung zu kennen und dieses Dokument unter anderem von einem sachkundigen Rechtsanwalt prüfen zu lassen.

Teilungserklärungen oft nicht mehr aktuell

Wollen Sie eine ältere Eigentumswohnung kaufen, werden Sie feststellen, dass viele Teilungserklärungen bereits in die Jahre gekommen sind. Sie wurden nie oder seit Langem nicht mehr aktualisiert, die tatsächliche Handhabung und Verwaltung der Eigentümergemeinschaft entsprechen ihr nicht mehr. Um Ärger, Missverständnisse oder gar Rechtsstreitigkeiten zu vermeiden, müssten Sie eigentlich die wichtigsten Regelungen der Teilungserklärung mit den Protokollen der Eigentümerversammlung und der Beschlusssammlung abgleichen. Dieses Vorgehen ist vielen zu aufwendig oder zu kompliziert. Eventuell kann es hier effektiver sein, den Verkäufer und den Verwalter nach Änderungen zu befragen.

Im Folgenden werden Ihnen auch einzelne positive wie negative Regelungsbeispiele vorgestellt. Diese Beispiele können Ihnen – natürlich nur in gewissem Umfang – Aufschluss geben über die Qualität der Teilungserklärung und Gemeinschaftsordnung Ihrer künftigen Wohnung und über mögliche Konfliktpotenziale.

Teilungserklärung und Aufteilungsplan

In der Teilungserklärung ist festgelegt, welche Räume und Gebäudeteile zu den einzelnen Wohnungen gehören. Die Teilungserklärung ist die Grundlage für die Bildung von Eigentumswohnungen im rechtlichen Sinne und für deren entsprechende Eintragung ins Grundbuch.

Tipp

Zur Orientierung, zum ersten Vergleich oder zur weitergehenden Prüfung können Sie eine Muster-Teilungserklärung und Muster-Gemeinschaftsordnung kostenlos von der Website von wohnen im eigentum e.V. herunterladen: www.wohnen-im-eigentum.de/content/news/070228_muster_teilgserklg.php4

In der Teilungserklärung legt der teilende Eigentümer fest:

- Art der Eigentumsanlage,
- die Miteigentumsanteile,
- Zuordnung der einzelnen Wohnungseigentums- bzw. Teileigentumseinheiten zu den Miteigentumsanteilen,
- Abgrenzung von Gemeinschafts- und Sondereigentum.

Für die Eintragung der Teilung in das Grundbuch hat der teilende Eigentümer, meist also der Bauträger oder die Wohnungsgesellschaft, zusätzlich zur Teilungserklärung einen Aufteilungsplan (Bauzeichnung) einzureichen, aus dem die Aufteilung des Gebäudes, die Lage und Größe der im Sondereigentum und der im Gemeinschaftseigentum stehenden Gebäudeteile ersichtlich ist. Dabei sind die zu einem Wohnungseigentum gehörenden Räume mit der jeweils selben Nummer zu kennzeichnen.

Formelle Regelungen in der Teilungserklärung

Art, Charakter, Zweckbestimmung der Anlage

Die Teilungserklärung kann die Beschreibung der Eigentumsanlage enthalten, also ob es sich um eine Einzelhaus- oder Mehrhausanlage, eine Wohnanlage oder gemischte Wohn- und Geschäftsanlage handelt mit zugehörigen Einrichtungen wie zum Beispiel Stellplätzen, Garagen oder Tiefgaragen, Gartenanteilen und Ähnlichem. Die sich hieraus ergebende Zweckbestimmung schafft den Rahmen für die Nutzung des Sondereigentums.

Miteigentumsanteile

Die Miteigentumsanteile werden vom teilenden Eigentümer in der Teilungserklärung festgelegt, und zwar angegeben in Bruchteilen wie zum Beispiel 6.305/100.000. In der Regel orientieren sie sich an der Wohnungsgröße, müssen dieser aber nicht zwingend entsprechen. Oft werden noch andere Wertigkeiten, zum Beispiel Süd- oder Nordlage der Wohnung, Stockwerk oder Nutzungsvorteile den Eigentumsanteilen zugrunde gelegt. Diese Gewichtung wird meistens nicht transparent erläutert. Dann sind die Miteigentumsanteile nicht nachvollziehbar.

Tipp

Zur besseren Nachvollziehbarkeit und um Konflikten – zum Beispiel über die Kostenverteilung – vorzubeugen, sollten Sie bei Erwerb einer Neubau-Eigentumswohnung vom Verkäufer eine schriftliche, nachvollziehbare Aufschlüsselung der Miteigentumsanteile fordern.

Zuordnung der Miteigentumsanteile und Aufteilungsplan

Die Teilungserklärung beschreibt, welche Miteigentumsanteile zu welchem Sondereigentum (in diesem Fall zu welcher Wohnung) gehören, wie sie genutzt werden dürfen und wo die Grenzen von Sonder- und Gemeinschaftseigentum verlaufen. Dies geschieht oft durch eine Bezugnahme auf den **Aufteilungsplan**, der der Teilungserklärung als Anlage beiliegen muss. Um die Wohnungen im Plan der Beschreibung in der Teilungserklärung zuordnen zu können, werden die einzelnen Wohnungen in der Regel durchnummeriert und Kellerräume etc. den jeweiligen Kennzeichnungen (Nummern) zugeordnet. Der Aufteilungsplan ist eine Bauzeichnung, aus der die Lage und Größe der im Sondereigentum stehenden Wohnungen und der zum

Wichtig!

Die wörtliche Beschreibung in der Teilungserklärung und der Aufteilungsplan müssen übereinstimmen. Ein Widerspruch zwischen der Teilungserklärung und dem Aufteilungsplan kann dazu führen, dass an den betroffenen Räumen kein Sondereigentum entsteht.

Gemeinschaftseigentum gehörenden Flächen, Räume und Gebäudeteile zu entnehmen sind. Alle zu einer Wohnung gehörenden Räume müssen dieselbe Kennzeichnung tragen. Darüber hinaus müssen auch die Sondernutzungsrechte in der Teilungserklärung und im Aufteilungsplan aufgeführt sein.

Was nicht zu Sondereigentum erklärt wird, bleibt Gemeinschaftseigentum

Abgrenzung von Gemeinschafts- und Sondereigentum

Die in der Teilungserklärung erfolgende Beschreibung von Gemeinschafts- und Sondereigentum ist sehr wichtig, weil alle Teile und Räume eines Gebäudes, die durch die Teilungserklärung nicht ausdrücklich zu Sondereigentum erklärt werden, gemeinschaftliches Eigentum bleiben, also zum Beispiel auch Keller, Abstellräume, Waschküchen oder Hausmeisterwohnungen. Allerdings kann nicht jeder Bestandteil des Gebäudes durch die Teilungserklärung zu Sondereigentum erklärt werden: Bestimmte Teile des Gebäudes, zum Beispiel tragende Wände, die Wärme- und Schalldämmung, Feuchtigkeitssperren, die Wohnungsabschlusstüren mit Ausnahme des Innenanstrichs und die Fenster (bis auf Innenanstrich und Fenstergriffe), also alle Bau- und Bestandteile, die für den Bestand und die Sicherheit des Gebäudes erforderlich sind, sind zwingend gemeinschaftliches Eigentum. Ebenso zwingend gemeinschaftliches Eigentum sind Anlagen und Einrichtungen, die dem gemeinsamen Gebrauch der Wohnungseigentümer dienen, zum Beispiel Treppenhäuser, Fahrstühle, Zentralheizung, gemeinschaftliche Versorgungsleitungen und solche Bestandteile, die die äußere Gestaltung des Hauses beeinflussen, wie die Außenfassade. Die Abgrenzung ist nicht immer einfach.

Welche Bauteile gehören zum Sonder-, welche zum Gemeinschaftseigentum?

Die nebenstehende Auflistung bietet einen ersten Überblick über die Zuordnung von Bauteilen zum Gemeinschafts- oder Sondereigentum gemäß der Rechtsprechung. In Einzelfällen ist die Rechtsprechung allerdings nicht einheitlich.

Gebäudeteil/ Ausstattungselement	Gemeinschafts-eigentum	Sonder-eigentum	Bemerkung
Absperrventile	•		für Wasser und Gasleitungen
Abwasserhebeanlagen	•		für mehrere Wohnungen
Antennen	•	(•)	Eine Antenne, die nur von einem oder wenigen Wohnungseigentümern für ihren Rundfunk- oder Fernsehempfang aufgestellt wurde, kann auch zum Sondereigentum gehören.
Armaturen		•	
Aufzüge	•		
Badezimmereinrichtung		•	
Balkon	•*	•**	* Sämtliche Fassadenbestandteile wie Bodenplatte, Außenwände, Balkongitter, Abdichtungen und alle andere Bauteile, die der Standsicherheit und dem Feuchtigkeitsschutz dienen. ** Raum auf dem Balkon selbst sowie die darauf angebrachten Gegenstände wie Blumenkästen und Lampen, wenn der Balkon in der Teilungserklärung einer Wohnung zugewiesen ist, ebenfalls Bodenfliesen.
Dachterrassen	•*	•**	* bei Nutzung von allen Eigentümern **bei Nutzung durch nur einen Wohnungseigentümer und entsprechender Zuweisung in der Teilungserklärung; ansonsten gelten die gleichen Abgrenzungsregeln wie für Balkone.
Dämm-/Isolierschichten	•		wenn sie der Wärme- und Schalldämmung oder der Feuchtigkeitsisolierung dienen
Decken	•		als tragende Bauelemente des gesamten Gebäudes
Deckenverkleidung und Bodenbeläge		•	(aus Holz, Kunststoffplatten, Putz oder Tapeten) innerhalb der Wohnungen
ebenerdige Terrassen	•		
Estrich	•		wenn er der Wärme- und Schalldämmung dient
Fenster als Fassadenbestandteil	•		Innenanstrich der Fenster gehört zum Sondereigentum
Fensterbänke und -simse	• außen	• innen	
Fensterläden, Außenrollläden, Außenjalousien	•		
Fußböden	•		als konstruktive Elemente des gesamten Gebäudes
Fußbodenbeläge innerhalb der Wohnungen		•	
Garagen	•	(•)	können auch dem Sondereigentum zugewiesen werden

Fortsetzung auf Seite 86

Gebäudeteil/ Ausstattungselement	Gemeinschafts-eigentum	Sonder-eigentum	Bemerkung
Hauptwasser-, Gas- und Elektroleitungen	•		bis zu den einzelnen Wohnungen
Haussprechanlagen und Türöffner	•	•*	* entsprechende Teile in den Wohnungen
Heizkörper		•	Etagenheizungen oder einzelne Thermen können auch dem Sondereigentum zugewiesen werden.
Kanalisation	•		
Leitungen	•		bis zur Abzweigung in die einzelnen Wohnungen
Licht-/Luftschächte	•		wenn sie der Belichtung und Belüftung von gemeinsamem Eigentum dienen
Markisen	•	•	von Gerichten unterschiedlich beurteilt
Müllabwurfanlagen	•		
offener Kamin in der Wohnung		•	
Schloss, Schlüssel	•	•	Wenn die Schlüssel zu gemeinsamen Räumen oder zur gemeinsamen Haustür gehören, dann handelt es sich um Gemeinschaftseigentum.
Schornstein	•		
Stellplätze für Pkw	•*	•**	* immer auf Freiflächen unter freiem Himmel ** in Sammelgaragen, wenn Fläche durch dauerhafte Markierung abgegrenzt ist
Treppen	•	•	
Türen	•*	•**	* Haustür, Gemeinschaftsräume, Wohnungseingangstür außen ** Innenanstrich der Wohnungseingangstür, Türen innerhalb einer Wohnung
Verbrauchsmessgeräte zur Ermittlung von Heiz- und Wasserkosten	•	• innen	auch wenn sie sich innerhalb der Wohnung befinden
Wände, nicht tragende innerhalb der Wohnung	•	•	
Wände	• tragende	• nicht tragende in der Wohnung	nicht tragende Wände zwischen zwei Wohnungen gehören zum Sondereigentum der beiden Wohnungen
Wandverkleidungen		•	
Wasseruhren	•		auch innerhalb der Wohnung

Die Gemeinschaftsordnung

Die Regelungen der Gemeinschaftsordnung finden sich meistens in der Teilungserklärung, ohne im rechtlichen Sinne Teil der Teilungserklärung zu sein. Sie können aber auch als Anlage zur Teilungserklärung oder als separate Unterlage geführt werden. Die Gemeinschaftsordnung bestimmt die Rechte und Pflichten der Wohnungseigentümer untereinander und deren Verhältnis zum Verwalter. In ihr werden im Wesentlichen festgelegt:

- die Nutzung des Wohnungseigentums,
- die Willensbildung der Wohnungseigentümer durch Versammlungen,
- das Stimmrecht,
- die Ausübung des Stimmrechts,
- die Verteilung von Einnahmen und Kosten,
- die Verwaltung des gemeinschaftlichen Eigentums.

Gibt es keine Gemeinschaftsordnung oder entsprechende Regelungen, gelten die gesetzlichen Bestimmungen (§§ 10 bis 29 WEG).

Die Baubeschreibung für den Neubau

Vor dem Kauf einer geplanten, einer nicht vollständig errichteten oder einer zum Erstbezug fertiggestellten Wohnung werden Sie – nach der Besichtigung mehrerer Musterwohnungen oder nach mehreren Verkaufsgesprächen – einen Packen **Baubeschreibungen** in den Händen halten. Dies sind keine unverbindlichen Werbematerialien. Vielmehr benennt die Bau- und Leistungsbeschreibung alle wichtigen Leistungen des Unternehmens zur Errichtung des Gebäudes bzw. der Wohnung sowie die Bauqualität und die beim Bauen zur Verwendung kommenden Baustoffe, -produkte und Ausstattungsmaterialien. In der Baubeschreibung einer noch nicht fertiggestellten Wohnung wird also für den Verkauf festgelegt, welche Bauleistungen und -qualität der Käufer erwarten darf, und sie wird später beim Kauf mit etwaigen vereinbarten Änderungen auch Bestandteil des Kaufvertrags. Ist die Wohnung gerade fertiggestellt, kann die Bau- und Leistungsbeschreibung zusätzlich zur Besichtigung und Überprüfung der Wohnung herangezogen werden.

Da es keine genormte oder gesetzliche Vorgabe für Baubeschreibungen gibt, sind diese nicht einheitlich aufgebaut und können nur schwer miteinander verglichen werden. Oft sind Baubeschreibungen auch unvollständig und ungenau, Detailpreisangaben fehlen. Wird der Umfang der Leistungen noch beschrieben, so mangelt es doch regelmäßig an Angaben zu den Qualitäten der Ausstattungsmaterialien.

Konkrete Angaben in der Baubeschreibung wichtig

Häufige Schwachpunkte sind fehlende Angaben zur Energieeffizienz, zum Schallschutz und zur Qualität der verwendeten Baustoffe und Innenausbaumaterialien. Formulierungen wie »Wärmeschutz entspricht der Energieeinsparverordnung«, »deutsche Markenprodukte« oder »Sanitärobjekte von Hersteller XY oder gleichwertig« sind nichtssagend und unpräzise. Da aber die Baubeschreibung angibt, zu welchen Leistungen in welcher Qualität der Bauträger verpflichtet ist, ist es wichtig, dass sie konkrete Material-, Mengen- und Qualitätsangaben sowie die Bezeichnung der Inhaltsstoffe wichtiger verwendeter Materialien (oder entsprechende technische Merkblätter) und Bauteile enthält, um Missverständnisse und unerwartete Mehrkosten zu vermeiden. Als Bestandteil des Kaufvertrags wird sie im Streitfall auch Grundlage für die juristische Urteilsfindung. Deshalb sollten Sie die Baubeschreibung genau überprüfen und – zur Vermeidung zusätzlicher Kosten – ermitteln, ob alle notwendigen Bauleistungen aufgeführt sind. Wie Sie die Baubeschreibung prüfen können, erfahren Sie ab Seite 141.

Das Exposé für den Altbau

Bei einer **Altbauwohnung** wird Ihnen häufig ein **Exposé** ausgehändigt, das eine allgemeine Beschreibung der Wohnung, Räumlichkeiten und Ausstattung enthält. Es ist meistens weniger aussagekräftig als eine Baubeschreibung über einen Neubau und kann daher nur als Erstinformation dienen.

Der Gebäudeenergieausweis

Vor Kauf Energieausweis prüfen

Potenzielle Käufer wie Mieter sollten sich den Energieausweis bereits bei den Kauf- und Mietverhandlungen vorlegen lassen. Für Neubauten wurde der Energieausweis bereits 2002 eingeführt und jetzt mit dem Energieausweis für Bestandsbauten vereinheitlicht. Seit dem 1.7.2008 ist der Ausweis für alle Wohngebäude vorgeschrieben, die vor 1965 fertiggestellt wurden, und seit dem 1.1.2009 gilt er für alle anderen Bestandsbauten, einschließlich der Nichtwohngebäude.

Kaufinteressenten und potenzielle Mieter werden allerdings in vielen Fällen die Aushändigung einer Kopie verlangen müssen, denn die Wohnungseigentümer oder Verkäufer sind nicht verpflichtet, den Ausweis von sich aus vorzulegen.

Der Energieausweis soll Käufern wie Mietern – so sieht es der Gesetzgeber vor – eine schnelle Orientierung über die Energieeffizienz des jeweiligen Wohngebäudes bieten, Transparenz über die energetische Qualität des Gebäudes schaffen und das Gebäude energetisch vergleichbar machen. Der Ausweis soll den Eigentümern darüber hinaus Impulse zur Durchführung von Maßnahmen zur Energieeinsparung geben.

Der Energieausweis für Wohngebäude ist ein mehrseitiges Dokument. Auf dem Deckblatt werden einige Angaben zum Gebäude selbst verlangt. Außerdem ist der Anlass der Ausstellung anzugeben, also ob es sich um einen Neubau handelt, eine Modernisierung durchgeführt oder ob das Gebäude verkauft oder vermietet werden soll. Auf der zweiten oder dritten Seite findet sich ein »Energielabel«, eine mit einem Farbband visuell herausgehobene Gesamtbewertung des Gebäudes. Zum Vergleich werden auf einem zusätzlichen Farbband die Werte (Endenergiebedarfswerte) anderer Durchschnittsgebäude (zum Beispiel Niedrigenergiehäuser oder ungedämmte Altbauten) angezeigt. Die vierte Seite enthält die Erläuterungen der vorher aufgeführten Kenngrößen. Schließlich kann der Energieausweis noch Modernisierungsempfehlungen enthalten. Achtung: Die Werte im Ausweis beziehen sich immer auf das gesamte Gebäude, Verbrauchswerte einer einzelnen Wohnung können davon deutlich abweichen.

Welche Ausweisvariante für welche Gebäude?

Für die Ermittlung und Darstellung der energetischen Qualität eines Wohnhauses stehen zwei unterschiedliche Berechnungsweisen und Ausweisformulare zur Verfügung: Für Neubauten und kleinere Altbauten bietet sich der **Bedarfsausweis** an, für die Dokumentation des Energieverbrauchs größerer Bestandsimmobilien steht auch der **Verbrauchsausweis** zur Verfügung.

Bei Neubauten, bei umfangreichen Modernisierungen, An- oder Ausbauten sollte der Energieausweis immer auf der Grundlage des berechneten Energiebedarfs erstellt werden.

Für Wohngebäude mit weniger als fünf Wohnungen, für die ein Bauantrag vor dem 1.11.1977 gestellt wurde, ist ab dem 1.10.2008 nur die Ausstellung eines Bedarfsausweises zulässig, es sei denn, dieses Haus erreicht das Wärmeschutzniveau der I. Wärmeschutzverordnung. Über größere Bestandsgebäude ab fünf Wohneinheiten kann Ihnen sowohl der Bedarfs- als auch der Verbrauchsausweis vorgelegt werden. Für Energieausweise, die schon vor dem 1.10.2008 ausgestellt werden, gilt ebenfalls die Wahlfreiheit.

Da der Energiebedarfsausweis ein wichtiges Instrument zur Beurteilung der energetischen Qualität eines Hauses ist, sollten Sie auf die möglichst frühzeitige Aushändigung des Ausweises, möglichst vor dem Abschluss des Kaufvertrags, bestehen. Dann können Sie verschiedene Wohnungsangebote miteinander vergleichen und Werbeaussagen über Niedrigenergie- und Passivhäuser überprüfen. Meistens wird der Ausweis allerdings erst bei der Übergabe ausgehändigt.

Alle Energieausweise, auch die bisher schon ausgestellten, haben eine Gültigkeitsdauer von zehn Jahren. Der Bedarfsausweis soll auch für Gebäude bzw. Modernisierungen an den Gebäuden gelten, die mit öffentlichen Mitteln – wie zum Beispiel KfW-Krediten – gefördert werden. Bei der Interpretation der Kenngrößen helfen Ihnen die Energieberater der Verbraucherzentralen weiter (Adressen → Seite 232).

Der Energiebedarfsausweis

Kenngrößen im Energiebedarfsausweis

Die wichtigsten Kenngrößen im Energiebedarfsausweis sind der (Jahres-)Primärenergiebedarf, der Endenergiebedarf und die Angaben zur Gebäudehülle (→ Seite 92). Außerdem wird der Einsatz erneuerbarer Energien erfasst sowie die Art der Lüftung, ob also die Lüftung mittels einer Lüftungsanlage erfolgt oder per Hand.

Ein Pfeil auf einem grün (besonders energiesparend) bis rot (hoher Energieverbrauch) unterlegten Farbband weist darauf hin, wo das Wohngebäude einzuordnen ist. Auf diesem Farbband wird mit dem oberen Pfeil der Endenergiebedarf dargestellt, der untere Pfeil gibt den Primärenergiebedarf (»die Gesamtenergieeffizienz«) wieder. Niedrige Werte im grünen Bereich signalisieren einen geringen Energiebedarf, hohe Werte im roten Bereich einen hohen Energiebedarf. Die Werte auf dem Farbband sollen als Grundlage für einen schnellen und vereinfachten Hausvergleich dienen.

Die wichtigsten Kenngrößen für den Energiebedarf

Der (Jahres-)Primärenergiebedarf, angegeben in Kilowattstunden pro Quadratmeter und Jahr (kWh/(m^2•a)), bildet die Gesamtenergieeffizienz des Gebäudes ab. Bei dieser Angabe werden nicht nur die Qualität der Gebäudehülle und der Heizungsanlage berücksichtigt (diese Qualität wird in der Kenngröße des Endenergiebedarfs wiedergegeben), sondern auch Brennstoff und die Energiemenge, die für Gewinnung, Umwandlung und Verteilung des jeweils eingesetzten Brennstoffs (zum Beispiel für die Erdölgewinnung, den Transport von der Ölquelle zum Endnutzer sowie für die Energiegewinnung im Kraftwerk) erforderlich sind. Der Primärenergiebedarf ist somit eine ökologische Kenngröße.

Im Energiebedarfsausweis sind zwei Vergleichswerte aufzuführen: der berechnete Gebäude-Ist-Wert und der EnEV-Anforderungswert. Der EnEV-Anforderungswert ist der zulässige Höchstwert, der nicht überschritten werden darf. Je niedriger der für das Gebäude berechnete Ist-Wert im Vergleich zum zulässigen EnEV-Anforderungswert (also Höchstwert) ist, umso günstiger ist das Haus in energetischer und ökologischer Hinsicht.

Der Endenergiebedarf, angegeben in Kilowattstunden pro Quadratmeter und Jahr (kWh/(m^2•a)), gibt die Energiemenge an, die für die Heizung, für die Warmwasserbereitung und für Hilfsgeräte (wie zum Beispiel Lüftungsanlagen) zur Verfügung gestellt werden muss, um eine bestimmte Rauminnentemperatur und die Erwärmung des Wassers über das ganze Jahr sicherzustellen.

Achtung! Der Endenergiebedarf wird auf der Grundlage von genormten Bedingungen berechnet, bezieht sich also auf mittlere Klimawerte und ein vorher festgelegtes durchschnittliches Nutzerverhalten. Das bedeutet, dass in den einzelnen Wohnungen der tatsächliche individuelle Verbrauch an Heizenergie oder Energie für die Warmwasserbereitung davon abweichen kann und wohl auch wird.

Energetische Qualität der Gebäudehülle (Transmissionswärmeverlust). Diese Angaben beziehen sich auf den baulichen Wärmeschutz, also die Gebäudehülle. Zu unterscheiden sind hier ebenfalls der Gebäude-Ist-Wert (berechneter Wert des Gebäudes) HT und der EnEV-Anforderungswert (zulässiger Höchstwert) HT. Auch hier gilt: Je niedriger der berechnete Gebäude-Ist-Wert im Vergleich zum zulässigen Höchstwert ist, umso besser ist der bauliche Wärmeschutz, also die energetische Qualität der Außenwände, Decken, Fenster etc.

Gebäudenutzfläche. Die energetische Gebäudenutzfläche nach der Energieeinsparverordnung (EnEV) – anzugeben auf Seite 1 des Energieausweises – dient als Bezugsfläche für die Berechnung der hier genannten Kenngrößen. Sie darf nicht mit der Wohnfläche oder der Nutzfläche nach DIN 277 verwechselt werden.

Der Energieverbrauchsausweis

Energieverbrauchskennwert enthält Heiz- und Warmwasserkosten

Der Verbrauchsausweis enthält als wichtigste Kenngröße den Energieverbrauchskennwert und Angaben zur Verbrauchserfassung. Der ausgewiesene Energieverbrauchskennwert wird für das Gebäude auf der Basis der Abrechnung von Heiz- und Warmwasserkosten nach der Heizkostenverordnung und aufgrund anderer geeigneter Verbrauchsdaten ermittelt. Dabei werden die Energieverbrauchsdaten des gesamten Gebäudes und nicht der einzelnen Wohnungen zugrunde gelegt. Über Klimafaktoren wird der gemessene Energieverbrauch für die Heizung hinsichtlich der konkreten örtlichen Wetterdaten auf einen deutschlandweiten Mittelwert umgerechnet. So führt beispielsweise ein hoher Verbrauch in einem einzelnen harten Winter nicht zu einer schlechteren Beurteilung des Gebäudes.

Vorsicht!

Es gibt Billiganbieter für den Energieausweis! Prüfen Sie in jedem Fall die Berechtigung des Ausstellers, die korrekte Erhebung der Daten und das Verwenden der vorgeschriebenen Formulare. Verlangen Sie außerdem eine Dokumentation der Eingangsdaten.

Der Energieverbrauchskennwert gibt Hinweise auf die energetische Qualität des Gebäudes und seiner Heizungsanlage. Ein niedriger Wert (grüner Bereich) auf dem Farbband signalisiert einen geringen Verbrauch. Anzukreuzen ist weiter, ob in diesem Wert der Energieverbrauch für Warmwasser enthalten ist oder nicht. In einer weiteren Tabelle sollen die Verbräuche für Heizung und Warmwasser mit verschiedenen Kenngrößen differenziert dargestellt werden.

Durchschnittswerte nicht immer aussagekräftig für konkreten Verbrauch

Ein Rückschluss auf den künftig zu erwartenden Verbrauch ist jedoch nicht möglich. Insbesondere können die echten Verbrauchsdaten einzelner Wohnungen stark von den Durchschnittswerten im Energieausweis abweichen, weil sie von der Lage der Wohnung im Gebäude, von der jeweiligen Nutzung und vom individuellen Verhalten der Bewohner abhängen. Dies trifft auch auf die Energieverbrauchskennwerte kleiner Gebäude zu.

Der Verwaltervertrag

Die Verwaltung der Wohnungseigentümergemeinschaft obliegt nach § 20 Abs. 1 WEG den Wohnungseigentümern, dem Verwaltungsbeirat und dem Verwalter. Eine Eigentumswohnanlage kann somit auch von den Eigentümern gemeinsam geführt werden, wenn kein Verwalter bestellt ist. Wird ein Verwalter bestellt, erfolgt dies durch einen Mehrheitsbeschluss der Eigentümerversammlung. Bei neuen Wohnanlagen bestellt der teilende Eigentümer meistens den Verwalter.

Im zweiten Schritt wird zwischen der Wohnungseigentümergemeinschaft – oft vertreten durch den Beiratsvorsitzenden oder einen oder mehrere Wohnungseigentümer – und dem Verwalter ein Vertrag abgeschlossen, über dessen Inhalt und Umfang vorher die Eigentümerversammlung abgestimmt haben sollte. Teilweise werden Sie dazu Regelungen in der Gemeinschaftsordnung finden.

Die Bestellfrist für den ersten Verwalter nach Neubegründung von Wohnungseigentum beträgt maximal drei Jahre. Die weitere Bestellung kann nach Ablauf der Frist unbegrenzt wiederholt werden. Die gesetzliche Höchstfrist für die Verwalterbestellung beträgt fünf Jahre. Die Dauer der Bestellung kann in der Gemeinschaftsordnung verkürzt sein, in vielen Eigentümergemeinschaften wird sie auf zwei oder drei Jahre festgelegt.

Rechte, Pflichten und Kosten der Verwaltung

Im Verwaltervertrag werden die einzelnen Rechte und Pflichten und insbesondere auch die Kosten der Verwaltung festgelegt. Die Kosten der Verwaltung sind von den Wohnungseigentümern entsprechend dem Verhältnis ihrer Miteigentumsanteile zu tragen, wenn in der Gemeinschaftsordnung nicht ein anderer Verteilungsmaßstab vereinbart ist. Zweckmäßiger ist der Kostenverteilungsschlüssel nach Wohnungen, da der Aufwand des Verwalters nicht von der Größe der Wohnungen abhängt. Zum Vergleich: Einen verbraucherorientierten Muster-Verwaltungsvertrag, der die Interessen der Wohnungseigentümer berücksichtigt, erhalten Sie bei wohnen im eigentum e.V.

Der Wirtschaftsplan

Nach dem Wohnungseigentumsgesetz ist der Verwalter verpflichtet, einen Wirtschaftsplan jeweils für ein Kalenderjahr zu erstellen. Daraus ergibt sich die Höhe des Hausgelds, das jeder Eigentümer im kommenden Jahr zahlen muss.

Der Wirtschaftsplan enthält meist:

- die voraussichtlichen Einnahmen und Ausgaben der Wohnungseigentümergemeinschaft für das kommende Jahr,
- einen angemessenen Beitrag zur Instandhaltungsrücklage im kommenden Jahr,
- den Gesamtbetrag des sich daraus ergebenden Finanzierungsbedarfs der Wohnungseigentümergemeinschaft für das kommende Jahr,
- die Höhe des individuellen Hausgelds für das kommende Jahr, also die Umlage des Finanzierungsbedarfs auf die einzelnen Wohnungseigentümer nach den geltenden Kostenverteilungsschlüsseln.

Der Wirtschaftsplan basiert auf den Kosten des Vorjahrs (bei Neubauten: auf realistischen Erfahrungswerten von vergleichbaren Wohnanlagen) sowie einer Schätzung, wie sich diese Kosten im Lauf des Jahres entwickeln werden. In der Regel ist von einer Preissteigerung auszugehen.

Der Wirtschaftsplan wird meist mit der Einladung zur Eigentümerversammlung an die Wohnungseigentümer übersandt. Hat die Eigentümergemeinschaft einen Verwaltungsbeirat bestellt, so hat dieser vor der beschließenden Versammlung zu prüfen, ob die vom Verwalter aufgestellten Prognosen und Berechnungen richtig sind.

Achtung!

Die Gemeinschaftsordnung kann Bestimmungen enthalten, die von den gesetzlichen Grundsätzen abweichen (→ Seite 80 ff.)

Über den Wirtschaftsplan wird in der Eigentümerversammlung mit einfacher Mehrheit ein Beschluss gefasst. Wird er genehmigt, sind die Wohnungseigentümer zur Zahlung des darin festgelegten

Hausgelds verpflichtet. Allerdings kann die Eigentümergemeinschaft ausdrücklich beschließen, dass der alte Wirtschaftsplan weiterhin gilt.

Die Jahresabrechnung

Der Verwalter muss nach Abschluss des Wirtschaftsjahres eine Jahresabrechnung mit folgenden Bestandteilen vorlegen:

- Gesamtdarstellung der Einnahmen und Ausgaben,
- Einzelabrechnung für Ihre Wohnung,
- Übersicht der Abrechnungsergebnisse aller Wohnungen und Ausweis der Rückstände,
- Darstellung der Entwicklung der Instandhaltungsrückstellung und des Sollvermögens,
- Vermögensstatus der WEG (freiwillig).

Solch eine Jahresabrechnung hat oft einen Seitenumfang im zweistelligen Bereich, je nach Größe der Eigentümergemeinschaft.

Aufstellung nach den Grundsätzen ordnungsmäßiger Buchführung

Die Jahresabrechnung soll eine geordnete, verständliche und inhaltlich zutreffende Aufstellung der Einnahmen und Ausgaben unter Darlegung der Kontostände und des Vermögens der Eigentümergemeinschaft sein. Sie muss von den Wohnungseigentümern mithilfe eines Taschenrechners nachgeprüft werden können, so die Rechtsprechung. Ob mit oder ohne Taschenrechner – die Überprüfung einer Jahresrechnung ist nicht einfach. Bei der Aufstellung hat der Verwalter die Grundsätze ordnungsmäßiger Buchführung zu beachten.

Wurden im Wirtschaftsplan die vorläufigen Kosten des Gemeinschaftseigentums kalkuliert und auf die einzelnen Eigentümer zur Vorauszahlung (in der Regel monatlich) umgelegt, so wird in der Jahresabrechnung der endgültige Kostenanteil jedes Wohnungseigentümers errechnet. Dazu werden die Einnahmen und Ausgaben gegenübergestellt und miteinander verrechnet. Die tatsächlichen Bewirtschaftungskosten werden dann mit den Vorauszahlungen gemäß Wirtschaftsplan verrechnet – unter Berücksichtigung der Über- oder Unterzahlungen. Haben Wohnungseigentümer danach zu viel gezahlt, erhalten sie eine Rückzahlung. Diejenigen, die zu wenig gezahlt haben, müssen nachzahlen. Außerdem müssen die Entwicklung der Instandhaltungsrücklage und sinnvollerweise das Vermögen der Wohnungseigentümergemeinschaft aufgeführt werden. Auch die Jahresabrechnung wird, zumeist zusammen mit der Einladung zur Eigentümerversammlung, an die Wohnungseigentümer übersandt.

Verwalter zu Einsichtgewährung in Unterlagen verpflichtet

Der Verwalter ist dazu verpflichtet, jedem Wohnungseigentümer Einsicht in sämtliche Abrechnungs- und Verwaltungsunterlagen zu gewähren, damit dieser seine Zahlungsverpflichtung in vollem Umfang nachvollziehen und eventuell gegen erkannte Unstimmigkeiten vorgehen kann. Der Verwalter kann die Akteneinsicht weder mit datenschutzrechtlichen Bestimmungen noch mit irgendwelchen Beschränkungen des Einsichtsrechts im Verwaltervertrag ablehnen. Wohnungseigentümer müssen ihr Ansinnen auch nicht begründen.

Die Wohnungseigentümer beschließen in der Eigentümerversammlung über die Annahme oder Ablehnung der Jahresabrechnung mit einfacher Mehrheit. Wird die Jahresabrechnung durch diesen Beschluss genehmigt, wird sie insgesamt, also auch mit den Einzelabrechnungen (→ Seite 98), verbindlich. Hält ein Wohnungseigentümer die Jahresabrechnung für fehlerhaft, kann er den Beschluss hierüber innerhalb der Frist von einem Monat beim zuständigen Amtsgericht anfechten. Außerdem können die Wohnungseigentümer über eine bereits bestandskräftige Jahresabrechnung erneut beschließen, wenn sich diese als fehlerhaft erweist. Dies geschieht aber erfahrungsgemäß sehr selten.

Die Jahresabrechnung ist außerdem für den vermietenden Wohnungseigentümer und seinen Mieter wichtig, da sie die Beträge der Betriebskosten enthält, die der Vermieter – soweit im Mietvertrag vereinbart – auf den Mieter umlegen kann. Vermietende Wohnungseigentümer müssen allerdings berücksichtigen, dass sie nicht alle Kosten der Jahresabrechnung, sondern nur bestimmte Betriebskosten an den Mieter weitergeben dürfen (→ Seite 136).

Die Jahresabrechnung sollte innerhalb der ersten sechs Monate nach Ablauf des Wirtschaftsjahres erstellt und von der Eigentümerversammlung per Beschluss genehmigt werden. Gesetzliche Fristvorgaben gibt es dazu nicht, die Gemeinschaftsordnung und der Verwaltervertrag können aber entsprechende Terminvorgaben enthalten. Die Jahresabrechnung besteht aus mehreren Teilen:

- Gesamtabrechnung,
- Einzelabrechnung,
- Übersicht der Abrechnungsergebnisse aller Wohnungen und Ausweis der Hausgeld-Rückstände,
- Darstellung der tatsächlichen Entwicklung der Instandhaltungsrücklage,
- Vermögensstatus der Wohnungseigentümergemeinschaft.

Die Gesamtabrechnung

Die Gesamtabrechnung soll eine übersichtliche Gegenüberstellung aller tatsächlichen Einnahmen und Ausgaben des betreffenden Kalenderjahres enthalten und außerdem

- die genaue Adresse der Wohnanlage benennen,
- den Abrechnungszeitraum angeben,
- die einzelnen Einnahmen und Ausgaben kurz erläutern,
- eine Gegenüberstellung der Gesamteinnahmen und Gesamtausgaben enthalten,
- eine Übersicht über die Gemeinschaftskonten mit Angabe der Anfangs- und Endbestände geben (dabei ist jedes einzelne Konto, inkl. Hauskasse, gesondert darzustellen),
- die Beitragsleistungen zur Instandhaltungsrücklage ausweisen.

Die Einzelabrechnung

Auf der Grundlage der Gesamtabrechnung ist für jeden Wohnungseigentümer eine individuelle Einzelabrechnung zu erstellen. Die Gesamtkosten werden laut Kostenverteilungsschlüssel auf die einzelnen Wohnungseigentümer aufgeteilt. Die Einzelabrechnung enthält die

- Adresse des Wohnungseigentümers,
- Bezeichnung des Sondereigentums und die Angabe des Miteigentumsanteils,
- Nebeneinanderstellung der jeweiligen Gesamteinnahmen und -ausgaben der Gemeinschaft und Angabe des individuellen Einnahme- und Ausgabeanteils (Erträge – Kosten); dazu wird der jeweilige Kostenverteilungsschlüssel genannt,
- Aufführung der Beiträge zur Instandhaltungsrücklage,
- Gegenüberstellung der Kosten, Erträge sowie Beiträge zur Instandhaltungsrücklage und Abgleich mit den individuellen Vorauszahlungen gemäß Wirtschaftsplan; Ermittlung des Abrechnungsergebnisses,
- Angabe des Nachzahlungs- oder Erstattungsbetrags.

Eine Auflistung möglicher Kostenpositionen finden Sie auf Seite 136 f.

Darstellung der tatsächlichen Entwicklung der Instandhaltungsrücklage

Ein Soll-Ist-Vergleich der Instandhaltungsrücklage zu Beginn (1.1.) und am Ende des Jahres (31.12. des Wirtschaftsjahres) weist die Entwicklung der Instandhaltungsrücklage aus.

Vermögensstatus der Wohnungseigentümergemeinschaft

Die tatsächliche Vermögenssituation der Eigentümergemeinschaft lässt sich weder aus den Bankkontenständen noch aus der Darstellung der Instandhaltungsrückstellung entnehmen. Hierzu müssen auch die Forderungen und Verbindlichkeiten der Eigentümergemeinschaft dargestellt werden.

Die Kostenverteilungsschlüssel

Die Wohnungseigentümer können alle Betriebs-, Instandhaltungs- und Verwaltungskosten nach dem gesetzlichen Kostenverteilungsschlüssel oder nach alternativen Kostenschlüsseln verteilen lassen.

Der gesetzliche Kostenverteilungsschlüssel
Das Wohnungseigentumsgesetz nennt als als Kostenverteilungsschlüssel das im Grundbuch eingetragene Verhältnis der Miteigentumsanteile (MEA). Dieser Verteilungsschlüssel ist immer dann anzuwenden, wenn die Gemeinschaft keine anderweitige Regelung getroffen hat.

Alternative Kostenverteilungsschlüssel
Seit der Reform des Wohnungseigentumsgesetzes zum 1. Juli 2007 kann die Eigentümergemeinschaft mehrheitlich beschließen, Betriebs- und Verwaltungskosten nach Verbrauch oder Verursachung oder einem anderen Maßstab abzurechnen. Zuvor war das nur durch einstimmigen Beschluss möglich.

Denkbar sind:
- Die Verteilung der Kosten nach Wohn- bzw. Nutzflächen; maßgeblich dafür sind die in der Teilungserklärung angegebenen Flächen.
- Die Verteilung der Kosten nach den zum jeweiligen Haushalt zählenden Personen (auch Kopfzahl genannt); maßgeblich ist hier, wie viele Personen die Wohnung tatsächlich nutzen; dieser Schlüssel wird häufig für die Aufteilung der Müllgebühren verwendet, ist dann aber regelmäßig den sich ändernden Haushaltsgrößen anzupassen.
- Die wohnungsbezogene Verteilung der Kosten; diese ist bei den Verwaltergebühren und den Kosten für das Breitbandkabel üblich.
- Die verbrauchsabhängige Abrechnung von Wasser oder Abwasser.
- Die laufenden Kosten für im gemeinschaftlichen Eigentum stehende Gebäudeteile oder Anlagen nur auf die Wohnungseigentümer umzulegen, die diese auch nutzen können.

- Die getrennte Kostenverteilung entsprechend der einzelnen Gebäude oder Gebäudeteile, wenn eine Eigentumsanlage aus mehreren Gebäuden besteht.

Der Heizkosten-Verteilungsschlüssel

Mischkalkulation für Heizung

Abweichend von diesen Grundsätzen sind die Heiz- und Warmwasserkosten nach den Vorschriften der Heizkostenverordnung zu verteilen (§ 3 HeizkVO), wenn die Wohnung nicht über eine eigene Etagenheizung verfügt. Für die Heizung ist danach eine Mischkalkulation aus verbrauchs- und verbrauchsunabhängigen Kostenanteilen vorzunehmen. Dabei sollen die verbrauchsabhängigen Kosten wenigstens zu 50 Prozent, höchstens zu 70 Prozent in der Heizkostenabrechnung berücksichtigt werden. Ob der Verteilungsschlüssel mindestens 50:50 oder höchstens 70:30 betragen soll, muss von der Eigentümergemeinschaft festgelegt werden. Die restlichen 50 bis 30 Prozent der gesamten Heiz- und Warmwasserkosten sind verbrauchsunabhängig nach den beheizten Wohn- oder Nutzflächen oder dem umbauten Raum abzurechnen. Ergänzend dazu wurde 2009 geregelt, dass bei Häusern,

- die nicht den Anforderungen der Wärmeschutzverordnung 1994 entsprechen,
- deren wärmeverteilende Rohrleitungen überwiegend gedämmt sind und
- deren Wärmeversorgung über eine öl- oder gasbetriebene Heizungsanlage erfolgt,

70 Prozent der Heizkosten verbrauchsabhängig abzurechnen sind.

Sehen Sie in der Gemeinschaftsordnung (→ Seite 87) und in der Beschlusssammlung nach, welche Verteilungsschlüssel für welche Kosten festgelegt sind, denn danach kann der von Ihnen zu zahlende Kostenanteil höchst unterschiedlich ausfallen.

Das Grundbuchblatt

Bei den Grundbuchämtern der Amtsgerichte – Ausnahmen hiervon gibt es in Baden-Württemberg – wird das Grundbuch geführt, in dem sämtliche im Bezirk des jeweiligen Amtsgerichts gelegenen Immobilien verzeichnet sind. Jede Wohnung im Sinne des WEG hat dabei jeweils ein eigenes Grundbuchblatt. Das Grundbuch genießt »öffentlichen Glauben«. Das bedeutet, dass Sie sich grundsätzlich auf die Richtigkeit der darin eingetragenen Angaben und Rechte verlassen können.

Es gehört zu den Pflichten des Notars, den Inhalt des Grundbuchs festzustellen und bei der Beurkundung mit den Vertragsparteien zu erläutern. Meist wird der Grundbuchinhalt auch bereits im Kaufvertragsentwurf des Notars wiedergegeben.

Tipp

Sie sollten sich bereits frühzeitig vor der Beurkundung des Kaufvertrags über den Inhalt des Grundbuchs informieren.

Sie können das Grundbuch beim zuständigen Grundbuchamt einsehen, wenn Sie vom Eigentümer der Wohnung eine entsprechende Vollmacht bekommen. Einfacher und für Sie auch zweckmäßiger ist es, den Verkäufer um die Vorlage eines möglichst aktuellen Grundbuchauszugs zu bitten. Den benötigen Sie ohnehin, wenn Sie den Kaufpreis ganz oder teilweise finanzieren. Sie sollten ihn Ihrer finanzierenden Bank auch unbedingt bereits bei den Verhandlungen über das Darlehen und dessen Konditionen vorlegen!

Die vier Teile des Grundbuchblatts

Es beginnt mit dem **Bestandsverzeichnis**: Darin werden insbesondere der jeweilige Miteigentumsanteil, die Lage, die Bezeichnung, die Größe und die Nutzung des Gesamtgrundstücks sowie die genaue Bezeichnung der entsprechenden Wohnung angegeben. Häufig finden sich im Bestandsverzeichnis auch Veräußerungsbeschränkungen wie das Erfordernis der Zustimmung des Verwalters dazu (→ Seite 110).

Im Anschluss daran finden Sie in **Abteilung I** des Grundbuchblatts den oder die jeweiligen Eigentümer der Wohnung. Allein diese Eintragung ist maßgeblich dafür, wer Eigentümer der jeweiligen Immobilie ist! Zwar wird der Verkäufer einer Wohnung meist auch als Eigentümer in Abteilung I des Grundbuchblatts aufgeführt. Aber es gibt hiervon Ausnahmen, zum Beispiel wenn – beim Kauf vom Bauträger – der Ankauf des Baugrundstücks durch den Bauträger noch nicht vollständig vollzogen ist oder – beim Kauf von privat – der Eigentümer verstorben ist und seine Erben den Verkauf der Immobilie betreiben. Wichtig: Ist der Verkäufer nicht als Eigentümer in Abteilung I des Grundbuchblatts eingetragen, sollten Sie ihn und gegebenenfalls auch den Notar zu den Hintergründen befragen.

In **Abteilung II** sind alle Rechte aufgeführt, die an der Wohnung bestehen – mit Ausnahme von Hypotheken, Grund- und Rentenschulden. Sie finden hier unter anderem die Dienstbarkeiten (→ Extra-Info, siehe unten), vertragliche Vorkaufsrechte und Vormerkungen. Hier wird nach Abschluss »Ihres« Kaufvertrags auch für Sie eine Vormerkung eingetragen (→ Seite 171). Klären Sie unbedingt mit Ihrem Vertragspartner, welche dieser Rechte von Dritten an der Wohnung Sie vertraglich übernehmen müssen, und

Tipp

Fragen Sie den Verkäufer unbedingt rechtzeitig danach, welche der im Grundbuch eingetragenen Rechte Sie übernehmen müssen!

Übernahme von Dienstbarkeiten und ähnlichen im Grundbuch eingetragenen Rechten

Typische Beispiele für Dienstbarkeiten sind Wegerechte, Leitungsrechte für Strom, Telefon etc., aber zum Beispiel auch Nießbrauch- oder Wohnrechte zugunsten Dritter. Solche Dienstbarkeiten beruhen häufig auf Vereinbarungen zwischen dem Eigentümer und dem daraus Berechtigten. Details dazu werden jedoch nicht im Grundbuch eingetragen. Dort finden Sie lediglich eine kurze Umschreibung der Dienstbarkeit und die Information, zu wessen Gunsten sie gilt.

Wenn Dienstbarkeiten und ähnliche Rechte in Abteilung II des Grundbuchblatts eingetragen sind, muss der Käufer sie oft mit allen daraus und aus den zugrunde liegenden Vereinbarungen resultierenden Rechten und Pflichten übernehmen. Durch die Übernahme solcher und anderer Rechte wird der Käufer so gestellt, als hätte er selbst diese Belastungen bestellt. Rechte, wie zum Beispiel Wegerechte, die einheitlich auf allen Wohnungen eines Objekts lasten, muss der Käufer zwingend übernehmen. Bei Rechten, die ausschließlich auf der verkauften Wohnung lasten wie etwa Nießbrauch- oder Wohnrechte, gilt dies nicht: Hier müssen Sie mit dem Verkäufer klären, ob diese Rechte gelöscht werden können oder von Ihnen übernommen werden sollen.

fragen Sie ihn nach den zugrunde liegenden Vereinbarungen sowie nach deren Auswirkungen.

Hypotheken, Grund- und Rentenschulden, die auf der Wohnung lasten, sind in **Abteilung III** des Grundbuchblatts verzeichnet. Wenn Sie den Kaufpreis ganz oder teilweise finanzieren, wird hier nach Abschluss des Kaufvertrags auch das für Ihre Bank zu bestellende Grundpfandrecht – meist eine Grundschuld – eingetragen. Ob die in Abteilung III bereits eingetragenen Rechte von Ihnen zu übernehmen sind (seltene Ausnahme!) oder aber – wie es der Regelfall sein dürfte – vor der Eigentumsumschreibung zu löschen sind, müssen Sie vor Vertragsschluss klären.

Kaufpreisfinanzierung bei Übernahme von im Grundbuch eingetragenen Rechten

Wenn im Grundbuch Rechte eingetragen sind, die Sie zu übernehmen haben, müssen Sie dies bei der Finanzierung des Kaufpreises berücksichtigen.

Tipp

Klären Sie Fragen zur Grundschuldeintragung im Grundbuch mit Ihrer finanzierenden Bank unbedingt vor Vertragsschluss und wirken Sie auf eine eindeutige Finanzierungszusage hin, die solche Fragen unmissverständlich klärt. Dies gilt insbesondere bei einer Finanzierung über Direktbanken!

Ihre Bank wird meist verlangen, dass die zu ihrer Sicherheit dienende Grundschuld im Grundbuch den sogenannten ersten Rang erhält. Damit ist gemeint, dass kein im Grundbuch eingetragenes Recht der Grundschuld vorgehen darf. Sind aber zum Zeitpunkt der Grundschuldbestellung bereits Rechte im Grundbuch eingetragen, die von Ihnen übernommen werden müssen, so sind diese grundsätzlich vorrangig. Die erste Rangstelle kann in diesem Fall der Bank nur eingeräumt werden, wenn die Begünstigten, deren Rechte im Grundbuch bereits eingetragen sind, einen Rangrücktritt erklären. Dazu sind diese aber nicht verpflichtet! Falls die Begünstigten zu einem solchen Rangrücktritt nicht bereit sind, müssen Sie mit Ihrer Bank klären, ob sie sich auch mit einer schlechteren Rangstelle begnügt. Tut sie das, muss im Darlehensvertrag ausdrücklich vermerkt werden, dass solche Rechte dem Recht Ihrer finanzierenden Bank im Rang vorgehen dürfen!

Scheitert Ihre Kaufpreisfinanzierung hieran nach Vertragsschluss, können Sie als Käufer mit verheerenden finanziellen Forderungen konfrontiert werden!

Baulastenverzeichnis

Baulasten sind ähnliche Grundstückslasten wie Dienstbarkeiten. Anders als diese beruhen Baulasten aber nicht auf privaten Vereinbarungen, sondern werden von der Stadt bzw. der Gemeinde gefordert. Baulasten dienen dazu, die Einhaltung öffentlich-rechtlicher Vorschriften zu gewährleisten. Typische Beispiele hierfür sind Regelungen zu den Abstandsflächen zwischen zwei Gebäuden oder auch das Recht, einen privaten Weg mit Rettungswagen befahren zu dürfen.

Baulasten nicht im Grundbuch enthalten

Baulasten sind nicht im Grundbuch, sondern nur in dem bei der Gemeinde geführten Baulastenverzeichnis eingetragen. Der Notar überprüft dieses Verzeichnis nicht und hat daher meist keine Kenntnis darüber, ob Baulasten bestehen. Ein Auszug aus dem Baulastenverzeichnis dürfte dem Verkäufer häufig selbst nicht vorliegen. Wenn Sie sich hierüber informieren möchten, können Sie bei der Gemeinde, in deren Bezirk das betreffende Grundstück liegt, das Baulastenverzeichnis einsehen und sich eine Abschrift ausstellen lassen.

Teilungserklärung und Gemeinschaftsordnung

Die Kerndokumente beim Wohnungskauf

In der Teilungserklärung und in der Gemeinschaftsordnung, die häufig zu einer Urkunde unter der Bezeichnung »Teilungserklärung« zusammengefasst werden (→ auch Seite 80 ff.), können die Vorschriften des Wohnungseigentumsgesetzes ergänzt oder in gewissem Umfang abgeändert werden. Im Folgenden werden die wichtigsten Regelungen erklärt.

Sondernutzungsrechte, Kostenverteilung & Co.

Recht zur alleinigen Nutzung von Gemeinschaftseigentum für einzelne Eigentümer

Über das Sondereigentum hinaus besteht die Möglichkeit, in der Teilungserklärung zu vereinbaren, dass einem einzelnen Eigentümer das ausschließliche und alleinige Recht zur Nutzung von Gebäudeteilen, Grundstücksflächen und Räumen eingeräumt wird, die zum Gemeinschaftseigentum gehören. Dieses Recht zur alleinigen Nutzung von genau bestimmten Gemeinschaftseigentumseinrichtungen wird als Sondernutzungsrecht bezeichnet. Sondernutzungsrechte werden häufig für Keller, Gärten, Terrassenflächen, Kfz-Stellplätze, Spitzbodenbereiche im Dachgeschoss, Dachterrassen etc. vergeben. Nach der Vergabe müssen Sondernutzungsrechte ins Grundbuch eingetragen werden, um dauerhaft dem jeweiligen Sondereigentum zugewiesen zu sein. Solche Rechte werten das Wohnungseigentum erheblich auf. Die hiervon betroffenen Flächen oder die Räume selbst bleiben allerdings gemeinschaftliches Eigentum.

Teilungserklärung und Aufteilungsplan vergleichen

Das Sondernutzungsrecht muss zweifelsfrei bezeichnet und auch konkret und unmissverständlich gegen andere Sondernutzungsrechte abgegrenzt sein. In Teilungserklärungen heißt es häufig etwa: »An den Kellerräumen Nr. 5, Garage Nr. 5 und den Stellplätzen Nr. 8 und 9 werden Sondernutzungsrechte begründet und der Wohnung Nr. 15 zugeordnet«. Das heißt, diese Flächen oder Räume sind dann für die Wohnung Nr. 15 zur ausschließlichen Nutzung reserviert, auch wenn diese noch nicht verkauft ist.

Tipp

Prüfen Sie vor Abschluss des Kaufvertrags die Zuweisung Ihrer Sondernutzungsflächen und -räume.

Deshalb ist es wichtig, dass Sie den Text der Teilungserklärung mit dem beigefügten Lageplan (Aufteilungsplan) vergleichen. Auf diesem sind die räumliche Lage auf dem Grundstück und die Ausdehnung der das Sondernutzungsrecht betreffenden Flächen und Räumlichkeiten eingezeichnet. Bei fehlerhafter Abgrenzung oder Bezeichnung, zum Beispiel fehlender oder falscher Nummerierung, entsteht das Sondernutzungsrecht unter Umständen nicht. Die betroffene Fläche oder Räumlichkeit bleibt dann von allen Eigentümern nutzbar.

Auf Zuweisungsvorbehalte achten

Um auch die unattraktiveren Wohnungen in einer Anlage gut zu verkaufen und dafür Verhandlungsspielraum zu haben, hält der teilende Eigentümer (Bauträger) häufig Flächen und Räumlichkeiten zunächst zurück und weist diese noch keiner bestimmten Wohnung zu. Die Räume oder Flächen sind der zukünftigen Nutzung durch die Gemeinschaft bereits entzogen, aber noch nicht vergeben. In der Gemeinschaftsordnung kann es dann zum Beispiel heißen: »Der teilende Eigentümer behält sich das Recht zur alleinigen und ausschließlichen Nutzung der Dachflächen, Kellerräume und Stellplätze vor, um diese – solange er Grundstücksmiteigentümer ist – zu einem späteren Zeitpunkt als Sondernutzungsrechte zuzuordnen«. Ob und wann der Verkäufer von dem Vorbehalt Gebrauch macht, muss nicht festgelegt sein.

Bestehendes oder zukünftiges Nutzungsrecht von Räumen klären

Als Kaufinteressent einer Neubau-Eigentumswohnung sollten Sie unbedingt darauf achten, ob die Teilungserklärung konkrete Zuweisungsvorbehalte des teilenden Eigentümers enthält. Sollte dies der Fall sein, ist zu prüfen, ob der Vorbehalt noch besteht, die Gemeinschaft die Räume aber zwischenzeitlich nutzen kann, oder ob die Nutzung bestimmter Räumlichkeiten bereits ausgeschlossen ist. So kann die in der Teilungserklärung aufgeführte Waschküche inzwischen einem Miteigentümer als Kellerraum zugesagt worden sein oder noch zugesagt werden. Dringen Sie darauf, Klarheit für die Räume und Flächen zu bekommen, an deren Nutzung Sie interessiert sind.

Regelungen zum Verkauf der Wohnung

Weiterverkauf oft von Zustimmung der Miteigentümer oder des Verwalters abhängig

Wohnungs-/Teileigentümer sind berechtigt, ihr Sondereigentum mit den verbundenen Sondernutzungsrechten zu verkaufen. Viele Gemeinschaftsordnungen enthalten Regelungen, die den Weiterverkauf von der **Zustimmung des Verwalters oder der Wohnungseigentümergemeinschaft** abhängig machen. Mit solch einer Zustimmung soll der Gefahr begegnet werden, dass eine oder mehrere Wohnungen an wirtschaftlich oder persönlich unzuverlässige Käufer veräußert werden, sodass die Eigentümergemeinschaft entweder mit Zahlungsausfällen oder mit störendem Verhalten rechnen muss. Da die Zustimmung nur aus wichtigem Grund verweigert werden darf, wird sie meistens erteilt, nimmt aber im Regelfall Zeit und Geld in Anspruch. Die Kosten hierfür sollten nicht unbedingt Sie als Käufer tragen müssen.

Achtung!

Lassen Sie sich im Kaufvertrag zusichern, dass keine Hausgeldrückstände seitens des Verkäufers bestehen.

Besonders beachten sollten Sie Regelungen in der Gemeinschaftsordnung, wonach der Käufer einer Wohnung für die **Hausgeldrückstände des Verkäufers** aufkommen muss. In diesen Fällen ist es besonders wichtig, durch Rückfragen beim Verkäufer und Verwalter sicherzustellen, dass solche Rückstände nicht bestehen, und eine entsprechende Zusicherung des Verkäufers in den notariellen Kaufvertrag aufnehmen zu lassen. Außerdem enthalten manche Gemeinschaftsordnungen **Abtretungsregelungen**. Nach diesen soll der verkaufende Wohnungs-/Teileigentümer den Teil des Verkaufserlöses, der seinen Rückständen an den Kosten und Lasten des Gemeinschaftseigentums entspricht, an die Eigentümergemeinschaft abtreten und diese Abtretungsforderung in den notariellen Kaufvertrag mit aufnehmen lassen. So soll sichergestellt werden, dass die Schulden des Verkäufers direkt aus dem Verkaufserlös und mit der Bezahlung der Wohnung beglichen werden. Enthält die Gemeinschaftsordnung eine solche Regelung, dann sollten Sie ebenfalls durch Rückfragen beim Verwalter und Verkäufer klären, ob Hausgeldrückstände bestehen und ob die Forderungen – zum Beispiel auf der Grundlage eines rechtskräftigen Gerichtsurteils – berechtigt und fällig sind. Welche Kaufpreiszahlungen an wen dann zu leisten sind, sollte der Käufer unbedingt mit dem Notar abklären.

Nutzungsänderungen und Vermietung des Sondereigentums

Regelungen zur Nutzung von Wohnanlagen sind sinnvoll, da gemäß § 13 I WEG grundsätzlich jede Form der Nutzung des Sondereigentums erlaubt ist, soweit nicht das Gesetz oder die Rechte Dritter entgegenstehen. Häufig sind in Teilungserklärungen folgende Regelungen zu finden:

Nutzungsänderungen

Eine Nutzungsänderung liegt vor, wenn eine Wohnung nicht (nur) zum bloßen Wohnen, sondern zum Beispiel (auch) als eine Arztpraxis, als ein Laden oder für eine freiberufliche Tätigkeit benutzt wird. Die Rechtsprechung lässt zwar Nutzungsänderungen ungeachtet der Gemeinschaftsordnung zu, wenn die übrigen Eigentümer dadurch nicht stärker beeinträchtigt werden als bei einer zulässigen Nutzung zu Wohnzwecken. Hierbei kommt es aber immer auf die individuellen Umstände des Einzelfalls an. Eine freiberufliche Tätigkeit in der eigenen Wohnung – zum Beispiel ein Journalistenbüro – mit wohnungstypischem Publikumsverkehr wird nach der Rechtsprechung anders bewertet als eine Praxis mit vielen Patientenbesuchen. Sofern Sie planen, die Wohnung anders als (nur) zu Wohnzwecken zu nutzen, sollten Sie sich daher rechtzeitig vor dem Kauf beim Verkäufer und dem Verwalter vergewissern, dass die von Ihnen beabsichtigte Nutzung zulässig ist und von der Gemeinschaft akzeptiert wird. Unter anderem sollten Sie sich auch rechtlich dazu beraten lassen.

Vor dem Kauf klären, ob die beabsichtigte Nutzung gestattet ist

Vermietung – unbeschränkt zulässig?

Ebenso wie bei Regelungen zur Veräußerung machen manche Teilungserklärungen die Vermietung von der Zustimmung des Verwalters oder der anderen Wohnungseigentümer abhängig. Diese Zustimmung kann nur aus wichtigem Grund versagt werden, ist aber mit Kosten für den Verwaltungsaufwand verbunden. Die Vermietung sollte weitestgehend unbeschränkt zulässig und möglich sein.

Instandhaltung, bauliche Veränderungen, Modernisierungen

Sie wollen – nach dem Erwerb der Wohnung – vielleicht einen Außenkamin auf dem Balkon oder eine Markise vor Ihren Fenstern anbringen, das Dach ausbauen, einen Deckendurchbruch vornehmen lassen, eine Garderobe im Treppenhaus aufstellen, einen Wintergarten oder Ähnliches errichten? Bedenken Sie bitte, dass alle diese Maßnahmen zustimmungsbedürftig sind. Das heißt, Sie brauchen dafür die Zustimmung einiger, der Mehrheit oder aller Miteigentümer. Die Notwendigkeit, diese Zustimmung für bestimmte Baumaßnahmen einzuholen, ist im Wohnungseigentumsgesetz je nach Maßnahme unterschiedlich geregelt und kann in den Gemeinschaftsordnungen in einigen Fällen auch davon abweichen.

Instandhaltung und Schönheitsreparaturen am Sondereigentum

Eigentümer muss sein Sondereigentum instandhalten

Jeder Wohnungseigentümer ist nach dem Wohnungseigentumsesetz verpflichtet, die zu seinem Sondereigentum gehörenden Bau- und sonstigen Bestandteile auf eigene Kosten so instandzuhalten, dass kein Mitglied der Eigentümergemeinschaft oder sonstige Betroffene über das bei einem ordnungsgemäßen Zusammenleben hinausgehende Maß beeinträchtigt werden. Zur Klarstellung kann ein entsprechender Passus in einer Gemeinschaftsordnung enthalten sein. Des Weiteren kann noch festgehalten sein, dass jeder Wohnungseigentümer das Betreten seiner Räume und Fläche gestatten muss, soweit dies zur Instandsetzung und -haltung des Gemeinschaftseigentums erforderlich ist. Darüber hinaus ist es Angelegenheit der einzelnen Wohnungseigentümer, ob und wie oft sie ihre Wohnungen renovieren.

Bauliche Veränderungen im Sondereigentum

Bauliche Veränderungen im Bereich des Sondereigentums, die Bestandteile des Gemeinschaftseigentums berühren, wie zum Beispiel ein Wanddurchbruch durch eine tragende Wand, sind meistens zustimmungsbedürftig. Die Vergabe der Zustimmung kann an den Verwalter delegiert und mit Auflagen versehen sein, wie zum Beispiel, dass sie erteilt werden soll, wenn

- der Wohnungseigentümer nachweist, dass die beabsichtigten Maßnahmen sach- und fachgerecht geplant sind,
- für die geplanten Maßnahmen eine Baugenehmigung vorliegt oder nachgewiesen wird, dass keine Baugenehmigung erforderlich ist,
- die Ausführung der Maßnahmen den Miteigentümern rechtzeitig vor Beginn schriftlich angezeigt wird.

Die Zustimmung sollte nur aus wichtigem Grund verweigert werden dürfen. Sollten Sie zum Beispiel einen Wand- oder Deckendurchbruch durch das Gemeinschaftseigentum planen, um zwei Wohnungen miteinander zu verbinden oder um eine Wohnungsteilung vorzunehmen, dann sollten Sie nachsehen, ob und welche Vorgaben die Gemeinschaftsordnung dazu macht und ob und in welchem Umfang eine Zustimmung der Miteigentümer erforderlich ist.

Instandhaltungen/Instandsetzungen und modernisierende Instandsetzungen des Gemeinschaftseigentums

Instandsetzungen und Instandhaltungen des Gemeinschaftseigentums – in der Regel Reparaturen – gehören zu den Pflichten ordnungsmäßiger Verwaltung. Die Eigentümer entscheiden in der Eigentümerversammlung mit einfacher Mehrheit der anwesenden Wohnungseigentümer über die jeweiligen Maßnahmen. Jeder einzelne Eigentümer kann verlangen, dass notwendige Maßnahmen durchgeführt werden.

Solche Instandsetzungsmaßnahmen müssen sich nicht zwingend auf eine bloße Reparatur beschränken. Sie dürfen unter bestimmten Bedingungen auch darüber hinausgehen. Voraussetzung dafür ist, dass das davon betroffene Gemeinschaftseigentum aktuell oder in Kürze repariert werden muss, und die jeweilige Maßnahme die technischen Entwicklungen berücksichtigt, damit zu einer technischen Verbesserung führt sowie wirtschaftlich sinnvoll ist (sogenannte **modernisierende Instandsetzung**). Die Beurteilung, ob eine Maßnahme eine modernisierende Instandsetzung oder aber eine Modernisierung darstellt, kann im Einzelfall schwierig sein.

Bauliche Veränderungen und Modernisierungen am Gemeinschaftseigentum

Anders ist die Zustimmung bei Modernisierungen gesetzlich geregelt. Unter **Modernisierungen sind bauliche Maßnahmen ohne Reparaturanlass** zu verstehen, die nach dem Bürgerlichen Gesetzbuch den Gebrauchswert nachhaltig erhöhen, die allgemeinen Wohnverhältnisse auf Dauer verbessern oder nachhaltig Einsparungen von Energie oder Wasser bewirken (§ 559 Abs. 1 BGB). Solche Maßnahmen zur Anpassung des gemeinschaftlichen Eigentums an den Stand der Technik können mit einer doppelt qualifizierten Mehrheit von 75 Prozent aller Wohnungseigentümer und mit mehr als der Hälfte der Miteigentumsanteile beschlossen werden, wenn durch die jeweilige Maßnahme die Eigenart der Wohnanlage nicht geändert und kein Wohnungseigentümer gegenüber den anderen unbillig benachteiligt wird.

Tipp

Eine ausführliche Auflistung, welche bauliche Maßnahme von A wie Aufzug bis Z wie Zaun eine Instandhaltung, modernisierende Instandsetzung, Modernisierung oder bauliche Veränderung ist, enthält der Ratgeber »Der Modernisierungsknigge für Wohnungseigentümer. Ein Wegweiser durch das Rechts-Labyrinth bei Instandsetzungen, Modernisierungen und baulichen Veränderungen« von wohnen im eigentum e.V., der außerdem auch den Weg bis zur Umsetzung, das Stimmrecht und die Abstimmungen ausführlich erläutert (→ Anhang).

Der nachträgliche Anbau eines Balkons, von Dachfenstern für eine Wohnung oder der Einbau eines neuen Zugangs zu einer Terrasse, die nur von einem Wohnungseigentümer genutzt werden kann – diese Maßnahmen sind **bauliche Veränderungen** am Gemeinschaftseigentum, die der Zustimmung der beeinträchtigten Miteigentümer bedürfen. Dabei kann es sich um einen, mehrere oder alle Miteigentümer handeln. Wie viele Miteigentümer davon beeinträchtigt werden, ist im Einzelfall zu klären. Bei Veränderungen am äußeren Erscheinungsbild gelten in der Regel alle Eigentümer als betroffen.

Die Zuordnung der Maßnahmen ist nicht immer einfach, denn die gleiche Maßnahme erfordert je nach Umstand einen unterschiedlich hohen Grad an Zustimmung. Ein Beispiel: Der nachträgliche Einbau eines Innenaufzugs ist in der Regel eine Modernisierung, der nachträgliche Anbau eines Außenaufzugs in der Regel eine bauliche Veränderung, die alle Wohnungseigentümer betrifft. Falls eine bauliche Maßnahme am gemeinschaftlichen Eigentum für Sie die Voraussetzung ist, dass Sie eine bestimmte Wohnung kaufen, sollten Sie unbedingt vorab durch einen WEG-kundigen Juristen prüfen lassen oder aber mit dem Verwalter klären, ob und in welchem Umfang die Zustimmung der Wohnungseigentümer dazu erforderlich ist, und diese rechtzeitig einholen.

Achtung!

Die Gemeinschaftsordnung kann zur Beschlussfassung abweichende Regelungen enthalten.

Kostenverteilungsschlüssel

Heizkostenverordnung regelt Kostenverteilung für Heizung und Warmwasser

Das Wohnungseigentumsgesetz nennt als Kostenverteilungsschlüssel die im Grundbuch eingetragenen Miteigentumsanteile (MEA). Dieser Verteilungsschlüssel ist immer dann anzuwenden, wenn die Gemeinschaft keine anderweitige Regelung getroffen hat. Abweichend von dieser Vorschrift müssen die Heiz- und Warmwasserkosten nach den Vorschriften der Heizkostenverordnung verteilt werden (§ 3 HeizkVO). Für die Heizung ist danach eine Mischkalkulation aus verbrauchsabhängigen und -unabhängigen Kostenanteilen vorzunehmen (→ Seite 100).

In vielen älteren Teilungserklärungen ist noch zu lesen, dass die Kosten für die Heizung und die Warmwasserversorgung anteilig nach Wohnflächen zu verteilen sind. Diese Kostenregelung gilt – von wenigen Ausnahmen abgesehen – nicht mehr. Die Wohnungseigentümergemeinschaft muss einen der Heizkostenverordnung entsprechenden Verteilungsschlüssel festlegen. Ein anders lautender Beschluss ist anfechtbar. Andererseits ist eine Jahresabrechnung, die nicht der Heizkostenverordnung entspricht, nach der Rechtsprechung wirksam, wenn sie nicht angefochten wird.

Wenn Ihnen die Verteilung der Heizkosten wichtig ist und Sie in der Teilungserklärung eine Regelung finden, nach der die Heizkosten nicht nach der Heizkostenverordnung umzulegen sind, sollten Sie die Beschlusssammlung der Eigentümergemeinschaft danach durchsehen oder nachfragen, ob und gegebenenfalls welche ergänzenden Beschlüsse zur Frage der Umlage der Heizkosten von der Eigentümergemeinschaft getroffen worden sind.

Tipp

Schneller als das Lesen der Protokolle oder der Beschlusssammlung, aber mit Kosten verbunden, ist die schriftliche Auskunft von der Hausverwaltung.

Alternative Kostenverteilungsschlüssel

Da die Kostenverteilung nach Miteigentumsanteilen keine zwingende Vorschrift ist, können in der Gemeinschaftsordnung andere Verteilungsschlüssel vereinbart sein, die den Besonderheiten der betreffenden Wohnungseigentumsanlage angepasst sind (→ Seite 100 f.). Die Eigentümergemeinschaft kann mehrheitlich beschließen, Betriebs- und Verwaltungskosten nach Verbrauch oder Verursachung oder einem anderen Maßstab abzurechnen.

Sehen Sie in der Gemeinschaftsordnung und in der Beschlusssammlung nach, welche Verteilungsschlüssel für welche Kosten festgelegt sind, denn danach kann der von Ihnen zu zahlende Kostenanteil höchst unterschiedlich ausfallen. Gegebenenfalls sollten Sie sich auch die Abrechnungen der letzten Jahre vorlegen lassen und nach dem jeweiligen praktizierten Verteilungsschlüssel fragen.

Wirtschaftsplan und Jahresabrechnung

In der Gemeinschaftsordnung sollten zur Aufstellung des Wirtschaftsplans und der Jahresabrechnung einige Rahmenbedingungen enthalten sein.

Zustellungs- und Prüffristen festlegen

Vier Wochen Zeit für Prüfung der Abrechnung

So sollte eine Frist festgelegt sein, innerhalb derer der Verwalter die Abrechnung vorzulegen hat. Empfohlen wird eine Terminvorgabe zwischen dem 31. 3. (als frühester Termin) und dem 30.6. (als spätester Termin) des jeweiligen Kalenderjahres. Außerdem sollten vier Wochen zwischen der Zustellung der Jahresabrechnung und der Eigentümerversammlung vorgesehen sein, damit jeder Wohnungseigentümer ausreichend Zeit hat, die Abrechnung gründlich zu sichten. Weitere Einzelvorgaben an die Darstellung der Jahresabrechnung finden Sie eventuell im Verwaltervertrag (→ Seite 94).

Fälligkeit von Nachzahlung

Die Nachzahlungen werden erst fällig, wenn ein Beschluss dazu vorliegt, der in der Regel in der Jahresversammlung gefällt wird. Rechtlich zulässig wären auch Regelungen zur sofortigen Fälligkeit von Nachzahlungen nach Vorlage der Jahresabrechnung. Hierbei handelt es sich um eine vorläufige Zahlungsverpflichtung, bis die Jahresversammlung durchgeführt und der Beschluss über die Abrechnung gefasst ist. Auch diese Verpflichtung bedarf jedoch eines Beschlusses.

Automatische Anerkennung der Jahresabrechnung

Besonders in älteren Teilungserklärungen findet sich die Regelung: »Die Abrechnung gilt als anerkannt, wenn nicht innerhalb von vier Wochen ein schriftlich begründeter Widerspruch gegenüber dem Verwalter erfolgt ist«. Diese automatische Anerkennung der Jahresabrechnung ohne vorherige Beschlussfassung durch die Eigentümerversammlung ist sehr problematisch. Sie enthält erhebliche Unsicherheiten hinsichtlich der Gültigkeit und Richtigkeit der Abrechnung und der damit einhergehenden Fälligkeit von Nachzahlungsansprüchen bzw. Guthaben. Sollte mit dieser Anerkennungsfiktion zugleich eine automatische Entlastung des Verwalters einhergehen, ist die Eigentümergemeinschaft weitgehend rechtlos gestellt.

Instandhaltungsrücklage

Eigentümer ist verpflichtet, finanzielle Rücklagen zu bilden

Die Wohnungseigentümer sind verpflichtet, eine finanzielle Rücklage zur angemessenen Instandhaltung des Gemeinschaftseigentums anzusammeln. Diese Rücklage ist somit das Sparbuch der Gemeinschaft für künftige Instandhaltungs- bzw. Instandsetzungsmaßnahmen. Sie soll die einzelnen Wohnungseigentümer vor finanzieller Überlastung bei großen Reparaturen schützen und Instandhaltungsstaus aufgrund fehlender Liquidität der Eigentümergemeinschaft vermeiden helfen. Somit sichert sie auch die Werterhaltung der Wohnanlage. In der Gemeinschaftsordnung kann eine Rahmenvorgabe aufgenommen sein, dass die jährlichen Zahlungen für die Rücklage entsprechend einer langfristigen Instandhaltungsplanung so hoch zu bemessen sind, dass die Kosten der Instandhaltung oder -setzung nach Möglichkeit ohne Erhebung von Sonderumlagen aus der Rücklage bezahlt werden können.

Problematische Regelungen

Ungünstig sind Regelungen, die für die Instandhaltungsrücklage eine Obergrenze vorsehen. Eine Teilungserklärung ist auf Dauer angelegt, ein konkret festgelegter Euro-Betrag wird der Dauerhaftigkeit der Wohnanlage und der Teilungserklärung nicht gerecht. Sollte die angesparte Instandhaltungsrücklage zur Sicherung eines mehrjährigen Instandsetzungsbedarfs ausreichen, kann die Eigentümergemeinschaft einen Beschluss zur befristeten Aussetzung der Zahlung fassen, wenn die Gemeinschaftsordnung dies zulässt.

Tipp

Prüfen Sie grundsätzlich – nicht nur, wenn die Gemeinschaftsordnung solche Klauseln enthält – die tatsächliche Höhe der Instandhaltungsrücklagen und den Beitrag dafür, um sicherzugehen, dass dieser nicht zu niedrig bemessen ist oder zweckwidrig ausgegeben wird.

Auch Regelungen, die eine zweckwidrige Inanspruchnahme der Instandhaltungsrücklage, zum Beispiel für bauliche Maßnahmen, vorsehen, sind bedenklich. Damit sollen zwar die Liquidität der Gemeinschaft erhalten und überflüssige Kreditaufnahmen vermieden werden, Vereinbarungen dieser Art untergraben jedoch den Sinn und Zweck der Instandhaltungsrücklage.

Eigentümerversammlung

Über die Verwaltung ihres gemeinschaftlichen Eigentums entscheiden die Wohnungseigentümer gemeinsam in der Eigentümerversammlung. Diese Versammlung ist das oberste Beschlussorgan der Gemeinschaft. In der Gemeinschaftsordnung ist dazu eine Vielzahl von Regelungen zu treffen.

Ein Wohnungseigentümer – eine Stimme?

Das Wohnungseigentumsgesetz sieht vor, dass jedem Eigentümer eine Stimme zusteht. Dies gilt unabhängig davon, ob einem Wohnungseigentümer eine Wohnung, mehrere Wohnungen oder nur eine Garage gehört. Gehört mehreren Personen eine Wohnung gemeinsam, so können sie das ihnen gemeinsam zustehende Stimmrecht nur einheitlich ausüben. Wenn sie ihre Stimme nicht einheitlich abgeben, zum Beispiel, weil sie sich nicht einigen konnten, ist die Stimmabgabe unwirksam und daher vom Versammlungsleiter nicht zu beachten.

Achtung!

Eine vom Gesetz abweichende Stimmverteilungsregelung ist auch dann wirksam, wenn hierdurch einem einzelnen Wohnungseigentümer die absolute Mehrheit bei den Abstimmungen eingeräumt wird.

In der Gemeinschaftsordnung ist oft eine abweichende Regelung festgelegt, zum Beispiel, dass sich das Stimmrecht

- nach der Höhe des im Grundbuch eingetragenen Miteigentumsanteils oder
- nach der Anzahl der Wohnungen richtet.

In neuen Anlagen oder in den zu Eigentumswohnungen umgewandelten ehemaligen Mietwohnungen kann der Bauträger oder Privatisierer die Mehrheit innehaben, weil noch nicht alle Wohnungen verkauft sind. Hält der Bauträger oder die Wohnungsgesellschaft auch noch in älteren Anlagen die Mehrheit der Stimmen – aus welchen Gründen auch immer –, ist Ihr Mitspracherecht gering, (→ »Vorsicht bei Mehrheitseigentümern«, Seite 61).

Tipp

Achten Sie darauf, ob jemand und wer in der Eigentümergemeinschaft die meisten Stimmen hat.

Die Beschlussfähigkeit der Versammlung

Beschlussfähigkeit gesetzlich geregelt

Die Beteiligung an Eigentümerversammlungen ist höchst unterschiedlich, sei es, dass einige Eigentümer gerade an diesem Abend keine Zeit haben, im Urlaub sind oder grundsätzlich wenig Interesse für die Wohnanlage zeigen. Deshalb gibt das Wohnungseigentumsgesetz vor, dass die Eigentümerversammlung Beschlüsse fassen kann, also beschlussfähig ist, wenn die anwesenden Eigentümer mehr als 50 Prozent der Miteigentumsanteile vertreten.

Diese Mehrheitsanforderung wird in vielen Gemeinschaftsordnungen weiter reduziert, um die Beschlussfähigkeit auch dann zu gewährleisten, wenn nur wenige Eigentümer mit zusammen weniger als 50 Prozent der Miteigentumsanteile anwesend sind. Möglich ist auch eine Bestimmung, nach der jede Versammlung unabhängig von der Zahl der erschienenen Miteigentümer beschlussfähig ist. Diese Regelungen sind zulässig, denn ein Schutz vor überraschenden Beschlüssen – die bei geringer Teilnehmerzahl beschlossen, bei ausreichender Teilnehmerzahl aber nicht mitgetragen werden würden – sollte dadurch gegeben sein (ist es in der Praxis allerdings nicht immer), dass alle zu beratenden Tagesordnungspunkte bereits in der Einladung aufgeführt und konkretisiert werden müssen. So können die Wohnungseigentümer bereits im Vorfeld entscheiden, ob ihre Teilnahme nötig ist oder nicht.

Die Beschlussfähigkeit der Zweitversammlung

In Zweitversammlung reicht Stimmenmehrheit

Ist die erste Eigentümerjahresversammlung nicht beschlussfähig, kann eine Zweitversammlung einberufen werden. Diese Versammlung ist dann ohne Rücksicht auf die Höhe der vertretenen Anteile beschlussfähig, es gilt allein die Stimmenmehrheit, sagt das Wohnungseigentumsgesetz. In nicht wenigen Gemeinschaftsordnungen kann die Zweitversammlung direkt im Anschluss, zum Beispiel 60 Minuten nach der Erstversammlung, stattfinden. Diese Art der Einberufung ist nur noch eine bloße Formsache und nicht für jede Wohnanlage ein geeignetes und Konsens förderndes Verfahren.

Vertretungsregelungen – mit oder ohne Vollmacht

Gegenstand vieler Regelungen ist auch die Frage, wer in Vertretung der Eigentümer auf der Eigentümerversammlung das Stimmrecht ausüben darf. Teilungserklärungen nennen hier zwei Regelungsvarianten: die freie Vertretung mit schriftlicher Vollmacht oder die Beschränkung der Vertretung nur auf Ehepartner, Angehörige, andere Wohnungseigentümer oder den Verwalter.

Problem: Dauervollmachten in der Hand der Verwaltung

Nicht wenige Eigentümer stellen ihrer Verwaltung unbefristete und uneingeschränkte Dauervollmachten aus und übertragen der Verwaltung ihr Stimmrecht – teils in Unkenntnis der Folgen, teils auch aus Desinteresse an der Verwaltung und fehlendem Engagement.

Mangelndes Engagement des Eigentümers rächt sich

Für die Eigentümergemeinschaft kann das fehlende Engagement fatale Folgen haben, denn gerade in größeren Wohnungseigentumsgemeinschaften mit einem hohen Anteil an vermieteten Wohnungen, deren Eigentümer nicht vor Ort wohnen, halten Verwalter mit den Dauervollmachten nicht selten die Mehrheit der Stimmen in den Eigentümerversammlungen. Sie können so versuchen, persönliche wirtschaftliche Interessen durchzusetzen. So kommt es vor, dass sie damit über ihre eigene Entlastung für ihre Verwaltertätigkeit oder auch ihre Wiederbestellung als Verwalter beschließen.

Der Verwalter erhält mit diesen Dauervollmachten eine Entscheidungsmacht, die vom Gesetzgeber nicht vorgesehen ist, allerdings von ihm auch nicht untersagt wird (im französischen Wohnungseigentumsgesetz beispielsweise ist dem Verwalter die Vertretung von Miteigentümern ausdrücklich untersagt). Denn der Verwalter ist nicht der Entscheider, sondern Dienstleister der Gemeinschaft: Er soll nicht seine persönlichen wirtschaftlichen Interessen einbringen oder durchsetzen, sondern die Wohnungseigentümergemeinschaft insgesamt nach außen vertreten, also alle Eigentümer, und gegebenenfalls für einen Interessensausgleich sorgen. Deshalb nehmen sozial verantwortlich handelnde Verwalter auch keine Dauervollmachten an, die zum Missbrauch verleiten können. Als Kaufinteressent sollten Sie sich informieren, wie dies in der Eigentümerversammlung gehandhabt wird.

Auch sollten Sie sich überlegen, wie Sie sich in die Eigentümergemeinschaft einbringen und an den Eigentümerversammlungen teilnehmen wollen. Gegen Vollmachten für eine einzelne Eigentümerversammlung mit einer klaren Abstimmungsvorgabe ist nichts einzuwenden. Besser ist es allerdings immer, wenn die Vollmacht einem Miteigentümer oder einem Beiratsmitglied übergeben wird.

Teilnahme eines Beraters

Unabhängig von der Vertretungsregelung können Wohnungseigentümer persönliche Berater in die Eigentümerversammlung nur dann mitnehmen, wenn sie ein berechtigtes Interesse nachweisen können. Nach dem Gesetz dürfen – vorbehaltlich anderslautender Regelungen in der Gemeinschaftsordnung und der praktischen Handhabung in den einzelnen Gemeinschaften – nicht einmal Ehegatten und Lebensgefährten anwesend sein, wenn sie nicht selbst Miteigentümer sind.

Der Verwalter

Die Gemeinschaftsordnung sollte Rahmenvorgaben zu den Rechten und Pflichten des Verwalters enthalten, die über die §§ 27 Abs. 1 und 2 WEG hinausgehen und dann im Verwaltervertrag konkretisiert werden.

Die Dauer der Bestellung

Bestellfrist für den ersten Verwalter gesetzlich geregelt

Der erste Verwalter, der nach Begründung von Wohnungseigentum bestellt wird, darf nur für höchstens drei Jahre bestellt werden. Alle folgenden Verwalterbestellungen dürfen nach dem Gesetz für höchstens fünf Jahre erfolgen. Die Dauer der Bestellung wird – auch nach der Erstbestellung – in vielen Gemeinschaftsordnungen verkürzt, erfahrungsgemäß auf zwei oder drei Jahre. Die weitere Bestellung kann nach Ablauf der Frist unbegrenzt wiederholt werden. Die Bestellung erfolgt durch einen Mehrheitsbeschluss. In vielen älteren Teilungserklärungen finden sich noch Bestellzeiträume von mehr als fünf Jahren, teilweise bis zu 20 Jahre. Diese Regelungen sind ungültig, in all diesen Fällen gilt die gesetzliche Höchstfrist von fünf Jahren.

Problematische Regelungen

In manchen Teilungserklärungen wird die **Verwalterhaftung** auf grob fahrlässiges Verhalten beschränkt. Eine solche Einschränkung der Haftung zugunsten des Verwalters ist fragwürdig und riskant für die Eigentümergemeinschaft.

Allgemeines Kontrollrecht nicht nötig

Viele Teilungserklärungen räumen dem Verwalter **Betretungs- bzw. Überprüfungsrechte** für das Sondereigentum ein. Derartige Regelungen berühren das Grundrecht auf Unverletzlichkeit der Wohnung und können als Verstoß gegen Treu und Glauben als unwirksam angesehen werden. Die Notwendigkeit eines allgemeinen Kontrollrechts besteht nicht. Besteht der Verdacht, dass Gemeinschaftseigentum zu Schaden kommt, zum Beispiel bei einem Wasserschaden, hat der Verwalter ohnehin das Recht, das im Bereich eines Sondereigentums liegende Gemeinschaftseigentum zu überprüfen.

Öffnungsklauseln

Enthalten Gemeinschaftsordnungen eine oder mehrere Öffnungsklauseln für bestimmte, festgelegte Regelungsbereiche, dann kann die Eigentümerversammlung Änderungen der Gemeinschaftsordnung per Mehrheitsbeschluss vornehmen. Ohne eine Öffnungsklausel ist eine solche Änderung grundsätzlich – mit einigen Ausnahmen – nur durch eine einstimmige Vereinbarung aller Wohnungseigentümer möglich, es sei denn, das Gesetz ermöglicht einen Mehrheitsbeschluss, wie zum Beispiel bei der Kostenverteilung.

Sonstige Regelungen

Sehen Sie sowohl in der Gemeinschaftsordnung als auch in der Hausordnung (→ Seite 79) nach, ob es dort Vorgaben für die **Tierhaltung** oder zum Einsatz von **Musikinstrumenten** gibt.

Erwerb einer gebrauchten Eigentumswohnung

Kaufen wie gesehen

Eigentumswohnungen im modernen Sinne gibt es erst seit den 50er-Jahren des 20. Jahrhunderts, denn 1951 wurde das Wohnungseigentumsgesetz verabschiedet. Trotzdem können die Häuser, in denen sich Eigentumswohnungen befinden, älter sein, zum Beispiel aus der Gründerzeit von 1870 bis 1910 stammen. Diese Häuser wurden nachträglich in Eigentumswohnungen umgewandelt.

Wohnung aus zweiter Hand

Baulichen Zustand in älteren Gebäuden sorgfältig prüfen

Eigentumswohnungen in älteren Gebäuden können sich in unterschiedlichem baulichen Zustand befinden. Neben modernisierungsbedürftigen Wohnungen werden auch solche mit Neubaustandard angeboten, die vor der Privatisierung umfassend instand gesetzt und modernisiert wurden. Aus diesem Grund ist es erforderlich, den baulichen Zustand älterer Wohnungen genau unter die Lupe zu nehmen. In den Tabellen ab Seite 127 ff. finden Sie eine Liste typischer Mängel bei Häusern bestimmter Altersklassen. Zu berücksichtigen ist allerdings, dass diese Gebäude sich in den meisten Fällen nicht mehr im Originalzustand befinden, also kontinuierlich oder vor Jahrzehnten schon einmal instand gesetzt wurden und dann die Mängel und Abnutzungserscheinungen aus dieser Zeit ebenfalls aufweisen.

Zur Besichtigung der Wohnung und für eine erste Mängelprüfung können Sie die Checkliste auf Seite 132 ff. verwenden. Sehen Sie sich die Wohnung und das Haus mehrmals an und lassen Sie sich – falls es in die engere Auswahl kommt – von einem kundigen Bauberater (Architekt oder Bauingenieur) begleiten. Liegt noch die ehemalige Baubeschreibung vor? Wenn ja, dann lassen Sie sich diese aushändigen. Sie kann wichtige und noch gültige Hinweise zur Bauqualität und zur Ausstattung geben. Ebenso sollten Sie den Energieausweis mit hinzuziehen.

Alle wichtigen Unterlagen auf einen Blick

Nicht nur die Bauqualität ist zu beurteilen, sondern es sind auch alle erforderlichen Unterlagen zu sichten. Folgende Unterlagen sollten Sie für den Kauf einer älteren Eigentumswohnung erhalten:

- [ ] Kaufvertrag
- [ ] Teilungserklärung nebst Gemeinschaftsordnung
- [ ] Aufteilungsplan
- [ ] Abgeschlossenheitsbescheinigung (→ Seite 102 ff.)
- [ ] Grundbuchblatt (→ Seite 102 ff.)
- [ ] Exposé, falls vorhanden
- [ ] Gebäudeenergieausweis
- [ ] Mietvertrag, falls die Wohnung vermietet ist

Diese Unterlagen sollten Sie einsehen und sich wichtige, Sie betreffende Schriftstücke als Kopien aushändigen lassen:

- [ ] Jahresabrechnungen, Wirtschaftspläne
- [ ] Protokolle der Eigentümerversammlung der letzten fünf Jahre
- [ ] Beschlusssammlung
- [ ] Gutachten mit Kostenvoranschlag für anstehende Instandhaltungsmaßnahmen oder Modernisierungen
- [ ] Hausordnung
- [ ] Verwaltervertrag, falls erforderlich

Häufige Mängel nach Gebäudealtersgruppen

Wohngebäude gleichen Alters weisen häufig ähnliche Mängel auf, da sie in gleicher Konstruktionsweise nach dem jeweiligen Stand der Bautechnik mit den damals gängigen Baustoffen errichtet wurden. Ist das Baualter bekannt, kann das Gebäude gezielt auf die »typischen« Mängel dieser Bauepoche hin überprüft werden.

Zwischenzeitliche Renovierungen und Modernisierungen werden nicht mehr den heutigen Standards entsprechen können. Bringen Sie deshalb in Erfahrung, ob und wann das Wohngebäude in Teilbereichen oder umfassend modernisiert wurde. Hat es zum Beispiel in den 70er-Jahren neue Fenster erhalten? Wann wurden die Bäder eingebaut, wann die Zentralheizung, wann die Hauselektrik? Gab es in den 70er-, 80er- oder 90er-Jahren eine umfassende Modernisierung?

Besonderheiten bei Wohngebäuden aus den Jahren 1890 bis 1920

Reichhaltige Ausstattung

Die Stadthäuser der Jahrhundertwende verfügen meistens über dicke Außenwände mit guten Schall- und meistens akzeptablen Wärmeschutzeigenschaften. Zur Straße hin haben sie meist eine Stuckfassade, zum Hinterhof oder Gartenbereich hin ist die Fassade einfach verputzt. Die Kellerdecken bestehen aus gemauerten Kappen, der Fußboden im Erdgeschoss häufig aus Stein, Fliesen oder Terrazzo. Die Decken der Obergeschosse sind aus Holzbalken mit Holzdielen oder Parkett und unterseitigem Putz auf Spalierlatten versehen. Wohnungen in Hochparterre oder erstem Obergeschoss weisen meistens reich verzierte Stuckarbeiten auf. Die Wohnungen und Räume sind großzügig geschnitten, Bäder meistens nachträglich eingebaut. Vorherrschendes Heizsystem war der einzeln befeuerte Kohleofen, der in der Regel aber bereits durch eine gas- oder ölbefeuerte Zentralheizung ersetzt wurde.

Die Haus- und Wohnungseingangstüren aus Holz sind aufwendig und dekorativ gearbeitet, der Schallschutz ist ausreichend. Soweit Kastendoppelfenster vorhanden sind, ist der Wärmeschutz angemessen.

Besonderheiten bei Wohngebäuden aus den Jahren 1920 bis 1945

Wohnhäuser der 20er- bis 50er-Jahre des 20. Jahrhunderts haben deutlich kleinere Wohnungen und Grundrisse als die Wohnhäuser der Gründerzeit. Zudem sind Außen- wie Innenwände häufig dünner. Außer Ziegeln wurden verstärkt Bims- oder Bimshohlblocksteine eingesetzt. Die Fassaden sind verputzt, teilweise sind die Eingangsbereiche mit Fassadenornamenten versehen. Die Geschossdecken bestehen größtenteils noch aus Holzbalken. Die Räume wurden mit Einzelöfen beheizt, die zwischenzeitlich durch Zentralheizungen ersetzt wurden. Die Wohnungen verfügen über kleine Badezimmer.

Besonderheiten bei Wohngebäuden aus den Jahren 1945 bis 1965

Meist schlechter Wärme- und Schallschutz

Die Außenwände dieser Häuser sind dünn mit schlechten Wärme- und Schallschutzeigenschaften. Die Fassaden sind einfach verputzt. Die Geschossdecken bestehen oft aus Stahlbeton mit Verbundestrich ohne weitere Schallschutzmaßnahmen. Die Dachstühle sind nicht wärmegedämmt. Sie wurden häufig mit einem chemischen Holzschutz versehen. Die Wohnungsgrößen und -zuschnitte sind einfach und manchmal beengt. Die Wohnungen verfügen über ein kleines Badezimmer. Als Heizsystem herrscht noch die Einzelofenheizung vor. Die Fenster bestehen aus Holz mit Einfachverglasung.

Besonderheiten bei Wohngebäuden aus den Jahren 1965 bis 1990

Flachdach und Beton

Zu dieser Zeit kamen neue Baukonstruktionen und Baumaterialien zum Einsatz. Flachdächer wurden modern, Beton wurde verstärkt verwendet, aber ebenso asbesthaltige Baumaterialien, Mineralwolle und chemische Holzschutzmittel. Die Wärmedämmung wurde zunehmend zum wichtigen Anliegen, auch die Anforderungen an die Schalldämmung wurden im mehrgeschossigen Wohnungsbau verstärkt.

Die Wohnungen sind im Vergleich zu den Vor- und Nachkriegsbauten größer, in der Regel mit Terrasse oder Balkonen versehen, zusätzlich zum Badezimmer gibt es in größeren Wohnungen ein separates Gäste-WC. Die Fenster sind größer. Oft handelt es sich um Fenster mit PVC-Rahmen.

Besonderheiten bei Wohngebäuden ab 1990

Für die mehr oder weniger jungen Neubauten liegen bisher kaum Erkenntnisse über »typische« Mängel vor, dazu sind sie noch zu jung. Zu achten ist hier auf die Heizungstechnik. Heizungsanlagen der frühen 1990er-Jahre entsprechen schon nicht mehr dem heutigen Standard, Wärmepumpen halten in der Praxis nicht immer, was die Werbung verspricht (beispielsweise kann der Stromverbrauch recht hoch sein), und in einer Studie des Verbraucherzentrale Bundesverbandes wurde festgestellt, dass viele Brennwertgeräte nicht den Gebäuden und den Bedürfnissen der Bewohner angepasst wurden, also nicht effizient und energiesparend arbeiten.

Fenster und Türen	1890 bis 1920	1920 bis 1945	1945 bis 1965	1965 bis 1990
Undichte, verzogene Haustüren mit defekten Beschlägen und Schlössern	•	•	•	
Verzogene Fensterrahmen, verfaulte Holzteile	•	•	•	
Unzureichender Wärme- und Schallschutz bei einfach verglasten Holzfenstern	•	•	•	
Schadhafte Roll- und Klappläden	•	•	•	
Defekte Fensterbankabdichtung	•	•	•	
Isolierverglasung entspricht nicht dem heutigen Stand				•
Geringe Dauerhaftigkeit bei Isolierverglasungen (zum Beispiel Eintrübungen)				•
Feuchtigkeitsprobleme aufgrund gelöster Fugenabdichtungen				•

Innenwände	1890 bis 1920	1920 bis 1945	1945 bis 1965	1965 bis 1990
Unzureichender Schallschutz von Wohnungstrennwänden	•	•	•	•
Unzureichender Brandschutz	•	•		
Schadhafter Wandputz	•	•	•	
Dünne Innenwände		•	•	

Kellerbereich und Außenwände	1890 bis 1920	1920 bis 1945	1945 bis 1965	1965 bis 1990
Feuchte Kellerwände aufgrund fehlender vertikaler und horizontaler Abdichtung der Außenwände	•	•		
Fehlende Wärmedämmung der Kellerdecken	•	•	•	
Rostende Stahlträger in den Kellerdecken (zum Beispiel in Kappendecken) und über Fensteröffnungen und unter Balkonen	•			
Risse in den tragenden Wänden	•	•	•	
Putzschäden	•	•	•	
Gerissene und beschädigte Stuckteile	•			
Ausgewaschene, sandende Fugen bei Ziegelmauerwerk	•			
Fehlende Wärmedämmung	•			
Fehlende Wärmedämmung der gering dimensionierten Außenwände		•	•	
Ungenügender Schallschutz der Außenwände		•	•	
Aufsteigende Feuchtigkeit im Sockelbereich			•	
Betonabplatzungen im Bereich auskragender Balkone, Rosten von Stahleinlagen				•
Feuchtigkeitsprobleme durch mangelhafte Abdichtung von Balkonen				•
Wärmeschutz der Außenwände nicht nach heutigem Standard				•
Schadhafte Außenwandbekleidungen mit Platten				•
Ablösungen und Rissbildungen bei Wärmedämm-Verbundsystemen				•

Geschosstreppen	1890 bis 1920	1920 bis 1945	1945 bis 1965	1965 bis 1990
Mangelnder Brandschutz bei Holztreppen	•	•	•	
Mangelnder Schallschutz bei Holztreppen	•	•	•	
Durchgetretene, abgenutzte Treppenstufen	•	•		
Gerissene Platten- und Kunststeinbeläge auf Massivtreppenstufen			•	

Geschossdecken und Fußböden	1890 bis 1920	1920 bis 1945	1945 bis 1965	1965 bis 1990
Fäulnisschäden am Auflager von Holzbalkendecken	•	•	•	
Risse und Abplatzungen am Deckenputz	•	•	•	
Durchgetretene, knarrende Holzdielen und Parkett mit großen Fugenbreiten	•	•		
Unzureichender Schallschutz bei Holzbalkendecken	•	•	•	
Unterdimensionierte Holzbalken mit Durchbiegungen			•	
Mangelhafte Trittschalldämmung durch Verbundestriche auf Massivdecken			•	
Wärmebrücken an auskragenden Betonplatten, Feuchteschäden und Schimmelpilzbefall				•
Auffrierende Fliesen- und Plattenbeläge auf Balkonen				•

Sanitär und Elektrik	1890 bis 1920	1920 bis 1945	1945 bis 1965	1965 bis 1990
Veraltete und ungenügende Ausstattung der Bäder und WCs	•	•	•	
Unterdimensionierte Wasser- und Entwässerungsleitungen	•	•	•	
Bleirohre	•	•		
Unmoderne Sanitärausstattungen				•
Warmwasserbereitung im Badezimmer über Kohleboiler (inzwischen ersetzt)			•	
Veraltete Warmwasserboiler				•
Fehlende Wohnungswasseruhren				•
Veraltete Elektroinstallation	•	•		
Fehlende Schutzleiter (FI-Schalter)	•	•	•	
Unterdimensionierter Elektro-Hausanschluss	•	•	•	
Erneuerungsbedürftige Elektroinstallation			•	

Heizung	1890 bis 1920	1920 bis 1945	1945 bis 1965	1965 bis 1990
Einzelofenheizung (i. d. R. bereits durch Zentralheizung ersetzt)	•	•	•	
Veraltete Zentralheizung ohne ausreichende Regelungsmöglichkeiten	•	•	•	•
Erneuerungsbedürftige Zentralheizung				•
Asbesthaltige Nachtspeicheröfen				•

Dach	1890 bis 1920	1920 bis 1945	1945 bis 1965	1965 bis 1990
Mangelnde Tragfähigkeit des Dachstuhls wegen zu gering dimensionierter Hölzer	•	•	•	
Fehlende Wärmedämmung des Dachstuhls	•	•	•	
Fehlende Wärmedämmung der Dachgeschossdecke	•	•	•	
Schädlingsbefall an den Holzteilen	•	•	•	
Baufällige Kaminköpfe und versottete Kamine	•	•	•	
Schadhafte Dacheindeckungen	•	•	•	
Schadhafte Dachrinnen, Fallrohre und Dachanschlüsse			•	
Undichte Flachdächer (poröse Dichtungsbahnen, undichte Anschlüsse)				•
Reparaturbedürftige Dachrinnen und Fallrohre				•
Unzureichende Wärmedämmung der Dachstühle und obersten Geschossdecken				•

Gepflegt oder instandsetzungsbedürftig?

Im Folgenden finden Sie zwei Checklisten, die Ihnen bei der Prüfung der Wohnung und des Gemeinschaftseigentums helfen sollen. Damit wird in erster Linie Ihr Blick auf mögliche Baumängel, Schäden und Defizite gelenkt, um späteren unliebsamen Überraschungen vorzubeugen. Ergänzen Sie, was Ihnen zusätzlich wichtig ist, und vermerken Sie auch besonders positive Eigenschaften und Qualitäten, die gegebenenfalls vorgefundene Mängel aufwiegen. Wenn Sie gravierende Mängel erkennen, dann sollten Sie eine weitere Begehung der Wohnung und des Gemeinschaftseigentums mit einem Bauberater (Architekt oder Bauingenieur, unabhängiger Bauberater) durchführen, um den Zustand der Wohnanlage und der Wohnung sicher beurteilen zu können.

Checklisten selbst ergänzen

Wenn möglich, sollten Sie den Energieausweis und die Baubeschreibung (auch eine ältere) bei Ihrer Beurteilung berücksichtigen.

Tipp

Trittschall und Schall durch dünne Wände am besten selbst testen.

Tipp

Fließgeräusche selbst testen, besonders im Schlafzimmer, wenn Badezimmer und Toiletten angrenzen.

Checkliste: Besichtigung der Wohnung

Achten Sie auf folgende Aspekte:

Wohnungstür

- [ ] Unzureichende Wärme- und Schalldämmung
- [ ] Veraltetes Schließsystem

Innenräume

- [ ] Dünne, schallübertragende Innenwände
- [ ] Lauter Trittschall aus dem darüber liegenden Geschoss
- [ ] Mangelhafter Schall- und Wärmeschutz durch dünne Trennwände zum Treppenhaus bzw. zu den benachbarten Wohnungen
- [ ] Laute Fließgeräusche im Schlaf- oder Wohnzimmer bei Nutzung der Wasser- und Abwasserleitungen

Innentüren

- [ ] Verzogene, schwergängige Innentüren mit defekten Schlössern und Türbeschlägen
- [ ] Fugen zwischen Türblatt und Fußboden
- [ ] Risse und Farbabplatzungen in alten Kassettentüren
- [ ] Keine Schlüssel vorhanden

Balkon/Terrasse

- [ ] Unzureichender Wasserabfluss von den Balkonen bzw. Terrassen
- [ ] Dunkle, feuchte Stellen an den Balkonwänden und den Übergängen Wand/Boden
- [ ] Betonabplatzungen bei den Balkonplatten
- [ ] Fehlende oder beschädigte Wärmedämmung und Feuchtigkeitssperren
- [ ] Gerissene Platten und Fugen

Kommunikationsanlagen

- [ ] Gegensprech-/Videoanlagen für Haustür
- [ ] Telefon-/Antennenanschluss

Fenster

- [ ] Starker Luftzug an der Laibung bei geschlossenem Fenster
- [ ] Feuchte oder schwarze Flecken an der Innenseite

- [ ] Abgeplatzte Anstriche
- [ ] Schwer öffnende und schließende Fenster und Türen
- [ ] Unzureichender Schallschutz

Fußböden

- [ ] Knarrende Holzdielen
- [ ] Lose Parkettstäbe
- [ ] Gerissene Fliesen, Plattenbeläge oder Fugen
- [ ] Fleckige, verschlissene Teppichböden
- [ ] Gebrochener Linoleum- oder PVC-Fußbodenbelag

Heizung/Warmwasserbereitung

- [ ] Veraltete Heizungsanlage
- [ ] Nachtspeicheröfen
- [ ] Ältere einzelne Elektro-Warmwasserboiler mit hohem Energieverbrauch
- [ ] Veraltete Heizungsregelung
- [ ] Fehlende Wasseruhren
- [ ] Fehlende bzw. veraltete Heizkörper- und Thermostatventile
- [ ] Schallübertragende Wasserarmaturen, -leitungen

Elektrik

- [ ] Veraltete Aufputzleitungen
- [ ] Locker sitzende Steckdosen
- [ ] Zu geringe Anzahl an Steckdosen

Badezimmer

- [ ] Verkalkte, tropfende, undichte Armaturen
- [ ] Gerissene Anschlussfugen zwischen Boden- und Wandfliesen
- [ ] Nicht schallgedämmte Armaturen und Leitungen
- [ ] Emaille-Abplatzungen in Dusche und Badewanne
- [ ] Schwarz verfärbte Fugen (Schimmelpilz)
- [ ] Fehlende oder defekte Lüftung im Badezimmer (Geruchsbildung bei unterschiedlichen Wetterlagen)

Tipp

Fragen Sie nach Art und Alter der Heizungsanlage, falls die Wohnung eine eigene Etagenheizung hat.

Checkliste: Besichtigung der Gemeinschaftsanlagen

Achten Sie auf folgende Aspekte:

Keller und Sockelbereich

- [ ] Feuchte Kelleraußen- und Kellerinnenwände
- [ ] Risse in den Kelleraußen- und -innenwänden
- [ ] Feuchte Kellerfußböden, Risse im Estrich
- [ ] Salzausblühungen (weiße Wattewölkchen) an den Wänden
- [ ] Lockere, sandige Mauerwerksfugen
- [ ] Schwamm- oder Pilzbefall, erkennbar an rostrotbraunen oder weißlichen, filzartigen Fruchtkörpern
- [ ] Zustand der Fenster und Türen
- [ ] Nicht abschließbare Kellertüren
- [ ] Nicht funktionierende Lichtschalter
- [ ] Nicht wärmegedämmte Heizungs- und Warmwasserleitungen
- [ ] Instabile Abtrennungen der Kellerabteile

Eingangsbereich und Treppenhaus

- [ ] Ungepflegte, nicht abschließbare Briefkastenanlage
- [ ] Funktionsuntüchtige Klingel- und Gegensprechanlage
- [ ] Verschmutzte, renovierungsbedürftige Wände
- [ ] Nicht funktionierende Lichtschalter
- [ ] Unzureichende Beleuchtung von Treppenhaus und Flur
- [ ] Nicht funktionierender Aufzug
- [ ] Fehlende Gegensprechanlage

Außenwände und Fassade

- [ ] Risse in der Fassade
- [ ] Putzabplatzungen
- [ ] Fehlende oder unzureichende Wärmedämmung
- [ ] Stehendes Wasser, feuchte Stellen auf den Balkonen wegen mangelhafter Abdichtung und unzureichendem Wasserabfluss
- [ ] Offen liegende, angerostete Bewehrung (Eisenstäbe) der Balkonplatten

Fenster, Haus- und Wohnungstüren

- [ ] Ältere Isolierverglasung (keine Wärmeschutzverglasung)
- [ ] Schwergängige Haus- und Wohnungstüren
- [ ] Ungepflegte Haus- und Wohnungstüren
- [ ] Veraltetes, unsicheres Schließsystem an den Außentüren
- [ ] Abgeplatzte Außenanstriche an den Fenstern

Dach

- [ ] Ungedämmtes Dach
- [ ] Einfach verglaste Dachfenster
- [ ] Versottete, geschwärzte Schornsteine
- [ ] Fraßspuren von Schädlingen im Dachstuhl
- [ ] Schadhaft wirkende, stellenweise undichte Dachdeckung
- [ ] Verstopfte oder leckende Dachrinnen und Fallrohre (soweit sichtbar)
- [ ] Fehlende oder schadhafte Wärmedämmung der Decken im Dachgeschoss
- [ ] Reparaturbedürftig wirkende Anschlüsse zwischen Dach und Schornstein, Ortgang und anderes

Hausinstallationen

- [ ] Geräuschvolle Abwasser-Steigleitungen
- [ ] Veraltete Elektroleitungen, auf Putz liegend
- [ ] Fehlende FI-Schutzschalter (Absicherung)
- [ ] Veraltete Wasserleitungen aus Blei

Heizung

- [ ] Veraltete Zentralheizung (fragen Sie nach dem Alter des Kessels und des Brenners)

Hof- und Gartenanlagen

- [ ] Ungepflegte Hof- und Gartenanlage

Die laufenden Nebenkosten – das Hausgeld

Bei der Ermittlung der finanziellen monatlichen Belastung dürfen Sie die laufenden Kosten der Hausgemeinschaft nicht vergessen. Diese werden als monatlich zu zahlendes Hausgeld auf die Wohnungseigentümer umgelegt. Sie sind höher als die Nebenkosten für eine Mietwohnung, da hier weitere Posten berücksichtigt werden: Zum Hausgeld werden die Betriebskosten, die bei Vermietung der Wohnung auf die Mieter umgelegt werden können, und die nicht umlagefähigen Verwaltungs- und Instandhaltungskosten gerechnet.

Höhe des Hausgelds abhängig von Alter und Größe der Wohnanlage

Die Höhe der Hausgeldzahlungen können Sie den letzten Jahresabrechnungen entnehmen. Auf die Höhe des Hausgelds wirken sich regionale Unterschiede, das Gebäudealter und die Größe der Wohnanlage aus. Am günstigsten sind Neubauten und Gebäude, die vor 1949 errichtet, aber seitdem gründlich modernisiert wurden, und kleine Wohnanlagen mit weniger als zehn Wohnungen.

Die Betriebskosten

In der »Verordnung über die Aufstellung von Betriebskosten« (kurz genannt: Betriebskostenverordnung) ist definiert und festgelegt, welche laufenden Ausgaben zu den Betriebskosten, auch Nebenkosten genannt, gehören. Sie dürfen auf die Mieter umgelegt werden, wenn dies im Mietvertrag entsprechend vereinbart ist. Kaufen Sie die Wohnung zur Selbstnutzung, müssen Sie diese Kosten natürlich selbst bezahlen. Zu den Betriebskosten gehören:

- Wasser und Abwasser
- Heizung und Warmwasser
- Strom für das Gemeinschaftseigentum
- Schornsteinfegergebühren
- Straßenreinigung
- Müllabfuhr
- Hausmeister/Hausmeister-Service

- Gartenpflege
- Winterdienst
- Hausreinigung
- Versicherungen wie Wohngebäudeversicherung, Feuerversicherungen, Leitungswasserschadenversicherung, Sturm- und Hagelversicherung, Haus- und Grundbesitzerhaftpflichtversicherung, Gewässerschadenhaftpflichtversicherungen, Glasversicherungen
- Antenne/Kabelfernsehen
- Aufzug
- Garagenkosten

Verwaltungs- und Instandhaltungskosten

Verwaltungs- und Instandhaltungskosten dürfen nicht auf die Mieter umgelegt werden. Hierzu gehören:

- Vergütung des Verwalters der Wohnungseigentümergemeinschaft
- Nebenkosten der Verwaltung wie Aufwandsentschädigung, Beirat, Versicherung der Beiräte
- Anwalts- und Gerichtskosten
- Vergütung für die Verwaltung von Garagen/Kfz-Abstellplätzen
- Kontoführungsgebühren
- Kosten von Reparaturen, Modernisierungen und Ähnlichem einschließlich der Planungshonorare
- Beitrag zur Instandhaltungsrücklage

Weitere Kosten für das Sondereigentum

Zusätzlich zum Hausgeld, also dem in der Regel monatlich zu zahlenden Beitrag für das Gemeinschaftseigentum, fallen für jeden Eigentümer weitere Ausgaben für das Sondereigentum an. Dazu zählen die Kosten für Strom, Telefon, Grundsteuer, unter anderem auch Erbbauzins oder Erbpacht. Bei wohnungsweiser Beheizung und Warmwasserbereitung (zum Beispiel über eine Etagenheizung) werden diese Kosten direkt mit dem Eigentümer abgerechnet. Hier ergibt sich also kein Unterschied zum Wohnen als Mieter.

Die Wohnungseigentümergemeinschaft

Sie treten mit dem Kauf einer gebrauchten Eigentumswohnung in eine Eigentümergemeinschaft ein, die vielleicht schon seit Jahrzehnten aufeinander eingespielt ist. Deshalb sollten Sie sich gründlich über die Gemeinschaft, deren geschriebene und ungeschriebene »Spielregeln« und den Umgang Ihrer künftigen Miteigentümer untereinander informieren. Ein Rundgang durch die Anlage und das Treppenhaus vermittelt bereits erste Eindrücke bezüglich der Pflege und Instandhaltung der Anlage.

Viel Geld wert: die richtigen Informationen

Um möglichst viel zu erfahren, können Sie Ihren Vertragspartner, den Verwalter und, falls möglich, auch andere Miteigentümer befragen:

Gab es häufiger Konflikte? Wie steht es mit dem Parken von Pkw und mit der Nutzung von Gemeinschaftsflächen? Dürfen Fahrräder und Kinderwagen im Haus abgestellt werden? Sind einzelne Wohnungseigentümer im Zahlungsverzug, haben sie Schulden bei der Eigentümergemeinschaft? Werden Wohnungen zwangsversteigert? Stehen Wohnungen leer? Werden Wohnungen als Ferienwohnungen genutzt? Wie hoch ist der Anteil der Selbstnutzer im Vergleich zu den vermieteten Wohnungen? Wohnen die meisten Vermieter in der Region oder im gesamten Bundesgebiet verstreut? Ist unter den Miteigentümern vielleicht ein notorischer Störenfried oder ein Querulant? Gibt es Probleme mit dem Verwalter? Ist der Verwalter engagiert oder wird sogar gegen ihn – wenn ja, aus welchen Gründen? – prozessiert? Sind die anderen Miteigentümer darum bemüht, die Anlage zu pflegen und auch entsprechend zu investieren? Stehen größere Investitionen an?

Achten Sie auch darauf, ob die in der Teilungserklärung getroffenen Zuordnungen von Nebenräumen, wie zum Beispiel Keller, und von Sondernutzungsrechten entsprechend praktiziert werden. So kann es sein, dass sich die Miteigentümer über Jahre hinweg nicht an die Zuordnung der einzelnen Parkplätze gemäß Teilungserklärung gehalten, sondern diese abweichend davon genutzt haben. Nun tritt ein neuer Eigentümer hinzu, der ein Sondernutzungsrecht an einem bestimmten Stellplatz mitgekauft hat. Sein rechtlich legitimer Wunsch, die ihm zugeordnete Fläche auch tatsächlich zu nutzen, führt im Handumdrehen zum schönsten Streit in der Gemeinschaft, weil natürlich keiner der anderen Eigentümer seinen lieb gewonnenen, aber falschen Platz räumen möchte. Ehe Sie sich versehen, sind Sie zwar im Recht, aber gleichzeitig im Abseits.

Erwerb einer Neubau-Eigentumswohnung

Kaufen in der Planung

Projektierte Wohnungen, die noch nicht errichtet sind, müssen anhand der Grundrisse, der Baubeschreibung und des Aufteilungsplans beurteilt werden. In diesem Fall können Sie in der Regel noch Einfluss auf die Raumplanung nehmen und unter anderem nicht tragende Wände versetzen lassen. Auch die Wohnungsausstattung kann meistens noch verändert werden, teilweise gegen Aufpreis. Individuelle Wünsche bezüglich der Badezimmerausstattung, der Heizkörper, Schalterpläne, Zimmertüren etc. werden ebenfalls oft noch vom Bauträger ausgeführt. Unter anderem können Sie noch über die Zuweisung von Sondernutzungsflächen und -räumen wie Keller oder Terrassen verhandeln.

Erstbezug nach individuellen Wünschen

Aktuellen Bauzustand mit Baubeschreibung vergleichen

Befindet sich die Wohnung noch im Bau, sollten Sie den aktuellen Bauzustand (Rohbau, Innenausbau) eingehend auf Mängel prüfen und mit der Baubeschreibung vergleichen. Abweichungen zu Ihren Ungunsten sollten Sie unbedingt reklamieren. Die Kosten für Änderungswünsche sollten Sie ebenfalls vor Abschluss des Kaufvertrags aushandeln. Zu diesem Zeitpunkt haben Sie bessere Verhandlungschancen, nach Vertragsabschluss werden Sie meistens die genannten Baupreise akzeptieren müssen.

Tipp

Ist die Wohnung bezugsfertig, messen Sie die Grundfläche aus und vergleichen Sie die Quadratmeter mit den Angaben in den Planungsunterlagen.

Bereits fertiggestellte Wohnungen können Sie besichtigen, eventuell noch Änderungswünsche umsetzen lassen. In jedem Fall sollten Sie die Wohnung mit der Ihnen vorgelegten Baubeschreibung, den Plänen und der Teilungserklärung abgleichen und Abweichungen zu Ihren Ungunsten in die Kaufverhandlungen einbringen. Klären Sie, ob alle Sondernutzungsflächen und -räume bereits vergeben sind.

Allgemeine Hinweise zum Kauf einer Neubau-Eigentumswohnung finden Sie auf Seite 45 f. Checklisten zur Beurteilung der Pläne sind ab Seite 144 aufgeführt.

Alle wichtigen Unterlagen auf einen Blick

Vor dem Kauf einer neu errichteten Eigentumswohnung sollten Ihnen zur Überprüfung folgende Unterlagen vorliegen:

- der Kaufvertrag,
- die Baubeschreibung,
- die Teilungserklärung (und Aufteilungsplan) mit der Gemeinschaftsordnung,
- die Abgeschlossenheitsbescheinigung,
- das Grundbuchblatt,
- der Energiebedarfsausweis und das Protokoll des Blower-Door-Tests (Luftdichtheitstest), falls durchgeführt,
- das Abnahmeprotokoll für das Gemeinschaftseigentum (wenn die Abnahme bereits durchgeführt ist).

Fragen Sie gezielt nach vom Bauträger bereits abgeschlossenen langjährigen Nebenverträgen für die Aufzugswartung, einem Energiecontracting, Fernwärme, Kabelfernsehen oder Versicherungen und deren Bedingungen bzw. Kosten. An diese Verträge wird die Eigentümergemeinschaft gebunden sein! Wenn bereits ein Verwalter bestellt ist, lassen Sie sich den Verwaltervertrag vorlegen. Hier ist zu prüfen, wie eng die Ver-waltung an den Bauträger gebunden ist und ob bzw. in welchem Umfang sie sich für eine mögliche Mängelbeseitigung durch den Bauträger einsetzen kann und wird.

Prüfung der Baubeschreibung

Grundlage der baulichen Qualitätsprüfung bei Neubauten ist die Baubeschreibung. So prüfen Sie diese:

Vollständigkeit. Prüfen Sie, ob alle Leistungen in der Baubeschreibung enthalten sind und welche Leistungen unter anderem fehlen.

Leistungsumfang. Prüfen Sie, ob alle erforderlichen und gewünschten Leistungen zur Fertigstellung des Gebäudes und der Wohnung in der Baubeschreibung aufgeführt werden. Ist zum Beispiel die Fertigstellung der Außenanlagen im Preis enthalten?

Ziehen Sie die Checkliste zurate. Prüfen Sie anhand der Checkliste (→ Seite 144 ff.), welche Angaben in der Baubeschreibung mangelhaft sind.

Lassen Sie sich fehlende Unterlagen vor dem Vertragsschluss übersenden. Ziehen Sie gegebenenfalls auch andere Unterlagen zurate, die für die Ermittlung des Leistungsumfangs erforderlich sein oder Angaben zur Bauqualität enthalten können wie zum Beispiel der Energiebedarfsausweis oder Wohnflächenberechnungen und Grundrisse.

Fehlen Angaben, dann lassen Sie diese schriftlich als Anlage zum Kaufvertrag ergänzen. Ebenso sollten Sie Ihre Änderungswünsche dort schriftlich fixieren (→ Seite 192 ff.).

Ermitteln Sie die zusätzlichen Kosten bei Eigenleistungen. Holen Sie Angebote für die Leistungen ein, die im Festpreis nicht enthalten sind, zum Beispiel für Bodenbeläge, die Sie selbst verlegen wollen, für Fliesen oder Malerarbeiten. Lohnen sich Eigenleistungen?

Lassen Sie die Qualität der Bauleistungen durch Experten prüfen. Wenn die Unterlagen und Daten vollständig zusammengestellt sind, sollten diese von einem fachkundigen Architekten oder Bauingenieur geprüft werden. Die Fachleute können Ihnen sagen,

- ob wichtige Leistungen fehlen und damit weitere Kosten zu erwarten sind,
- wie die Energieeffizienz des Wohnhauses sein wird, wie gut der Schallschutz sein wird,
- ob der Feuchteschutz (Kellerabdichtung etc.) optimal ausgelegt ist,
- welcher Qualität die Ausstattungsmaterialien entsprechen.

Sonderausstattungen

Der Festpreis enthält in der Regel nur die Grund- oder Standardausstattung der Wohnung. Alternativ können Sie qualitativ höherwertige Produkte wählen, die dann entsprechend teurer werden.

Sind Eigenleistungen sinnvoll?

Manchmal können Sie auch Eigenleistungen einbringen, zum Beispiel Maler- oder Fliesenarbeiten, Bodenbeläge. Diese Leistungen sollten dann vom Festpreis abgezogen werden; klären Sie vor Vertragsabschluss mit dem Verkäufer, ob und in welchem Umfang dies geschieht. Prüfen Sie nach, ob sich solche Eigenleistungen wirklich lohnen. Der Bauträger kauft das Material in großen Mengen kostengünstiger ein als Sie im Bau- oder Fachmarkt und auch die Arbeitsleistungen werden Handwerker für eine größere Wohnanlage en gros kostengünstig und weit schneller erbringen als Sie das bewerkstelligen können. Deshalb sollten Sie Preisvergleiche bei den Ausstattungsmaterialien durchführen und sich Angebote von Handwerkern für die Ausführung einholen, ehe Sie Leistungen herausstreichen und selbst erbringen wollen.

Tipp

Legen Sie die Innenausstattung vor Vertragsabschluss fest und ändern Sie diese danach auch nicht mehr. Änderungen sind in der Regel teurer. Zur Umsetzung Ihrer nachträglichen Sonderwünsche ist der Verkäufer nur dann verpflichtet, wenn dies vertraglich vereinbart war.

Überprüfung von Bau- und Leistungsbeschreibungen von Eigentumswohnungen

Der Teufel steckt gerade bei Baubeschreibungen im Detail. Deshalb sollten Sie zur ersten Prüfung der Ihnen vorliegenden Baubeschreibung die folgende Checkliste hinzuziehen. Die Checkliste ist ein Leitfaden, sie erhebt keinen Anspruch auf Vollständigkeit. Unter anderem müssen Sie weitere Angaben ergänzen. Zur Bewertung der Angaben sollten Sie einen fachkundigen Bauberater hinzuziehen.

Tipp

Wenn Sie es ganz genau wissen wollen, sollten Sie die Muster-Baubeschreibung der Verbraucherzentralen zurate ziehen. Diese bezieht sich zwar auf Einfamilienhäuser, ist aber in vielen Punkten übertragbar.

Allgemeine Gebäudeangaben

Baulicher Wärmeschutz und Energiebedarf

- Energiebedarfsausweis
- Jahres-Primärenergiebedarf in kWh/(m²a) nach EnEV (zulässiger Höchstwert und berechneter Wert)
- U-Werte (Wärmedurchgangskoeffizient in W/m²K) für die Außenbauteile Bodenplatte, Dach, Außenwand, Fenster, Decke unter nicht ausgebautem Dach
- Wärmeleitgruppe WLG bei den Wärmedämmstoffen oder Außenwandmaterialien, wenn keine zusätzliche Wärmedämmung angebracht ist
- Luftdichtigkeitsmessung (Blower-Door-Test)

Schallschutz (Angaben nach DIN 4109, für erhöhten Schallschutz nach DIN 4109, Beiblatt 2)

- Erforderliches Gesamt-Schalldämmmaß aller Außenbauteile (anzugeben in erf. R'w,res; nach DIN 4109 für Wohnstraße mind. 30 dB, für Hauptverkehrsstraße mind. 50 dB)
- Schalldämmmaß für Wohnungstrennwände in Mehrfamilienhäusern, anzugeben in R'w (nach DIN 4109 Mindestanforderung 53 dB, erhöhter Schallschutz ab 55 dB)
- Trittschallschutz von Treppen in Mehrfamilienhäusern, anzugeben in L'n,w (mindestens 46 dB, erhöhter Schallschutz mindestens 58 dB)

Feuchteschutz

- Darstellung der Abdichtung von Keller, Bodenplatte, Sockelbereich und Drainage (horizontale und vertikale Abdichtung, Ausführung bei drückendem Wasser – gegebenenfalls Darstellung bei den betreffenden Bauteilen)

Einzelne Gebäudeangaben

Gründung/Bodenplatte

- Verlegung der Entwässerungsgrundleitungen
- Konstruktion (zum Beispiel Sauberkeitsschicht, Abdichtungsfolie, gegebenenfalls Wärmedämmung unter der Bodenplatte, gegebenenfalls Streifenfundamente, (un)bewehrte Bodenplatte,

waagerechte/senkrechte Abdichtung der Bodenplatte, Wärmedämmung auf der Bodenplatte)
- Materialien (Bezeichnung, Dicke bzw. Anzahl der Lagen, Betonfestigkeitsklasse, WLG der Wärmedämmstoffe)
- Fundamenterder
- Drainage (empfehlenswert), Revisionsschacht

Außenwände Keller/Sockelbereich
- Konstruktion/Wandaufbau (zum Beispiel Mauerwerk, vorgefertigte Betonteile, Wärmedämmung, Innenputz aus ...), Gesamtdicke
- Materialien (Bezeichnung, Dicke, Wärmeleitgruppe WLG des Wärmedämmstoffs)
- Konstruktion der Abdichtung/Materialien (zum Beispiel gegen nicht drückendes Wasser oder gegen drückendes Wasser als weiße oder schwarze Wanne)
- Lichtschächte (Anzahl, Größe)

Kellerdecke
- Konstruktion/Materialien (schematische Darstellung)
- Wärmedämmung der Kellerdecke (Dicke und Wärmeleitgruppe des Wärmedämmstoffs)
- Oberflächengestaltung der Deckenunterseite, Materialien, Art (zum Beispiel Putz, gestrichen)

Kellerfenster (Angaben → Fenster)
Kelleraußentüren (Angaben → Außentüren)
Kellerinnenwände (Angaben → Innenwände)
Kellerinnentüren (Angaben → Innentüren)
Kellertreppe (Angaben → Innentreppen)

Gegebenenfalls Tiefgarage
- Angaben zum Brandschutz und zur Vermeidung von Rauchgasen

Außenwände
- Konstruktion/Wandaufbau (Kalksandstein-Mauerwerk mit Wärmedämmverbundsystem, Außenverkleidung bzw. Außenputz aus ... , Innenputz bzw. Innenverkleidung aus ...), Gesamtstärke
- Materialien (Bezeichnung, Dicke, Wärmeleitgruppe WLG der Wärmedämmstoffe)

Fenster, auch Dachflächenfenster

- Material, Farbe, Größe
- Oberflächenbehandlung (zum Beispiel gestrichen, lasiert, lackiert, farbbeschichtet)
- Öffnungsrichtung und -art (zum Beispiel Dreh-/Kippflügel, feststehende Elemente)
- Sicherheitsanforderungen (einbruchhemmend, Widerstandsklasse)
- Sonderverglasungen (zum Beispiel Schallschutzglas, Sicherheits-Isolierglas, Sonnenschutzglas)
- Zubehör (zum Beispiel Rollläden, Klappläden, Sonnenschutz)
- Montageverfahren (Material für Fugenfüllung, Blendrahmenbefestigung)
- Fenstergriffe (zum Beispiel abschließbar)
- Fensterbänke, innen und außen

Außentüren

- Material, Farbe (zum Beispiel Holz, Kunststoff, Aluminium thermisch getrennt, Stahl, Iso-Glas)
- Oberflächenbehandlung (zum Beispiel lasiert, lackiert, eloxiert)
- Schalldämmmaß R'w
- Einbruchschutz, Widerstandsklasse (EF)
- Verglasung (s. Fenster)
- Drückergarnitur (Türgriff)
- Schließanlage
- gegebenenfalls Vordach

Wohnungstrennwände

- Konstruktion/Wandaufbau (zum Beispiel tragende/nichttragende Innenwände aus/in Kalksandstein-Mauerwerk, Ziegelmauerwerk, Porenbetonmauerwerk, Beton), Gesamtdicke
- Materialien (Bezeichnung, Schichtstärken]
- Oberflächengestaltung (zum Beispiel Putz, Tapeten, Fliesen), Flächenangaben

Geschossdecken

- Konstruktion/Materialien (schematische Darstellung)
- Wärmedämmung der Decke, falls erforderlich (Dicke und Wärmeleitgruppe des Wärmedämmstoffs)

- Schallschutz (Trittschall- oder Luftschall-Dämmmaß)
- Oberflächengestaltung der Deckenunterseite, Materialien, Art (zum Beispiel Putz, tapeziert, gestrichen) in Gemeinschaftsräumen

Außentreppen
- Materialien/Konstruktion
- Belag
- Geländer
- Entwässerung (bei Kelleraußentreppe)

Innentreppen (im Treppenhaus)
- Konstruktion/Material
- Belag, Oberflächengestaltung
- Geländer

Balkone, Terrassen
- Konstruktion/Material
- Bodenbelag
- Brüstung

Dach
- Dachkonstruktion/Material (zum Beispiel Pfetten-, Sparrendach oder Binderdach aus Holz, Pultdach aus Beton- oder Ziegelfertigteilen, Flachdach etc.), Dachneigung, Dachüberstand
- Dachaufbau (schematische Darstellung wie zum Beispiel Dacheindeckung, Lattung, Konterlattung, Unterspannbahn oder Holzfaserdämmplatte, Zwischen-, Unter- oder Aufsparren-Wärmedämmung, Dampfsperre, Innenraumverkleidung), Gesamtdicke
- Materialien (Bezeichnung, Dicke, Wärmeleitgruppe WLG der Wärmedämmstoffe), Holzschutz
- Dachentwässerung und -anschlüsse (Material von Dachrinnen, -fallrohren, Kehlen und Ortgang zum Beispiel aus Kunststoff, Zink, Kupfer)
- Dachgauben (Form und Anzahl)
- Dachzubehör (zum Beispiel Schneefanggitter, Sicherheitstritt, Sicherheits-Laufrost, Blitzableiter)

Haustechnik

Zentrale Wärmeerzeugung

- Brennstoffe, Energieträger (zum Beispiel Gas, Heizöl, Strom, Flüssiggas, Holz, regenerative Energien)
- Brennstofflager (Ort, Tankmaterial und -größe)
- Heizsystem/-kessel, Therme (zum Beispiel Fernwärme, Niedertemperaturkessel, Brennwerttherme), Hersteller
- gegebenenfalls Wärmepumpe (Art und technische Ausführung, zum Beispiel Luft/Wasser-Wärmepumpe, Luft/Luft-Wärmepumpe, Wasser/Wasser-Wärmepumpe, Sole/Wasser-Wärmepumpe)
- gegebenenfalls Solaranlage (Art und technische Ausführung, zum Beispiel Flachkollektoren, Röhrenkollektoren, Solarspeicher, bivalenter Solarspeicher, Wirkungsgrad, Kollektorenfläche in m^2, Speicherangaben)
- Aufstellraum
- Abgasleitung/Schornstein (Material, Anzahl der Züge, Abmessungen)
- Rohrleitungen (Material, Wärmedämmung, Verlegeart, Anstrich)
- Heizkreise (Anzahl)
- Regelung der Heizungsanlage (zum Beispiel abhängig von der Außentemperatur)
- (→ auch Wohnungsausstattung, Wärmeverteilung Seite 151)

Warmwasserbereitung

- Versorgung (zentral/dezentral)
- System/Speicher (Durchlauferhitzer, Ladespeicher, Zirkulationsleitung, Elektrospeicher), Speicherinhalt
- Material und Ausführung der Rohrleitungen (zum Beispiel Kupfer, Kunststoff, Edelstahl)

Sanitäranlage

- Hausanschluss (Art, Hersteller)
- Anschlüsse (Kalt-/Warmwasserzapfstellen für Waschraum, Garten etc.) und Abläufe, Fußbodenabläufe
- spezielle Einrichtungen (zum Beispiel Feinfilter, Druckminderer/Druckerhöhung, Zirkulationsleitung)
- Material der Warm- und Kaltwasserleitungen, Abflussrohre (zum Beispiel verzinkte Stahlrohre, Kupferrohre, schallgedämmte Kunststoffrohre, Edelstahlrohre, Gussrohre)

- Verlegeart der Wasserleitungen (unter Putz, auf Putz, im Fußboden)

Elektroinstallation

- Absicherung in Ampere
- Hauptleitung vom Hausanschluss zum Verteilerschrank, Verteilerschrank (Zählerfelder, Aufstellort)
- Stromkreise (Anzahl der Gerätestromkreise, Steckdosenstromkreise, Drehstromkreise), Anschlüsse (Anzahl für Geräte, Außenanlage)
- Schutzsysteme (zum Beispiel FI-Schalter)
- Steckdosen, Lichtauslässe, Schalter (Ausstattung für Gemeinschaftseinrichtungen)
- Schalterprogramm (Hersteller, Serie, Farbe, Minder- und Mehrkosten)
- BUS-System (zum Beispiel vorbereitende Leerrohre)
- gegebenenfalls Fotovoltaikanlage (Technik, Leistung, Fläche)
- Gefahrenmeldeanlage, zum Beispiel Brandmeldeanlage oder Einbruchmeldeanlage (Art und Umfang sowie technische Beschreibung)

Kommunikationsanlagen

- Gemeinschafts-Antennenanlage, Kabelanschluss
- Klingelanlage, Gegensprechanlage, Videoanlage (Art, technische Beschreibung)

Aufzug

- Art, technische Beschreibung

Außenanlagen

- Carports/Garagen/Tiefgaragenplätze
- Gartenflächen (Bodenarbeiten, Bepflanzungen)
- Wege, Terrassen, Zäune, Hecken, Mauern, PKW-Zufahrt
- Antrittspodest Hauseingang, Abtretroste
- Außenbeleuchtung mit Bewegungsmelder

Die Wohnungsausstattung

Wohn- und Nutzflächenberechnung

- Nutzfläche nach DIN 277/Teil 1 in m^2 oder Wohnfläche nach Wohnflächenverordnung in m^2
- gegebenenfalls umbauter Raum nach DIN 277 in m^3

Wohnungseingangstür

- Material, Farbe
  (zum Beispiel Holz, Kunststoff, Aluminium thermisch getrennt, Stahl, Iso-Glas)
- Oberflächenbehandlung
  (zum Beispiel lasiert, lackiert, eloxiert)
- Schalldämmmaß R'w
- Einbruchschutz, Widerstandsklasse (EF)
- Drückergarnitur (Türgriff)

Innenwände

- Konstruktion/Wandaufbau (zum Beispiel tragende/nichttragende Innenwände aus/in Kalksandstein-Mauerwerk, Ziegelmauerwerk, Porenbetonmauerwerk, Holztafelbauweise, Holzrahmenbauweise, Beton) Gesamtdicke
- Materialien (Bezeichnung, Schichtstärken)
- Oberflächengestaltung je Raum (zum Beispiel Putz , Tapeten, Fliesen), Preise, Flächenangaben

Innentüren

- Material/Konstruktion
  (zum Beispiel Massivholz, Furnier, Wabentüren)
- Farbe, Oberflächenbehandlung
- Drückergarnituren

Zimmerdecken

- Oberflächengestaltung der Deckenunterseite, Materialien, Art (zum Beispiel Putz, tapeziert, gestrichen)

Fußböden (Angaben bezogen auf die einzelnen Räume)

- Trittschalldämmung (gegebenenfalls Wärmedämmung), Material
- Estrich (Material, Art der Verlegung – zum Beispiel schwimmender Zementestrich auf allen Geschossen)

- Bodenbelag (zum Beispiel Teppichboden, Parkett, Laminat, Fliesen – Hersteller, Bezeichnung, Dicke, Materialpreis, Material, Art der Verlegung, bei Verklebung der Klebertyp, Sockelleisten)

Innentreppen

- Konstruktion/Material (auch Einschubtreppe, Raumspartreppe)
- Belag, Oberflächengestaltung
- Geländer

Wärmeerzeugung durch eigene Etagenheizung

- (sonst ⇢ Zentrale Wärmeerzeugung, nachfolgend)
- Brennstoffe, Energieträger (zum Beispiel Gas)
- Heizsystem/-therme (zum Beispiel Niedertemperatur-, Brennwerttherme), Hersteller
- Aufstellraum (zum Beispiel Bad, Küche)
- Abgasleitung/Schornstein (Material, Anzahl der Züge, Abmessungen)
- Rohrleitungen (Material, Wärmedämmung, Verlegeart, Anstrich)
- Heizkreise (Anzahl)
- Regelung der Heizungsanlage (zum Beispiel abhängig von der Außentemperatur, raumtemperaturgesteuert)

Wärmeverteilung/-abgabe bei zentraler Wärmeerzeugung

- Heizflächen (zum Beispiel Radiatoren, Flachheizkörper, Konvektoren, Fußbodenheizung, Handtuchheizkörper), Standorte
- Regelung der Heizungsanlage (raumtemperaturgesteuert)
- Regelung der Raumtemperatur (Thermostatventile, Sonstiges)

Sanitäranlage

- Anschlüsse (Kalt-/Warmwasserzapfstellen, auch für Waschmaschine, Geschirrspülmaschine etc.) und Abläufe, Fußbodenabläufe
- Installation (zum Beispiel Vorwand- oder Sockelinstallation, schallentkoppelte Leitungsbefestigung und -verlegung)
- Verlegeart der Wasserleitungen (unter Putz, auf Putz, im Fußboden)

Sanitärobjekte und Armaturen

- Ausstattung je Raum (Waschtische, Bade- und Duschwanne, Wannen- und Duschverkleidung, Waschtisch, Badewannen, Duschbatterien, WC-Anlage, WC-Montageart, Bidet, Bidet-Montageart, gegebenenfalls Preise)
- Qualitäten (Hersteller, Modell/Serie, Farbe, Abmessungen, gegebenenfalls Preise)

Elektroinstallation in der Wohnung

- Wohnungsverteilerkasten (Zählerfelder, Aufstellort)
- Stromkreise (Anzahl der Gerätestromkreise, Steckdosenstromkreise, Drehstromkreise), Anschlüsse (Anzahl für Geräte)
- Schutzsysteme (zum Beispiel FI-Schalter)
- Steckdosen, Lichtauslässe, Schalter (Ausstattung der einzelnen Räume), Minder- und Mehrkosten
- Schalterprogramm (Hersteller, Serie, Farbe, Minder- oder Mehrkosten)
- gegebenenfalls Abluft-Dunstabzugshaube in der Küche

Kommunikationsanlagen

- Fernmeldeanlage (analog, ISDN, DSL), Lage und Anzahl der Anschlussdosen, Leerrohrsystem
- Antennenanlage, Kabelanschluss (Anzahl der Anschlussdosen)

Wohnflächenangaben: Wohn- oder Nutzflächen?

Für Eigentumswohnungen sollen detaillierte Flächenangaben vorliegen und die Berechnungsgrundlage genannt sein. Flächenangaben sind auch für einen Kostenvergleich wichtig, denn einerseits ist der Preis je Quadratmeter Wohnfläche ein wichtiges Kriterium für die Beurteilung des Kaufpreises und andererseits sind die Kosten pro Quadratmeter Wohnfläche ein wichtiger Anhaltspunkt zur Beurteilung der Betriebs-, Verwaltungs- und Instandsetzungskosten.

Mitte 2007 waren bei Neubauwohnungen folgende Regelungen zur Wohnflächenberechnung üblich:

- Die Wohnflächenverordnung (WoFlV) vom 25.11.2003, die die Berechnung nach der II. Berechnungsverordnung abgelöst hat, und
- die Norm DIN 277 »Grundflächen und Rauminhalte von Bauwerken im Hochbau«.

Achtung!

Die Preise von Wohnungen in verschiedenen Häusern sind nur miteinander vergleichbar, wenn sie einheitlich nach der DIN 277 oder einheitlich nach der Wohnflächenverordnung berechnet sind.

Öffentlich geförderte Wohnungen oder Eigenheime müssen nach der Wohnflächenverordnung gerechnet werden. Beim frei finanzierten Wohnungsbau kann die Wohnfläche auch nach der DIN 277 berechnet werden. Es werden in der DIN 277 allerdings keine Wohnflächen ermittelt, sondern die Nutz- und Verkehrsflächen einer Wohnung.

Flächenberechnung nach unterschiedlichen Kriterien

Die Wohnflächenberechnung und die Nutzflächenberechnung basieren auf der Grundfläche, die in einem ersten Arbeitsschritt ermittelt wird. Diese Grundfläche wird nach der DIN 277 in Nutz-, Verkehrs- oder Funktionsflächen aufgeteilt. Nach der Wohnflächenverordnung werden dagegen die Grundflächen – insbesondere die Grundflächen der Balkone und Terrassen – hinsichtlich ihrer Wohnnutzung bewertet. Zum Vergleich: Die Balkon-Grundflächen werden nach der DIN 277 zu 100 Prozent in die Nutzfläche eingerechnet, während sie nach der WoFlV in der Regel zu einem Viertel, höchstens jedoch bis zur Hälfte als Wohnfläche Berücksichtigung finden. Unterschiedliche Zuordnungen bzw. Bewertungen gibt es auch hinsichtlich der Flächen unter Dachschrägen und der Vorratsräume im Kellergeschoss. In den Berechnungen nach DIN 277 müssen außerdem folgende Nutzflächen separat ausgewiesen werden: Terrassen, Loggien, Balkone und Dachgärten; außerdem Grundflächen unter Dachschrägen unter 1,5 Meter.

Die Berechnungsarten können für dieselbe Eigentumswohnung einen Unterschied von mehreren Quadratmetern ergeben. Also Vorsicht beim Vergleich von Flächenangaben unterschiedlicher Berechnungsarten.

Tipp

Kommt Ihnen die Wohnung nach der Fertigstellung erheblich kleiner vor als nach den Plänen, dann messen Sie die Wohnfläche nach – lassen Sie dies gegebenenfalls durch einen Bauberater (→ Verbraucherzentralen oder wohnen im eigentum e.V., Seite 230) durchführen. Verschiedene Flächenberechnungsrechner finden Sie auch im Internet.

Faustregel: Die Wohnflächenangaben sind in der Regel kleinere Werte als die Nutzflächenangaben, diese wiederum kleiner als die Grundflächenangaben. Diese Regel gilt besonders für das Dachgeschoss mit Schrägen und für Wohnungen mit Terrassen und Balkonen. Nach der Wohnflächenverordnung ist die Berechnung auch auf der Grundlage von Bauzeichnungen möglich. Wird nachher anders gebaut, muss nachgemessen werden.

Eine gewisse Abweichung müssen Sie sicher hinnehmen. Ist die Differenz zwischen den Bauplänen und der Berechnung nach Fertigstellung größer als 10 Prozent, sollten Sie über den Kaufpreis auf jeden Fall nachverhandeln, am besten unter Hinzuziehung eines fachkundigen Bauberaters und Rechtsberaters.

Die Wohnungseigentümergemeinschaft

Beim Erwerb einer projektierten oder neu fertiggestellten Wohnung können Sie meist nur wenig über die künftige Eigentümergemeinschaft erfahren, weil sie sich ja erst nach und nach mit dem Verkauf der einzelnen Wohnungen zusammenfügt. Allenfalls können Sie sich einen ersten Eindruck vom Verwalter machen, wenn dieser bereits bestellt wurde. Es kann also noch keine Erfahrungen im Umgang miteinander oder mit den finanziellen Aspekten einer Wohnungseigentümergemeinschaft geben.

Gemeinsamer Ärger kann verbindend wirken

Auf die Zusammensetzung dieser neuen Gemeinschaft haben Sie natürlich keinen Einfluss. Manchmal wachsen aber gerade durch den gemeinsamen Ärger während oder nach der Bauphase verschworene Gemeinschaften: Ein grober Baumangel kombiniert mit einem uneinsichtigen Bauträger oder Verwalter hat schon manche Miteigentümer zur Schicksalsgemeinschaft zusammengeschweißt.

Termin beim Notar

Von Amts wegen dabei

Ohne den Notar geht beim Kauf einer Eigentumswohnung – anders als bei einer Zwangsversteigerung – nichts. Denn das Gesetz schreibt für den Kauf einer Immobilie die notarielle Beurkundung vor. Dennoch ist den Vertragsbeteiligten oftmals unklar, welche Aufgaben der Notar hat, wozu die Beurkundung dient und wie sie abläuft. Sie als Kaufinteressent einer Eigentumswohnung sollten sich dabei insbesondere bewusst machen, dass die notarielle Beurkundung eines Vertrags Ihrem Schutz dient und der Notar Ihnen gegenüber Verpflichtungen hat, die Sie auch einfordern können.

Funktion und Aufgaben des Notars

Unbedingte Unparteilichkeit

Der Notar ist hoheitlich tätig. Das heißt, er hat eine ähnliche Stellung wie ein Beamter oder eine Behörde. Diese amtliche Funktion können Sie schon daran erkennen, dass jeder Notar das jeweilige Landeswappen auf seinem Kanzleischild führt und auch seine Urkunden damit versieht. Daher ist er nicht der Vertreter der einen oder anderen Vertragspartei. Vielmehr ist Neutralität für ihn oberstes Gebot! Er ist verpflichtet, die Fragen zu beantworten, die vor, während und nach einer Beurkundung aufkommen, solange dies nicht einer anwaltlichen, also parteilichen Beratung gleichkommt. Der Notar führt aufgrund seiner Rechtskenntnisse und seiner Berufserfahrung die Vertragsparteien also durch den Dschungel der Paragrafen.

Die Aufgaben des Notars bei der Beurkundung eines Vertrags dienen insbesondere dem Schutz der Beteiligten: Er muss den für die Gestaltung und den Abschluss des Vertrags maßgeblichen Sachverhalt erforschen und klären, was die Vertragspartner tatsächlich wollen. Darüber hinaus ist der Notar dazu verpflichtet, die Parteien auf die verschiedenen Gestaltungsmöglichkeiten des Vertrags hinzuweisen und sie über die rechtliche – nicht aber die wirtschaftliche! – Tragweite des Geschäfts zu belehren. Schließlich muss der Notar die von den Parteien getroffenen Absprachen vollständig, eindeutig und juristisch korrekt im Kaufvertrag niederlegen.

Genaue Informationen nötig

Um diese Verpflichtungen erfüllen und auf eine sachgerechte Vertragsgestaltung hinwirken zu können, benötigt der Notar von den Beteiligten umfassende Angaben zum Kaufobjekt nebst den dazugehörigen Grundbuchdaten, zum Kaufpreis und zum Zeitpunkt der Übergabe sowie zu allen sonstigen Absprachen. Von Bedeutung ist dabei auch, ob der Kaufpreis ganz oder teilweise durch Darlehen gezahlt werden soll.

Zur Aufklärung des Sachverhalts gehört, dass der Notar das Grundbuch, in dem die Immobilie verzeichnet ist, einsieht und prüft, ob der Verkäufer deren Eigentümer ist und ob Rechte Dritter daran bestehen. Es mag Sie verwundern: Wenn mehrere Personen gemeinsam eine Wohnung kaufen, spricht der Notar vielleicht auch deren Beziehung untereinander an und das ist durchaus sinnvoll. Denn man sollte bereits frühzeitig darüber nachdenken, was zum Beispiel im Falle einer Trennung, einer Scheidung oder auch im Todesfall mit der gemeinsamen Wohnung geschehen soll (→ Seite 225 ff.).

Zu trennen von der rechtlichen Tragweite des Vertrags, über die der Notar Sie zu belehren hat, ist die wirtschaftliche Bedeutung des Geschäfts: Hierüber berät der Notar nicht. Auch andere finanzielle oder technische Fragen prüft er normalerweise nicht. Nur in Ausnahmefällen, in denen eine Vertragspartei eindeutig übervorteilt wird, wird der Notar eingreifen.

Wichtig!

Manche Verkäufer von Immobilien versuchen immer wieder, Kaufinteressenten unter Druck zu setzen, indem behauptet wird, dass beim Notar schon erhebliche Kosten angefallen seien, die der Interessent bei einem Scheitern der Vertragsverhandlungen tragen müsse, oder dass eine begonnene Beurkundung beim Notar nicht abgebrochen werden könne. Lassen Sie sich davon nicht beeindrucken!

Auf gar keinen Fall soll die Institution des Notars dazu dienen, Druck auf eine der Vertragsparteien zu erzeugen, im Gegenteil: Einer der wesentlichen Gründe, weshalb Kaufverträge über Immobilien notariell beurkundet werden müssen, liegt in der Warnfunktion. Durch die notarielle Beurkundung sollen die Parteien vor rechtlichen Risiken gewarnt und gleichzeitig davor geschützt werden, übereilt und ohne rechtliche Begleitung Verträge von erheblicher Tragweite zu schließen.

Umfang der Beurkundungspflicht

Gehen Sie davon aus, dass alle Absprachen, die Sie beim Kauf einer Eigentumswohnung mit Ihrem Vertragspartner treffen, beurkundungspflichtig sind. Nur bei einer Beurkundung sämtlicher Vereinbarungen ist gewährleistet, dass diese in eine rechtlich zulässige Form gepackt werden, also wirksam und im Streitfall auch beweisbar sind, und dass Sie über den Inhalt der Regelungen und die Konsequenzen daraus aufgeklärt wurden. Hinzu kommt, dass die unvollständige Beurkundung eines Immobilienkaufvertrags dazu führen kann, dass der gesamte Vertrag nichtig ist. Das bedeutet: Der Vertrag wird juristisch so behandelt, als wenn es ihn gar nicht gäbe. Dies ist insbesondere für den Erwerber gefährlich, sobald er den Kaufpreis gezahlt hat.

Unvollständige Beurkundung hat fatale Folgen

Gerade bei Kaufverträgen über eine Wohnung, die erst noch errichtet werden soll, finden immer wieder Diskussionen zwischen dem Bauträger und dem Käufer über die vertragliche Fixierung von vereinbarten Abweichungen gegenüber der Baubeschreibung statt. Änderungen oder Ergänzungen der Bauleistung, die bereits zum Zeitpunkt des Vertragsschlusses zwischen den Parteien abgesprochen sind, sollten jedenfalls ohne Wenn und Aber im Kaufvertrag erfasst werden.

Die Auswahl des Notars

Es gibt keine gesetzlichen Vorschriften darüber, dass bestimmte Verträge nur von bestimmten Notaren beurkundet werden können. Daher kann jeder Immobilienkaufvertrag grundsätzlich bei jedem deutschen Notar beurkundet werden, unabhängig von der örtlichen Lage des Kaufobjekts. Das immer wieder gehörte Gerücht, dass nur ein Notar vor Ort, in dessen Bezirk die zu verkaufende Immobilie liegt, einen Vertrag hierüber beurkunden darf, ist falsch.

Wer sucht den Notar aus?

Wenn Sie eine Eigentumswohnung von privat kaufen, ist es üblich, wenn auch nicht zwingend, dass die Kosten der Beurkundung und der grundbuchlichen Vollziehung des Kaufvertrags vom Käufer getragen werden, der dann auch den Notar auswählt. Allerdings muss es nicht falsch sein, wenn stattdessen der Verkäufer einen ihm bekannten und bewährten Notar vorschlägt. Letztlich müssen sich die Vertragsparteien auf einen Notar und die Verteilung der Kosten verständigen.

Alle Beurkundungen möglichst beim Notar

Beim Erwerb einer noch nicht fertiggestellten Wohnung gibt der Bauträger üblicherweise vor, bei welchem Notar der Kaufvertrag beurkundet werden soll. Hier ist es auch sinnvoll, dass sämtliche Beurkundungen in der Hand eines Notars liegen. Dieser hat meist schon im Vorfeld des Verkaufs die Teilungserklärung, die Baubeschreibung und die sonstigen erforderlichen Erklärungen beurkundet und verfügt deshalb über einen guten Überblick über das gesamte Vorhaben. Ein sorgfältiger Notar wird dann umso mehr Wert darauf legen, dass seine Unparteilichkeit auch spürbar ist.

Woran erkennen Sie den richtigen Notar?

Ein Arzt gibt sein Fachgebiet auf dem Praxisschild an, sodass wir nicht Gefahr laufen, mit Kniebeschwerden zu einem Hals-, Nasen- und Ohrenarzt zu gehen. Vergleichbares gibt es bei Notaren nicht. Auch die Notarkammern, also die Berufsverbände, bei denen jeder Notar Mitglied ist, können und dürfen nicht mitteilen, welcher Notar Spezialist auf einem bestimmten Rechtsgebiet ist. Allerdings ist das auch nicht unbedingt erforderlich: Verträge über den Erwerb von Eigentumswohnungen gehören zum handwerklichen Standard eines jeden Notars. Sie können also davon ausgehen, dass jeder Notar über die erforderliche fachliche Qualifikation verfügt.

Darüber hinaus gibt es einige Faktoren, von denen Sie die Inanspruchnahme des Notars abhängig machen können:

Ausreichend Zeit für die Beurkundung. Erkundigen Sie sich danach, wie viel Zeit der Notar für die Beurkundung des von Ihnen ins Auge gefassten Vertrags einplant. Auch hier gilt: Lassen Sie sich nicht unter Zeitdruck setzen! Ihnen ist nicht damit gedient, wenn ein umfangreiches und für den Laien schwer verständliches Vertragswerk im Expresstempo verlesen wird. Dies ist auch nicht Sinn einer Beurkundung: Zu Beginn einer notariellen Urkunde steht nicht »Verlesen zu ...«, sondern »Verhandelt zu ...«. Der Gesetzgeber geht also davon aus, dass die Vertragsparteien vor dem Notar erscheinen und dort ein Geschäft verhandeln, das der Notar protokolliert. Dieser Gedanke sollte in der Praxis auch Niederschlag finden. Das kostet aber Zeit!

Beim Bauträgervertrag Zeitrahmen mindestens eineinhalb Stunden

Wird Ihnen für die Beurkundung eines Kaufvertrags über eine Immobilie ein Zeitrahmen von nur 30 Minuten eingeräumt, dürfte es kaum möglich sein, den Vertrag ausführlich zu erörtern, Fragen dazu zu stellen und noch einzelne Regelungen zu verhandeln. Dies gilt insbesondere, wenn Sie eine Wohnung vom Bauträger kaufen, weil diese Verträge umfangreicher und schwerer zu verstehen sind als Kaufverträge über eine gebrauchte Wohnung. Daher sollten zur Beurkundung eines Bauträgervertrags mindestens eineinhalb Stunden zur Verfügung stehen. Diese Zeitangaben können natürlich nur grobe Hinweise sein. Hat Ihnen der Notar zum Beispiel sehr frühzeitig den Vertragsentwurf übersandt und diesen schon im Vorfeld mit Ihnen ausführlich besprochen, kann die anschließende Beurkundung auch kürzer gehalten werden.

Vorsicht beim vertraglichen Verzicht auf Ihre Rechte. Zahlreiche Erklärungen, die Sie im Kaufvertrag abgeben sollen, sind durchaus sinnvoll und auch üblich: Zum Beispiel, dass Sie auf das Verlesen von bereits notariell beurkundeten Anlagen zum Vertrag, den Bezugsurkunden, verzichten, wenn diese Ihnen rechtzeitig vor der Beurkundung vorlagen. Dieses Vorgehen wird normalerweise bei der Teilungserklärung und der Baubeschreibung praktiziert.

Nicht verzichten sollten Sie aber beim Erwerb einer Wohnung von einem Bauträger oder einem sonstigen Unternehmen darauf, dass Ihnen der Vertragstext mindestens zwei Wochen vor der Beurkundung vorliegt (§ 17 a Absatz 3 des Beurkundungsgesetzes). Nur in

Ausnahmefällen kann es für den Verbraucher von Interesse sein, diese Frist nicht einzuhalten. Für einen Verzicht auf die Einhaltung von Vorschriften, die dem Schutz des Verbrauchers dienen, gibt es nur selten eine vernünftige Begründung, die auch in Ihrem Interesse liegt. Wird Ihnen dies vom Notar dennoch nahegelegt, ist dies meist ein Alarmsignal. Denn der Notar soll ja gerade auf die Einhaltung solcher Regeln achten. Es geht dabei um Ihre Sicherheit!

Kosten der Beurkundung. Kein Kriterium für die Auswahl des für Sie geeigneten Notars ist der Preis für die notariellen Dienste: Was Notare für ihre Tätigkeit verlangen dürfen und auch verlangen müssen, legt die Kostenordnung fest. Dem Notar ist es untersagt, die darin enthaltenen Gebührensätze zu über- oder zu unterschreiten, auf die ihm zustehende Vergütung ganz oder teilweise zu verzichten oder andere Vereinbarungen über die Höhe seiner Gebühren zu treffen. Wenn Ihnen der Verkäufer zusichert, ein von ihm ausgesuchter Notar sei besonders preisgünstig, ist das schlichtweg unseriös.

Das Beurkundungsverfahren

Wenn Sie sich erst einmal mit dem Verkäufer über die wesentlichen Vertragspunkte geeinigt haben, steht der Gang zum Notar an.

Spätestens jetzt alle offenen Fragen klären

Der Entwurf des Kaufvertrags. Rechtzeitig, beim Kauf von einem Unternehmer mindestens zwei Wochen (→ Seite 160) vor der Beurkundung, sollte Ihnen der beabsichtigte Vertragstext zur Verfügung gestellt werden, nebst sämtlichen Anlagen, auf die im Vertrag Bezug genommen wird. Falls noch nicht geschehen, müssen Sie spätestens jetzt sämtliche Unterlagen durchsehen und alle wirtschaftlichen, technischen und sonstigen Fragen klären, die Ihnen der Notar nicht beantworten wird. Werden Sie sich klar darüber, welche vertraglichen Regelungen aus Ihrer Sicht nicht akzeptabel sind, und verhandeln Sie diese mit dem Verkäufer. Lassen Sie den

Vertrag unter anderem von einem Anwalt prüfen. Reicht die Zeit zwischen der Übersendung des Vertragsentwurfs und dem Beurkundungstermin nicht aus, sollten Sie um eine – grundsätzlich jederzeit mögliche – Terminverschiebung bitten.

»Zuschauer« nur nach Zustimmung der anderen Beteiligten

Die an der Beurkundung Beteiligten. Am Beurkundungstermin nehmen neben dem Notar meistens beide Vertragsparteien und mitunter auch der eingeschaltete Makler teil. Es ist zweckmäßig, Lebenspartner oder Ehegatten mitzubringen, auch wenn nur einer von zwei Partnern oder nur ein Ehegatte allein kauft, die Wohnung aber von beiden genutzt werden soll und beide auch die Kosten dafür tragen werden. Solche und andere »Zuschauer« sind grundsätzlich nur erlaubt, wenn die am Vertrag Beteiligten zustimmen. Der Notar wird daher, wenn ein unbeteiligter Dritter anwesend ist, die Genehmigung der Vertragsparteien erbitten. Manchmal kann es allerdings sogar notwendig sein, dass auch der Ehepartner, der nicht selbst kauft, an der Beurkundung teilnimmt. Fragen Sie vorher beim Notar nach, ob dies in Ihrem Fall erforderlich ist.

Es kommt vor, dass an der Beurkundung der Verkäufer und/oder der Käufer nicht selbst teilnimmt, sondern nur dessen Vertreter. Sie als Käufer sollten, wenn möglich, immer persönlich anwesend sein, damit der Notar Ihre Fragen zum Vertrag beantworten und Sie umfassend belehren kann. Wenn Sie sich dennoch vertreten lassen, dann unbedingt von einer Vertrauensperson!

Verzichten Sie nicht auf die Anwesenheit des Verkäufers bzw. eines Vertreters, der zu Entscheidungen und Zusagen berechtigt ist. Sie wollen am Beurkundungstermin eine abschließende Regelung mit Ihrem Vertragspartner treffen. Das ist aber nur möglich, wenn Ihnen dabei der Verkäufer oder ein entscheidungsbefugter Vertreter mit einer ausreichenden, notariell beurkundeten Vollmacht gegenübersitzt.

Achtung!

Vorsicht ist geboten, wenn zunächst nur ein Angebot zum Abschluss des Vertrages beurkundet werden soll.

Eine besondere Situation kann entstehen, wenn nicht der gesamte Vertragsschluss selbst beurkundet wird, sondern nur das »Angebot zum Abschluss des Kaufvertrags« (nicht zu verwechseln mit sogenannten Reservierungsvereinbarungen) oder die Annahme eines solchen Angebots. Da auch in diesen Fällen nicht beide Vertragsparteien gemeinsam beim Notartermin anwesend sind, sie also dabei auch nicht miteinander verhandeln können, sollte diese Gestaltung möglichst vermieden werden. Falls dennoch diese Form der Beurkundung gewählt wird, sollte das Angebot auf Abschluss des Vertrags vom Käufer ausgehen, damit der Notar ihn umfassend hierüber belehren kann.

Der Ablauf der Beurkundung. Jede notarielle Beurkundung beginnt damit, dass der Notar die Identität der Erschienenen feststellt. Dazu benötigt er von den am Vertrag beteiligten Personen gültige amtliche Ausweise, also am besten einen Reisepass oder einen Personalausweis. Nachdem der Notar festgestellt hat, wer vor ihm erschienen ist, wird er den Vertrag vorlesen. Dabei wird er von sich aus besonders wichtige Regelungen erläutern und über deren rechtliche Tragweite belehren. Scheuen Sie sich nicht, Fragen zum Vertrag und zum weiteren Verfahren zu stellen.

Tipp

Nehmen Sie sich bei der Beurkundung Zeit, selbst mit Ruhe und Sorgfalt zu überprüfen, ob die Anlagen zum Vertrag, die Ihnen im Vorfeld überreicht worden sind, mit den Unterlagen übereinstimmen, die letztlich auch dem zu beurkundenden Vertrag beigefügt werden.

Denken Sie während der Beurkundung immer daran, dass der Notar ein Dienstleister ist. Lassen Sie sich nicht einschüchtern! Letztlich müssen Sie den Vertrag unterschreiben und mit den weitreichenden Konsequenzen daraus leben. Es ist also Ihr gutes Recht, Fragen zu den einzelnen Formulierungen und deren rechtlicher Bedeutung zu stellen. Nur dann können Sie auch beurteilen, ob eine Regelung aus Ihrer Sicht akzeptabel ist oder nicht. Wenn Sie das Gefühl haben, dass der Beurkundungstermin nicht in Ihrem Sinne abläuft, liegt es allein an Ihnen, mit freundlicher Bestimmtheit Ihre Rechte durchzusetzen. Nehmen Sie es daher auch nicht hin, wenn der Notar Sie bei häufigen Fragen oder bei Verhandlungen mit Ihrem Vertragspartner darauf hinweist, dass dafür keine Zeit sei. In diesem Fall sollten Sie darum bitten, die Beurkundung auf einen anderen Termin zu verlegen, für den ausreichend Zeit eingeplant wird.

Hat der Notar den Vertrag vollständig verlesen und alle Fragen dazu beantwortet, wird es ernst: Sowohl Sie als auch Ihr Vertragspartner unterzeichnen den Vertrag. Damit ist zwar der Kaufvertrag, aber noch längst nicht der Erwerb der Wohnung abgeschlossen.

Der Kaufvertrag

Eigene Interessen absichern

Auf den folgenden Seiten stellen wir Ihnen einige Regelungskomplexe in Kaufverträgen über Eigentumswohnungen vor, auf die Sie besonders achten sollten. Angesichts der Fülle der möglichen Klauseln können wir Ihnen nur einen Überblick geben und verdeutlichen, wie unterschiedlich sich Ihre Interessen und die des Verkäufers im Kaufvertrag regeln lassen. Die Auflistung kann selbstverständlich nicht eine Beratung und die individuelle Prüfung durch einen Experten ersetzen. Nehmen Sie daher vor der Unterzeichnung eines Immobilienkaufvertrags die Beratungsangebote einer Verbraucherzentrale oder die Hilfe eines Rechtsanwalts in Anspruch!

Allgemeine Regelungen

Änderungswünsche mit Verkäufer besprechen

Wenn Sie möchten, dass einzelne Vertragsklauseln oder auch ganze Passagen geändert werden, sollten Sie Ihre Wünsche zunächst mit dem Verkäufer besprechen. Scheuen Sie sich nicht, ihm alle Fragen zu stellen, die Sie zur Wohnung selbst oder zum Vertragsinhalt haben. Fordern Sie Ihre Rechte als Kunde und gleichberechtigter Vertragspartner ein. Seien Sie sich allerdings auch darüber im Klaren, dass Sie nicht alle Ihre Änderungswünsche werden durchsetzen können, sondern Kompromisse akzeptieren müssen, wenn Sie zu einem erfolgreichen Vertragsabschluss kommen möchten. Verträge sind immer das Ergebnis eines solchen Aufeinanderzugehens.

Wenn Sie und der Verkäufer den Vertrag abschließend ausgehandelt und die vereinbarten Änderungen dem Notar mitgeteilt haben, kann er sie in den Vertrag einarbeiten. Der Notar steht dabei für rechtliche Fragen zur Verfügung und kann vermittelnd tätig werden.

Hier finden Sie zunächst einige Regelungen, die sowohl in Bauträgerverträgen als auch in anderen Kaufverträgen über Eigentumswohnungen vorkommen können.

Kaufgegenstand

Wenn Ihnen der Vertragsentwurf vorgelegt wird, sollten Sie nicht nur prüfen, ob die darin bezeichnete Wohnung auch diejenige ist, die Sie erwerben möchten. Wenn Sie außerdem noch Räume oder Flächen außerhalb Ihrer Wohnung dazu erwerben möchten, zum Beispiel einen Pkw-Stellplatz oder ein Dachboden-Abteil, müssen diese grundsätzlich auch im Vertrag erwähnt werden.

Beispiel

Ein Verkäufer verkauft mehrere vermeintliche Wohnungen, die im selben Haus liegen, im Paket. Dem Käufer ist dies nicht unsympathisch, weil er den Kaufpreis unter anderem durch die Vermietung einer Wohnung finanzieren möchte. Dabei übersieht er jedoch, dass diese Räumlichkeiten im Grundbuch und damit auch im Kaufvertrag gar nicht als Wohnungs-, sondern als »Teileigentum« bezeichnet werden und gar nicht zum Wohnen bestimmt sind. Diese Räume darf er daher nicht als Wohnung vermieten.

Missverständnisse können nur bei sorgfältiger Durchsicht des Kaufvertrags und der darin enthaltenen Bezeichnungen sowie unter anderem durch Rücksprache mit dem Verkäufer und dem Notar bereits im Vorfeld vermieden werden.

Der Kaufpreis

Besonders wichtig ist, dass Anzahlungen, die Sie vielleicht bereits vor oder bei Vertragsschluss auf den Kaufpreis geleistet haben, im Vertrag ausdrücklich erwähnt und berücksichtigt werden. Anzahlungen sind in der Regel nicht in Ihrem Interesse als Käufer und beim Erwerb einer gebrauchten Eigentumswohnung auch vergleichsweise selten. Beim Kauf einer noch nicht fertiggestellten Wohnung vom Bauträger werden jedoch häufig Anzahlungen zur »Reservierung« des Objekts im Rahmen von Reservierungsvereinbarungen verlangt, die, je nach Vereinbarung, beim Zustandekommen des Kaufvertrages auf den Kaufpreis verrechnet werden. Immer dann, wenn Sie vor Vertragsschluss eine Anzahlung an Ihren Vertragspartner geleistet haben, müssen Sie den Notar darauf hinweisen und darauf bestehen, dass diese Anzahlung auch im Kaufvertrag entsprechend dokumentiert wird. Hin und wieder wird vereinbart, dass der Kaufpreis nicht direkt an den Verkäufer, sondern über ein Notaranderkonto zu zahlen ist (→ Seite 204).

Wichtig!

Lassen Sie jede Anzahlung im Kaufvertrag dokumentieren.

Verzugszinsen

Nicht über gesetzlichem Verzugszinssatz

Für den Fall, dass Sie den Kaufpreis oder – bei Bauträgerverträgen – einzelne Kaufpreisraten verspätet zahlen, wird im Vertrag oftmals festgelegt, in welcher Höhe Sie für die Dauer der Verspätung, also während des Zahlungsverzugs, zusätzlich Zinsen an den Verkäufer zu zahlen haben. Die Höhe dieser Zinsen sollte nicht über den gesetzlichen Verzugszinssatz hinausgehen, der, aufs Jahr gerechnet, fünf Prozentpunkte über dem Basiszinssatz liegt. Den aktuellen Basiszinssatz, der sich zum 1.1. und 1.7. eines jeden Jahres ändern kann, können Sie bei Ihrer Bank erfragen oder auch im Internet ermitteln.

Unterwerfung unter die sofortige Zwangsvollstreckung

Viele notarielle Kaufverträge enthalten einen Passus, in dem sich der Käufer der »sofortigen Zwangsvollstreckung in sein gesamtes Vermögen« unterwirft. Dadurch bekommt der Verkäufer die Möglichkeit, allein auf der Grundlage der notariellen Urkunde Maßnahmen der Zwangsvollstreckung gegen den Käufer einzuleiten und zum Beispiel dessen Konten zu pfänden, ohne dass zuvor ein Gericht über eine Zahlungsklage entschieden hat. Hiergegen kann sich der Käufer nur verteidigen, indem er selbst eine Klage gegen den Verkäufer erhebt.

Vorsicht bei »sofortiger Zwangsvollstreckung« im Vertrag

Im Rahmen von Bauträgerverträgen ist die Zulässigkeit solcher Klauseln sehr umstritten, während sie bei Verträgen über den Kauf gebrauchter Immobilien uneingeschränkt erlaubt sind. Aber unabhängig davon, ob Sie vom Bauträger kaufen oder eine Bestandsimmobilie erwerben, kann durch die Zwangsvollstreckungsunterwerfung erheblicher Druck auf Sie ausgeübt werden. Daher sollten Sie immer versuchen durchzusetzen, dass solche Klauseln ersatzlos gestrichen werden. Bei Bauträgerverträgen sollten Sie sogar darauf bestehen!

Haftung für Mängel

Üblicherweise schränkt der Verkäufer seine Haftung für den Zustand des Kaufobjekts ein. Aus Sicht des Käufers ist eine solche Einschränkung der Haftung des Verkäufers und damit der Rechte bei Mängeln jedoch nie wünschenswert. Die aus Ihrer Sicht günstigere, aber meist nur schwer durchsetzbare Lösung ist immer, dass die Regelungen des BGB zur Haftung des Verkäufers möglichst uneingeschränkt angewendet werden (zum Vorgehen bei Mängeln ⇢ Seite 218 ff.).

BGB-Regelungen zur Haftung des Verkäufers wünschenswert

Die Gewährleistung des Verkäufers – Ihre gesetzlichen Ansprüche bei Mängeln

Soweit der Kaufvertrag keine Vereinbarungen zur Haftung des Verkäufers bei Mängeln der Wohnung oder des Gemeinschaftseigentums – oftmals auch bezeichnet als »Gewährleistung« – enthält, richten sich Ihre Ansprüche bei solchen Mängeln (zum Begriff des Mangels ⇢ Seite 211) nach dem BGB. Allerdings können diese Rechte, zum Beispiel aufgrund der Kenntnis des Käufers vom Mangel bereits beim Vertragsschluss oder auch wegen Verjährung seiner Ansprüche (⇢ Seite 220 f.), ausgeschlossen sein.

Nacherfüllung. Liegt ein Mangel vor, haben Sie nach dem BGB zunächst nur das Recht, vom Verkäufer »Nacherfüllung« zu verlangen. Dies hat Vorrang vor allen weiteren Ihnen zustehenden Rechten bei Mängeln. Das heißt, dass Sie dem Verkäufer grundsätzlich immer erst die Gelegenheit geben müssen, einen festgestellten Mangel auf seine Kosten zu beheben (⇢ Seite 218).

Sie müssen den Verkäufer daher zunächst möglichst schriftlich, unter angemessener Fristsetzung, dazu auffordern, einen festgestellten Mangel zu beseitigen. Dazu ist der Verkäufer nur dann nicht verpflichtet, wenn die Mängelbeseitigung nur mit unverhältnismäßigen Kosten möglich ist.

Rücktritt vom Vertrag. Wenn der Verkäufer einen erheblichen Mangel trotz einer entsprechenden Fristsetzung nicht beseitigt hat oder seine Bemühungen darum wiederholt erfolglos geblieben sind, ist der Käufer nach dem Gesetz dazu berechtigt, vom Kaufvertrag über die Wohnung zurückzutreten. Folge davon ist, dass der gesamte Vertrag rückabgewickelt wird, also der Käufer die Wohnung zurückgeben und der Verkäufer bereits geleistete Zahlungen erstatten muss. Dabei sind etwaige Vorteile des Käufers, etwa durch die zwischenzeitliche Nutzung der Wohnung, auszugleichen.

Ein Rücktritt wegen unerheblicher Mängel ist grundsätzlich nicht möglich. Entscheidend dafür, ob ein Mangel erheblich oder unerheblich ist, sind immer die Umstände des Einzelfalls, wie die Art und der Umfang der Mängel und ihre konkreten Auswirkungen, zum Beispiel auf den Wert und die Nutzung der Wohnung.

Wegen der weitreichenden Folgen eines Rücktritts vom Kaufvertrag ist dabei besondere Vorsicht geboten: Der Rücktritt sollte nicht ohne vorherige, anwaltliche Beratung erklärt werden!

Minderung des Kaufpreises. Statt vom Kaufvertrag zurückzutreten, kann der Käufer nach einer erfolglosen Fristsetzung zur Mängelbeseitigung dem Verkäufer gegenüber erklären, dass er den Kaufpreis in angemessener Höhe herabsetzt, also mindert. Dabei wird der Kaufpreis entsprechend dem Verhältnis des Wertes der Wohnung mit Mängeln zum Wert der Wohnung ohne Mängel reduziert. Da dieser Minderwert – der nicht zwingend gleichzusetzen ist mit den erforderlichen Reparaturkosten – oft nicht zweifelsfrei zu bestimmen ist, kann es darüber zu teuren und langwierigen Auseinandersetzungen mit dem Verkäufer kommen.

Bei einer berechtigten Minderung darf der Käufer den sich ergebenden Minderwert vom Kaufpreis abziehen. Ist dieser bereits vollständig in der vertraglich vereinbarten Höhe bezahlt worden, ist der Verkäufer dazu verpflichtet, die Differenz zwischen gezahltem und gemindertem Kaufpreis an den Käufer zu erstatten. Wenn Sie den Kaufpreis mindern, können Sie übrigens nur noch eingeschränkt Schadenersatzansprüche geltend machen.

Schadenersatz. Nach einer erfolglosen Fristsetzung zur Mängelbeseitigung können Sie vom Verkäufer grundsätzlich auch Schadenersatz verlangen, zum Beispiel in Höhe des zur Mangelbeseitigung erforderlichen Aufwands oder auch der Kosten, die Ihnen entstehen, wenn Sie wegen der festgestellten Mängel Ihre Wohnung zeitweise nicht bewohnen oder nicht vermieten können.

Wenn Sie daneben noch andere Rechte geltend machen, zum Beispiel die Minderung des Kaufpreises, sind bei der Bemessung Ihres Schadenersatzanspruchs Besonderheiten zu beachten.

Selbstvornahme. Beim Kauf einer noch zu errichtenden, gerade fertiggestellten oder vollständig sanierten, modernisierten Wohnung vom Bauträger hat der Käufer bei Mängeln statt eines Rücktritts vom Vertrag oder einer Minderung des Kaufpreises die Möglichkeit, die Mängel nach einer erfolglosen Fristsetzung selbst zu beseitigen und vom Verkäufer den Ersatz der dafür aufgewendeten Kosten bzw. einen angemessenen Vorschuss zu verlangen.

Wenn Sie sich dazu entscheiden, die festgestellten Mängel selbst zu beheben oder durch einen Dritten beseitigen zu lassen, können Sie dies selbstverständlich nicht mehr gleichzeitig auch vom Verkäufer verlangen. Auch ein Rücktritt vom gesamten Kaufvertrag ist dann nicht mehr möglich.

Es ist zwar nicht verbraucherfreundlich, aber üblich, die gesetzlichen Rechte des Käufers bei Mängeln vertraglich einzuschränken bis hin zu deren völligem Ausschluss beim Verkauf einer gebrauchten Wohnung (→ Seite 169 ff.). Besonderheiten bestehen ferner, wenn Mängel am Gemeinschaftseigentum auftreten (→ Seite 219).

Auflassung

Die vor dem Notar von Verkäufer und Käufer abgegebene Erklärung, dass das Eigentum am Kaufobjekt vom Verkäufer auf den Käufer übergehen soll, bezeichnen Juristen als »Auflassung«. Die Auflassung ist zwingende Voraussetzung dafür, dass der Käufer als Eigentümer ins Grundbuch eingetragen werden kann. Es kommt jedoch vor, dass die Auflassung nicht im Kaufvertrag selbst enthalten ist, sondern zu einem späteren Zeitpunkt in einer separaten Urkunde erklärt werden soll. Dies mag zwar im Einzelfall richtig sein, verursacht aber zusätzliche Kosten, die häufig vermeidbar sind.

Wichtig!

Wenn in Ihrem Kaufvertragsentwurf die Auflassung fehlt, sollten Sie den Notar fragen, warum dies so ist, welche Kosten daraus resultieren, wer diese trägt und ob sie vermieden werden können.

Auflassungsvormerkung

Entgegen einem weitverbreiteten Missverständnis erwirbt der Käufer einer Immobilie das Eigentum daran nicht bereits mit der Unterzeichnung des notariellen Kaufvertrags, sondern erst mit seiner Eintragung als Eigentümer im Grundbuch. Diese Eigentumsumschreibung beantragt der Notar beim Grundbuchamt jedoch erst, nachdem ihm die vollständige Kaufpreiszahlung – manchmal sogar einschließlich etwaiger Verzugszinsen – nachgewiesen wurde. Damit Sie als Erwerber bis dahin abgesichert sind, wird die Eintragung einer Auflassungs- oder Eigentumserwerbsvormerkung vereinbart und beantragt. Dies ist in Grundstückskaufverträgen üblich und für Bauträgerverträge sogar zwingend vorgeschrieben. Verfügungen über das Grundstück, die der Verkäufer oder ein Dritter zeitlich nach der Eintragung dieser Vormerkung vornimmt, zum Beispiel der Verkauf an einen anderen Erwerber oder auch die Eintragung weiterer Belastungen, sind ohne Ihre Zustimmung grundsätzlich Ihnen gegenüber unwirksam. Die Vormerkung blockiert also das Grundbuch für Sie und dient damit bis zu Ihrer Eintragung als Eigentümer Ihrem Schutz vor anderweitigen Verfügungen über das Grundstück. Auf die Eintragung einer Vormerkung dürfen Sie daher nicht verzichten.

Absicherung des Erwerbers

Belastungsvollmacht des Verkäufers für den Käufer

Wenn der Erwerber den Kaufpreis für die Wohnung ganz oder teilweise durch eine Bank finanzieren lässt, verlangt diese dafür normalerweise eine Sicherheit in Gestalt eines Grundpfandrechts, meist einer Grundschuld. Eine Grundschuld, oft auch irrtümlich als Hypothek bezeichnet, kann nur der jeweilige Eigentümer vor dem Notar bestellen.

Bevollmächtigung durch den Käufer, Grundschuld zu bestellen

Beim finanzierten Kauf einer Immobilie stellt sich nun folgendes Problem: Sie müssen den Kaufpreis bezahlen, um Eigentümer zu werden. Vor der Zahlung des Kaufpreises müssen Sie für Ihre Bank eine Grundschuld bestellen. Das können Sie aber nicht, solange Sie noch nicht Eigentümer sind. Diesen gordischen Knoten löst man meist so: Der Verkäufer – der ja noch Eigentümer ist – bevollmächtigt Sie im notariellen Kaufvertrag dazu, bereits vor der Eigentumsumschreibung in seinem Namen eine Grundschuld zu Lasten des Kaufobjekts zu bestellen und im Grundbuch eintragen zu lassen (Belastungsvollmacht). Aufgrund dieser Eintragung wird Ihre Bank dann den Kaufpreis zahlen.

Vollmachten des Käufers für die Mitarbeiter des Notars

Im Kaufvertrag finden Sie möglicherweise eine Bestimmung, mit der Sie die Mitarbeiter des Notars dazu bevollmächtigen, für Sie und in Ihrem Namen Erklärungen abzugeben oder sonstige Handlungen vorzunehmen. Dies ist zwar üblich und für die Abwicklung eines solchen Vertrags aus notarieller Sicht auch praktisch. Aber eine Vollmacht zur Bestellung der Grundpfandrechte in Ihrem Namen durch die Mitarbeiter des Notars sollten Sie nicht erteilen. Die Folge davon wäre, dass nicht Sie, sondern die Bevollmächtigten beim Notar die Grundschuld für Ihre Bank bestellen. Dies ist nur auf den ersten Blick vorteilhaft, denn wenn Sie nicht selbst zur Beurkundung erscheinen, werden Sie naturgemäß auch nicht vom Notar belehrt. Ebenso wenig können Sie Fragen an ihn richten, obwohl gerade der Inhalt von Grundpfandrechtbestellungsurkunden für den Laien kaum verständlich ist. Im Regelfall besteht für Sie auch kein praktisches Bedürfnis, eine solche Vollmacht zu erteilen. Bitten Sie den Notar daher darum, eine solche Bevollmächtigung im Kaufvertrag zu streichen, und vereinbaren Sie selbst mit ihm einen Termin zur Beurkundung von Grundpfandrechten. Wenn Ihre Finanzierung zum Zeitpunkt des Kaufvertragsabschlusses schon feststeht, kann, je nach Terminlage des Notars, sogar unmittelbar nach der Beurkundung des Kaufvertrags auch die Beurkundung der Finanzierungsgrundschuld stattfinden.

Vollmachterteilung zur Bestellung durch Grundpfandrechte ungünstig

Kosten der Beurkundung des Vertrags und seiner Durchführung

Die Kosten für den Notar und für das Grundbuchamt, die bei der Beurkundung des Vertrags und seiner Durchführung anfallen, trägt üblicherweise der Käufer. Allerdings sollte grundsätzlich der Verkäufer die Kosten tragen, die durch die Löschung von nicht zu übernehmenden Belastungen im Grundbuch anfallen. Dazu gehören im Regelfall insbesondere die Grundschulden, die noch vom Verkäufer begründet wurden oder werden.

Auch bei Kosten, die durch die Hinterlegung des Kaufpreises oder eines Teils davon auf einem Notaranderkonto anfallen, kann es sachgerecht sein, dass der Verkäufer sie trägt (→ Seite 204). Eine solche Hinterlegung dient oft als Sicherheit für den Verkäufer, dass das Geld zur Verfügung steht. Manchmal hat sie aber auch den Zweck, ungesicherte Zahlungen des Käufers zu vermeiden.

Eine weitere Ausnahme von dem Grundsatz, dass der Käufer die Kosten des Vertrags und seiner Durchführung trägt, sollte für den Fall vorgesehen sein, dass eine Vertragspartei bei der notariellen Beurkundung nicht selbst anwesend ist, sondern einen vollmachtlosen Vertreter oder einen nur mündlich Bevollmächtigten schickt. Dann wird eine weitere notarielle Urkunde erforderlich. Die dadurch ausgelösten Zusatzkosten sollte stets derjenige tragen, der sich bei der Beurkundung vertreten lässt.

Tipp

Übrigens kann über die Frage, wer die Kosten des Vertrags übernehmen soll, verhandelt werden. Diese Kosten können auch geteilt werden! Dies ist allerdings nur in Ausnahmefällen durchsetzbar.

Beim Erwerb einer Wohnung in einer bereits genutzten Immobilie ist es häufig erforderlich, dass der Verwalter der Wohnungseigentümergemeinschaft den Kaufvertrag in notariell beglaubigter Form genehmigen muss. Zweck einer solchen Bestimmung ist es, dass die Wohnungseigentümergemeinschaft stets über Verkäufe einzelner Wohnungen und die Person des jeweiligen Erwerbers informiert wird. Dadurch entstehen weitere Kosten, die in der Praxis überwiegend zulasten des Käufers gehen.

Kauf einer gebrauchten Eigentumswohnung

Ein Kaufvertrag über eine gebrauchte Eigentumswohnung ist meist eher kurz und beinhaltet wenige Regelungen über die Wohnung selbst. Dennoch finden sich auch hier einige Besonderheiten, die Sie beachten sollten.

Hausgeldrückstände

Die aktuelle Höhe des von Ihnen zu zahlenden Hausgelds sollten Sie unbedingt vor Vertragsschluss beim Verkäufer oder beim Verwalter erfragen oder der letzten Jahresabrechnung entnehmen (→ Seite 96 ff.).

Wichtig!

Vergewissern Sie sich vor dem Kauf über den Zustand der Wohnung und informieren Sie sich eingehend über die tatsächlichen Gegebenheiten in der Eigentümergemeinschaft.

Mindestens ebenso wichtig ist es, dass Sie sich vor Vertragsschluss erkundigen, ob der Verkäufer das Hausgeld und etwaige Nachforderungen aus den Jahresabrechnungen bezahlt hat oder ob Rückstände bestehen. Hintergrund ist, dass Sie unter Umständen ab Ihrer Eintragung als Eigentümer im Grundbuch auch für Zahlungsrückstände haften müssen, die der frühere Eigentümer Ihrer Wohnung verursacht hat:

Manchmal enthält die Teilungserklärung die Regelung, dass der Erwerber einer Wohnung für die Hausgeldrückstände des Voreigentümers haftet. Aber auch ohne eine solche Bestimmung muss der Erwerber für die vom Verkäufer verursachten Nachforderungen einstehen, wenn sie sich aus einer Jahresabrechnung ergeben, die erst nach dem Eigentumswechsel beschlossen wird.

Hausgeldrückstände klären

Zur Vermeidung von Missverständnissen, aber auch, um die Angaben des Verkäufers hierzu im Streitfall beweisen zu können, sollte in den Kaufvertrag die aktuelle Höhe des Hausgelds aufgenommen werden. Darüber hinaus ist dringend zu empfehlen, dass der Notar eine Bestätigung des Verwalters darüber einholt, dass keine Hausgeldrückstände bestehen bzw. etwaige Hausgeldrückstände aus dem Kaufpreis getilgt werden können. Das Vorliegen einer solchen Erklärung sollte im Kaufvertrag unbedingt als Voraussetzung für die Fälligkeit des Kaufpreises vereinbart und im Rahmen der Fälligkeitsmitteilung (→ Seite 202) vom Notar bestätigt werden.

Instandhaltungsrücklage

Da die Instandhaltungsrücklage zum gemeinschaftlichen Vermögen der Wohnungseigentümergemeinschaft gehört, kann ein Eigentümer beim Verkauf seiner Wohnung nicht die Auszahlung seines Anteils verlangen. Stattdessen geht mit dem Eigentum an der Wohnung auch die Beteiligung des Veräußerers an der Instandhaltungsrücklage auf den Erwerber über.

Tipp

Achten Sie darauf, dass die aktuelle Höhe des auf Sie übergehenden Anteils der Instandhaltungsrücklage möglichst im Kaufvertrag angegeben wird, weil Sie hierauf keine Grunderwerbsteuer zu zahlen haben.

Im Kaufvertrag sollte zur Sicherheit klargestellt werden, dass die anteilige Instandhaltungsrücklage bereits im Kaufpreis inbegriffen ist und der Verkäufer dafür keine zusätzliche Ausgleichszahlung verlangen kann.

Beschlüsse der Eigentümergemeinschaft

Sämtliche Beschlüsse, die die Eigentümergemeinschaft in der Vergangenheit wirksam gefasst hat, sind für Sie bindend, und zwar unabhängig davon, ob Sie sie kennen oder nicht.

Solche Beschlüsse können Kosten für jeden Eigentümer auslösen, die über das regelmäßig zu zahlende Hausgeld hinausgehen. So kann zum Beispiel beschlossen werden, dass eine größere Reparaturmaßnahme nicht aus der Instandhaltungsrücklage finanziert werden soll, sondern durch eine zusätzliche Umlage auf alle Eigentümer. Bitten Sie daher Ihren Vertragspartner unbedingt vor Vertragsschluss um Informationen, ob bereits Beschlüsse existieren oder zur Entscheidung anstehen, die weitere finanzielle Belastungen für Sie auslösen können, und verlangen Sie unter anderem eine vertraglich fixierte Zusicherung, dass dies nicht der Fall ist. Sehen Sie in die Beschlusssammlung.

Wesentliche Bestandteile und Zubehör

Untrennbare Gegenstände der Wohnung

Möglicherweise werden Sie im Vertragsentwurf die Formulierung finden, dass Sie das Eigentum »mit allen wesentlichen Bestandteilen und Zubehör« kaufen. Das bedeutet lediglich, dass Sie die Wohnung mit allen Gegenständen, die untrennbar zu ihr gehören, wie zum Beispiel die sanitären Anlagen, erwerben.

Die Abgrenzung, was mitverkauft wird und was nicht, kann aber im Einzelfall schwierig sein und zu Missverständnissen zwischen Verkäufer und Käufer führen. So besteht häufig Uneinigkeit darüber, ob eine etwa vorhandene Einbauküche mit oder ohne Elektrogeräte mitverkauft wird. Um späteren Streitigkeiten vorzubeugen, sollten Sie daher klare Absprachen mit dem Verkäufer über die verkauften Gegenstände treffen und den Notar bitten, diese Vereinbarungen ausdrücklich in den Kaufvertrag aufzunehmen. Zudem kann es sinnvoll sein, im Vertrag festzulegen, welcher Betrag des Gesamtkaufpreises auf mitverkaufte Gegenstände entfällt, weil hierauf keine Grunderwerbsteuer erhoben wird.

Räumung der Wohnung

Wird die Wohnung, die Sie kaufen und selbst beziehen möchten, zum Zeitpunkt des Vertragsschlusses noch vom Verkäufer bewohnt, sollten Sie darauf achten, dass er für den Fall, dass die

Wohnung nicht bis zu einem vertraglich festgelegten Zeitpunkt geräumt an Sie übergeben werden kann, eine Entschädigung in einer vertraglich festzulegenden Höhe an Sie zahlen muss. Bei deren Bemessung sollten Sie ruhig »großzügig« sein und sämtliche Ihnen durch eine verspätete Räumung entstehenden Schäden berücksichtigen: Dazu gehören die Kosten für die vorübergehende Unterbringung in einer anderen Wohnung oder im Hotel, falls Sie selbst Ihre bisherige Wohnung bis zu einem bestimmten Termin räumen müssen. Aber auch die an ein Umzugsunternehmen oder an Handwerker zu zahlenden Beträge wegen der Verschiebung des Umzugstermins, Ihren Verdienstausfall, zusätzliche Fahrtkosten etc. sollten Sie berücksichtigen. Die Entschädigung muss hoch genug sein, um auf den Verkäufer Druck auszuüben, die Wohnung pünktlich an Sie zu übergeben.

Räumung durch Gerichtsvollzieher

Wenn der Verkäufer trotz einer solchen Regelung die Wohnung nicht fristgerecht räumt, müssen Sie grundsätzlich eine Klage auf Räumung gegen ihn erheben. Das lässt sich vermeiden, wenn Sie durchsetzen können, dass sich der Verkäufer im notariellen Kaufvertrag wegen der Räumung der Wohnung der sofortigen Zwangsvollstreckung unterwirft. Mithilfe einer solchen Regelung können Sie dann vom Notar im Konfliktfall eine vollstreckbare Ausfertigung der Urkunde verlangen und einen Gerichtsvollzieher damit beauftragen, die Wohnung räumen zu lassen. Das heißt allerdings auch, dass zunächst Sie sämtliche Kosten tragen müssen, die durch die notwendige Beauftragung eines Umzugsunternehmens durch den Gerichtsvollzieher und die eventuell erforderliche Einlagerung der Möbel entstehen. Und das kann schnell in die Tausende Euro gehen.

Abtretung von Ansprüchen wegen Mängeln

Der Verkäufer einer Bestandsimmobilie schließt meist seine Haftung für den Zustand des Grundstücks, des Hauses und der Wohnung sowie für etwaige Mängel daran aus. Falls Sie, was leider häufig der Fall sein wird, nicht durchsetzen können, dass seine Haftung nach dem BGB (→ Seite 169) uneingeschränkt gilt, sollten Sie zumindest auf folgenden Kompromiss bestehen: Zunächst einmal sollte der Verkäufer im notariellen Vertrag zusichern, dass ihm keine, auch keine versteckten Mängel, bekannt sind. Stellen Sie später fest, dass diese Zusicherung falsch war, können Sie auch bei einem umfassenden Ausschluss der Haftung des Verkäufers für Mängel noch Ansprüche gelten machen.

Wichtig!

Lassen Sie sich alle notwendigen Unterlagen wie die zwischen dem Wohnungsverkäufer und Unternehmen geschlossenen Verträge, Rechnungen, Schriftverkehr etc. übergeben.

Fragen Sie Ihren Vertragspartner auch nach bekannten Mängeln, nach erfolgten Reparaturen und nachträglichen Umbauten. Unter anderem sollten Sie verlangen, dass der Verkäufer möglicherweise noch bestehende Gewährleistungsansprüche gegen den Bauunternehmer, gegen Handwerker oder andere an Sie abtritt. Damit haben Sie bei Mängeln eine rechtliche Handhabe, um von dem verantwortlichen Unternehmen die Beseitigung der Mängel bzw. die Erfüllung Ihrer sonstigen Ansprüche verlangen zu können.

Zusätzliche Regelungen beim Kauf einer vermieteten Wohnung

Ist die Wohnung, die Sie kaufen möchten, noch vermietet und soll sie auch vermietet bleiben, sollten Sie sich zunächst umfassend über das Mietverhältnis und die Mieter informieren. Einzelheiten hierzu finden Sie auf Seite 223 f. Der Kaufvertrag muss in diesem Fall zusätzliche Regelungen beinhalten:

Mietansprüche vor Eigentumsumschreibung klären

Abtretung der Mietansprüche. Es muss festgelegt werden, ob Sie erst mit Ihrer Eintragung im Grundbuch als neuer Eigentümer in die Position des Vermieters rücken oder vielleicht schon früher dessen Rechte und Pflichten übernehmen. So wird üblicherweise vereinbart, dass der Erwerber bereits mit der Übergabe der Wohnung nach Kaufpreiszahlung als Vermieter in das Mietverhältnis eintritt. In diesem Fall sollte der Verkäufer den Erwerber dazu ermächtigen, ab diesem Zeitpunkt alle Rechtshandlungen in Bezug auf das Mietverhältnis vorzunehmen und außerdem seine Mietansprüche ab Übergabe an ihn abtreten. Von einer solchen Abtretung sollten Sie bzw. der Verkäufer den Mieter unbedingt möglichst frühzeitig informieren! Solange der Mieter nämlich nichts von der Abtretung der Mietforderungen an Sie weiß, darf er die Miete weiter an den Verkäufer zahlen.

Wichtige Informationen über Mietvertrag und Mieter. Der Verkäufer sollte vertraglich zusichern, dass der Mietvertrag in der Ihnen bekannten Form nicht geändert wurde und bis zur Übergabe der Immobilie an Sie auch nicht ohne Rücksprache mit Ihnen geändert wird. Des Weiteren sollte er sich im Vertrag selbst ausdrücklich dazu erklären, ob Rechtsstreitigkeiten mit dem Mieter oder Zahlungsrückstände bestehen und ob der Mieter den Mietzins mindert. Verlangen Sie darüber hinaus auch die Information, ob der Mieter, zum Beispiel aus früheren Betriebskostenabrechnungen, ein Guthaben hat. Besonders wichtig ist, dass der Kaufvertrag Regelungen zu einer etwa vom Mieter geleisteten Kaution enthält: Hat der Mieter keine Kaution hinterlegt, ist dies meist unproblematisch. Wurde hingegen eine Sicherheit geleistet, zum Beispiel durch Barzahlung, Verpfändung eines Sparbuchs oder auch durch eine Bürgschaft, sollte sich der Verkäufer Ihnen gegenüber im notariellen Kaufvertrag dazu verpflichten, diese Sicherheit bis zur Übergabe des Kaufobjekts unter Berücksichtigung der gesetzlich vorgeschriebenen Verzinsung abzurechnen und einschließlich Zinsen an Sie herauszugeben. Eine Barkaution müssen Sie dann übrigens getrennt von Ihrem eigenen Vermögen anlegen.

Kaution des Mieters klären

Betriebskostenabrechnung. Ferner sollte sich der Verkäufer vertraglich dazu verpflichten, Ihnen spätestens mit der Übergabe der Wohnung an Sie sämtliche Unterlagen zu übergeben, die zur Erstellung der Betriebskostenabrechnung für den Mieter erforderlich sind. Mit Ihrem Eintritt als Vermieter in das Mietverhältnis sind nur noch Sie zur Abrechnung der Betriebskosten für das laufende Jahr berechtigt, aber auch verpflichtet. Dazu benötigen Sie unter anderem die Jahresabrechnung, Steuer- und Gebührenbescheide für die Eigentumswohnung, Heizkosten-, Wasser- und Stromabrechnungen sowie gegebenenfalls sonstige Rechnungen von Versorgungsunternehmern und Versicherungen, Rechnungsbelege für Hausreinigung, Gartenpflege etc., aber auch die jeweils zugrunde liegenden Verträge.

Kauf einer noch nicht fertiggestellten Wohnung

Bauträgervertrag verpflichtet zur Bebauung

Wenn Sie eine noch nicht fertiggestellte Wohnung oder auch einen umfassend zu modernisierenden Altbau von Ihrem Vertragspartner erwerben, wird der Vertrag meist als »Kaufvertrag mit Werkvertrag« als »Kaufvertrag mit Bauverpflichtung« oder auch kurz als »Bauträgervertrag« bezeichnet. Entscheidendes Merkmal eines solchen Bauträgervertrags ist, dass Ihr Vertragspartner nicht nur ein Grundstück bzw. einen Miteigentumsanteil daran verkauft, sondern sich gleichzeitig zu dessen Bebauung verpflichtet. Im Vergleich zum bloßen Grundstückskaufvertrag ist für den Bauträgervertrag typisch, dass

- der Kaufpreis in Raten fällig wird,
- der Vertrag umfangreicher als ein »normaler« Kaufvertrag ist, zahlreiche Bestimmungen über die Bebauung enthält und überdies auf eine Baubeschreibung nebst Plänen verweist.

Daher sind Bauträgerverträge oft viel länger als Kaufverträge über »gebrauchte« Immobilien, sodass hier auch mehr Aspekte zu beachten sind. Bauträgerverträge beinhalten außerdem besondere Risiken für den Käufer, was zu zahlreichen Sonderregelungen zum Schutz des Verbrauchers geführt hat.

Besonderheiten des Bauträgermodells

Eine besondere Vertragskonstruktion ist das sogenannte verdeckte Bauherrenmodell: Dabei schließt der Käufer einen Kaufvertrag mit einem Vertragspartner ab, der allein den Erwerb des Grundstücksanteils zum Gegenstand hat. Mit demselben oder auch einem anderen Vertragspartner schließt der Käufer außerdem einen gesonderten Bauvertrag über die Errichtung der Wohnung ab. Der Kauf einer Eigentumswohnung im »verdeckten Bauherrenmodell« ist für Sie als Käufer äußerst riskant! Vertragliche Regelungen, um die damit verbundenen Gefahren zu vermeiden, sind meist nicht durchsetzbar oder aber nicht ausreichend. Daher ist vom Kauf einer Eigentumswohnung im »verdeckten Bauherrenmodell« in aller Regel abzuraten!

Vergabe- und Vertragsordnung für Bauleistungen, Teil B (VOB/B)

Vielleicht finden Sie in Ihrem Vertrag einige Klauseln, in denen auf die VOB/B Bezug genommen wird. Die »Vergabe- und Vertragsordnung für Bauleistungen« (VOB) enthält spezielle Vorschriften für Bauverträge. Ihr Teil B, die »Allgemeinen Vertragsbedingungen für die Ausführungen von Bauleistungen«, regelt dabei die Rechtsverhältnisse zwischen Auftraggeber und Auftragnehmer vom Vertragsabschluss über die Abwicklung des Vertrags bis hin zur Haftung bei Mängeln.

Anders als bei bloßen Bauverträgen wird in Bauträgerverträgen sehr selten und allenfalls auf einzelne Regelungen der VOB/B verwiesen, zum Beispiel im Zusammenhang mit der Abnahme des Baus. Eine solche Vereinbarung von einzelnen Vorschriften der VOB/B ist bei Bauträgerverträgen jedoch nur eingeschränkt zulässig und meist auch nicht im Interesse des Käufers. Für ihn ist es günstiger, wenn entweder individuelle Vereinbarungen getroffen werden oder aber die Vorschriften des BGB gelten.

Sicherstellung der Vertragserfüllung

Ein typisches Risiko bei diesen Verträgen ist, dass der Bauträger nach Entgegennahme einer oder mehrerer Zahlungen von Ihnen insolvent wird, also pleitegeht.

Makler- und Bauträgerverordnung. Um dieses Risiko zu verringern, wurde zum Schutz der Verbraucher in der Makler- und Bauträgerverordnung (MaBV) festgeschrieben, dass ein Bauträger nur dann Zahlungen des Kunden entgegennehmen darf, wenn dem ein entsprechender Baufortschritt gegenübersteht (→ Ratenzahlungsplan nach der MaBV, Seite 189). Allerdings ist in jeder Rate anteilig der unternehmerische Gewinn des Bauträgers enthalten, dem im Insolvenzfall kein materieller Wert für Sie gegenübersteht. Kann der Bauträger wegen Insolvenz das begonnene Bauvorhaben nicht fertigstellen, trifft der zuständige Insolvenzverwalter die Entscheidung, ob der Bau überhaupt noch fortgeführt wird. Entscheidet er sich dagegen, können Sie zwar Schadenersatzansprüche gegen den Bauträger haben; diese sind jedoch wegen seiner Zahlungsunfähigkeit kaum realisierbar. Die Fertigstellung des Bauvorhabens – über die beim Erwerb von Wohnungseigentum alle Käufer der betroffenen Wohnungen gemeinsam entscheiden müssen – muss in diesem Fall einem Dritten übertragen werden. Bauunternehmen werden in einer solchen Situation aber meist deutlich höhere Preise verlangen und aus guten Gründen nicht dazu bereit sein, für die Qualität der bereits vorhandenen Bausubstanz selbst zu haften. Darüber hinaus ist es erfahrungsgemäß kaum möglich, eine solche einheitliche Entscheidung von allen betroffenen Käufern zu erzielen. Bei einer Insolvenz des Bauträgers erleidet der Erwerber also trotz der beschriebenen Schutzvorschriften der MaBV erhebliche finanzielle Nachteile.

Vertragserfüllungsbürgschaft als Sicherheit

Schutz des Käufers gegen die Bauträgerinsolvenz. Das Risiko kann dadurch aufgefangen werden, dass der gesamte Kaufpreis erst nach der Fertigstellung des Baus gezahlt werden muss. Dies ist jedoch nur selten durchsetzbar. Eine andere Möglichkeit ist, dass Ihnen der Bauträger eine Vertragserfüllungsbürgschaft über das gesamte Bauvolumen beschafft. Damit können Sie bei einer Insolvenz des Bauträgers verlangen, dass der Bürge – in der Regel seine Bank – anstelle des Bauträgers die Fertigstellung der Wohnung übernimmt bzw. finanziert. Nur mit einer Vertragserfüllungsbürgschaft über das gesamte Vertragsvolumen sind Sie also ausreichend für den Fall einer Insolvenz des Bauträgers geschützt!

Allerdings weigern sich die meisten Bauträger, eine solche Bürgschaft zu stellen. Leider kommen Bauträgerverträge daher erfahrungsgemäß nicht zustande, wenn der Verbraucher auf der Gestellung einer Vertragserfüllungsbürgschaft besteht. Sprechen Sie dieses Thema bei Ihrem Vertragspartner dennoch an, möglicherweise gehört er zu den rühmlichen Ausnahmen.

Etwas anderes gilt für die gesetzlich vorgeschriebene Sicherheit für die rechtzeitige Herstellung des Werkes ohne wesentliche Mängel in Höhe von 5 Prozent des Kaufpreises (→ Seite 183).

Sicherstellung Ihrer Ansprüche wegen etwaiger Mängel

Der Bauträger kann während der Bauphase insolvent werden, aber auch nach Fertigstellung. Dann können Sie Ihre Ansprüche wegen etwaiger Mängel nicht mehr durchsetzen (→ Seite 169 ff.). Dieselbe Situation kann auch dann entstehen, wenn der Verkäufer eine Gesellschaft ist, die nur für ein bestimmtes Bauprojekt gegründet wurde und nach dessen Vollendung aufgelöst wird (sogenannte Projektgesellschaften).

Selbst dann, wenn Ihr Vertragspartner nicht auf die eine oder andere Weise wegfällt, ist es erfahrungsgemäß schwierig, Ansprüche auf Beseitigung von Mängeln durchzusetzen. Entsprechende gerichtliche Verfahren sind meist mit sehr hohen Kosten verbunden. Diese nicht nur sehr teuren, sondern oftmals auch sehr langwierigen Bauprozesse werden im Übrigen von den Rechtsschutzversicherungen nicht bezahlt. Sie sollten daher auch nach der Übergabe Ihrer Wohnung noch eine Sicherheit dafür haben, dass Mängel ohne erhebliche Zusatzkosten für Sie beseitigt werden können. Zwar haben Sie nach dem BGB das Recht, nach der Abnahme einen angemessenen Teil des Kaufpreises zurückzuhalten, wenn Mängel vorhanden sind. Angemessen ist dabei nach dem Gesetz (§ 641 Absatz 3 BGB) in der Regel das Doppelte der für die Mängelbeseitigung voraussichtlich erforderlichen Kosten. In der Praxis können Sie aber von diesem Recht nur Gebrauch machen, wenn Sie zum Zeitpunkt der Abnahme überhaupt noch einen ausreichenden Kaufpreisanteil in Ihren Händen halten. Für die Beseitigung von Mängeln, die Sie erst nach der Zahlung des gesamten Kaufpreises feststellen, bietet das gesetzliche Zurückbehaltungsrecht also keine Sicherheit.

Sicherheit für Mängelbeseitigung ohne Zusatzkosten

Daher sollte im Kaufvertrag vereinbart werden, dass Sie auch nach der vollständigen Fertigstellung der Wohnung noch einen Betrag zwischen 5 und 10 Prozent des Kaufpreises für einen bestimmten Zeitraum, der möglichst der fünfjährigen Verjährungsfrist entsprechen sollte, einbehalten dürfen. Zugunsten des Bauträgers kann im Gegenzug vereinbart werden, dass er diesen Sicherheitseinbehalt durch eine Bürgschaft in derselben Höhe ablösen kann.

Leider ist aber auch hier festzustellen, dass sich viele Bauträger wegen der damit verbundenen Einschränkungen ihrer Liquidität gegen solche Vereinbarungen wehren und lieber vom Vertragsschluss Abstand nehmen.

Baugenehmigung

Eine weitere unabdingbare Voraussetzung für Ihren erfolgreichen Wohnungskauf ist, dass die Errichtung der Wohnung baurechtlich überhaupt zugelassen ist. Daher muss der Bauträger vor Baubeginn grundsätzlich eine Baugenehmigung erwirken. In einigen Regionen Deutschlands wird für bestimmte Bauvorhaben auf das Erfordernis einer Baugenehmigung verzichtet. Solche Bauvorhaben müssen aber zuvor bei der zuständigen Gemeinde angezeigt werden, damit diese die Genehmigungsfreiheit überprüft.

Bei fehlenden Baugenehmigungen zum Kaufzeitpunkt Frist setzen

Wenn zum Zeitpunkt des Abschlusses des Kaufvertrags für Ihr Bauvorhaben noch keine Baugenehmigung oder Bestätigung der Genehmigungsfreiheit vorliegt, sollten Sie im Vertrag eine Regelung aufnehmen, nach der der Bauträger diese innerhalb einer bestimmten Frist beibringen muss. Im Falle eines Fristablaufs ohne Vorlage dieser Unterlagen sollten Sie dazu berechtigt sein, sich kostenfrei vom Vertrag zu lösen. Dabei sollte sich der Bauträger verpflichten, Ihnen bei der Rückabwicklung des Vertrags sämtliche Ihnen mittelbar und unmittelbar entstandenen Aufwendungen und Schäden zu ersetzen. Denn sollte sich nach Vertragsschluss zeigen, dass das Bauvorhaben nicht realisiert werden kann, haben Sie schon erhebliche Kosten im Rahmen der Beurkundung (Notargebühren, Gerichtskosten) und der Finanzierung gehabt: Bereitstellungs- und Darlehenszinsen, Bearbeitungsgebühren, Notar- und Gerichtskosten für die Bestellung und Eintragung von Grundpfandrechten zur Finanzierung und anderes. Hinzu kommt die bei der Rückabwicklung des Kaufvertrags zu zahlende Nichtabnahme- oder Vorfälligkeitsentschädigung an die Bank. Hierbei handelt es sich um einen meist erheblichen Betrag, der zusätzlich an die Bank gezahlt werden muss, wenn das Darlehen, das zur Kaufpreisfinanzierung bereitgestellt wurde, entweder nicht in Anspruch genommen oder aber vorzeitig zurückgezahlt wird.

Durch ein solches Rücktrittsrecht wird nicht nur Druck auf den Bauträger ausgeübt, sich um einen schnellen Abschluss des Genehmigungsverfahrens zu bemühen. Sie haben überdies auch schnell Klarheit, ob Ihre Traumwohnung überhaupt realisiert wird.

Vorsicht! Selbst wenn Sie mit dem Bauträger vereinbaren, dass er im Rücktrittsfall die Kosten des Vertrags zu tragen hat, kann der Notar auch Sie wegen der gesamtschuldnerischen Haftung der Vertragsparteien für seine Gebühren in Anspruch nehmen. Ihnen bleibt dann nur, die Notarkosten zunächst zu begleichen und anschließend deren Erstattung vom Bauträger einzufordern.

Festpreis

Typisch für Bauträgerverträge ist, dass ein fester Kaufpreis, also ein Fest- oder Pauschalfestpreis, vereinbart wird, der grundsätzlich unabänderlich ist.

Der im Kaufvertrag genannte Kaufpreis sollte in Ihrem Interesse als Verbraucher alle Bau- sowie Baunebenkosten eindeutig umfassen. Achten Sie insbesondere darauf, dass Sie nicht mit Genehmigungs-, Abnahme- und sonstigen Gebühren, mit zusätzlichen Kosten für die Planung, Vermessung und Ähnlichem oder mit Hausanschlusskosten belastet werden. Neben dem Kaufpreis sollten Sie nur die Notar- und Gerichtskosten des Kaufvertrags, die Grunderwerbsteuer (→ Seite 35), die Kosten der Finanzierung des Kaufpreises und ihrer Sicherstellung durch Grundpfandrechte sowie solche Kosten tragen müssen, die durch Ihre nachträglichen Sonderwünsche entstehen.

Anpassung des Kaufpreises bei abweichender Wohnfläche

Viele Vertragsmuster sehen eine Anpassung des Kaufpreises für den Fall vor, dass die real gemessene Wohnfläche von der vertraglich vereinbarten Größe gemäß Bauplanung abweicht. Eine solche Klausel ist aus Ihrer Sicht unerfreulich, wenn danach der

Kaufpreis bei einer größeren Wohnfläche erhöht werden kann. In diesem Fall könnten Sie mit einem nicht kalkulierbaren Mehrpreis konfrontiert werden! Daher sollten Sie versuchen durchzusetzen, dass die Wohnfläche Ihrer Wohnung vertraglich festgelegt wird und der Kaufpreis auch bei einer größeren Wohnfläche unverändert bleibt, während er bei einer kleineren Wohnfläche entsprechend zu verringern ist.

Erschließungskosten oder -beiträge

Tipp

Erkundigen Sie sich vor dem Vertragsschluss bei der zuständigen Gemeinde über die abgerechneten und noch zu erwartenden Erschließungskosten. Nur so erfahren Sie, welche Forderungen im Nachhinein noch auf Sie zukommen können.

Besondere Aufmerksamkeit sollten Sie auf die Erschließungskosten oder -beiträge richten, die von der Kommune erhoben werden. Mit der Erschließung eines Grundstücks sind dessen Anschluss an das öffentliche Versorgungsnetz, aber auch die Errichtung der öffentlichen Straßen, Wege, Plätze oder Grünanlagen im Baugebiet gemeint. Üblich und auch interessengerecht ist, dass der Verkäufer nur die Kosten der erstmaligen Erschließung trägt. Kosten späterer Umbauten oder Erneuerungen von Erschließungsanlagen gehen dann anteilig zulasten des Käufers.

Eine solche Regelung wirkt allerdings nur im Innenverhältnis zwischen Ihnen und Ihrem Vertragspartner. Auch hier gilt: Nimmt die Kommune nach der Eigentumsumschreibung Sie wegen der anteiligen Kosten der Ersterschließung in Anspruch, können Sie nicht die Zahlung verweigern, sondern müssen erst einmal zahlen. Sie können bei einer entsprechenden vertraglichen Regelung zwar den Bauträger in Regress nehmen. Ist aber der Bauträger dann zum Beispiel insolvent, ist Ihr etwaiger Anspruch gegen ihn nicht mehr zu realisieren. Damit Sie für diesen Fall abgesichert sind, bestehen verschiedene Möglichkeiten, wie die Gestellung einer Bürgschaft durch den Verkäufer über die von ihm zu tragenden Erschließungskosten. Bitten Sie den Notar, der dabei besondere Belehrungspflichten zu erfüllen hat, um Erläuterung der verschiedenen Lösungswege.

Fälligkeit des Kaufpreises

Für den Bauträgervertrag schreibt die MaBV zwingend vor, dass die Fälligkeit des Kaufpreises – also der Zeitpunkt, in dem die jeweiligen Kaufpreisraten beim Bauträger gezahlt werden müssen – nicht nur vom Baufortschritt abhängt, sondern auch vom Vorliegen weiterer Voraussetzungen, die dem Schutz des Erwerbers dienen.

Diese »allgemeinen Fälligkeitsvoraussetzungen« sind:
- Wirksamkeit des Vertrags und Vorliegen der für seinen Vollzug erforderlichen Genehmigungen,
- Eintragung einer Auflassungsvormerkung für den Käufer,
- Vollzug der Teilungserklärung im Grundbuch,
- Freistellung des Kaufobjekts von allen vorrangigen Grundpfandrechten,
- das Vorliegen der Baugenehmigung bzw. der Bestätigung, dass die Baugenehmigung als erteilt gilt oder nach den baurechtlichen Vorschriften mit dem Bau begonnen werden darf.

Mit Ausnahme der Baugenehmigung, die Ihnen der Verkäufer vorlegt, sollte Ihnen der Notar diese allgemeinen Fälligkeitsvoraussetzungen schriftlich bestätigen. Näheres zu dieser Fälligkeitsmitteilung des Notars, ohne die Sie den Kaufpreis keinesfalls zahlen sollten, finden Sie auf Seite 202.

Bei Bürgschaft nach § 7 MaBV frühe Zahlungsforderung möglich

Wenn die oben aufgeführten Fälligkeitsvoraussetzungen noch nicht vorliegen, darf der Bauträger aber auch dann schon Zahlungen fordern, wenn er eine Bürgschaft stellt. Grund hierfür kann sein, dass zum Beispiel eine behördliche Genehmigung für die Aufteilung des Objekts in Wohnungseigentum fehlt, aber der Bauträger bereits mit dem Bau beginnen möchte. Diese **Bürgschaft nach § 7 MaBV** darf nicht mit einer Vertragserfüllungs- oder mit einer Gewährleistungsbürgschaft verwechselt werden. Sie dient nur dazu, den Zeitraum zwischen dem Baubeginn und dem Vorliegen der allgemeinen Fälligkeitsvoraussetzungen zu überbrücken, und ist daher zurückzugeben, sobald die allgemeinen Fälligkeitsvoraussetzungen erfüllt sind. Wenn der Vertrag eine solche Bürgschaft vorsieht, sollten Sie unbedingt vor der Beurkundung mit Ihrer Bank, die den Kaufpreis finanziert, klären, ob und gegebenenfalls unter welchen Voraussetzungen sie auch bei Vorlage einer solchen Bürgschaft den Kaufpreis auszahlen wird. Möglicherweise ist auch der Kaufvertrag entsprechend anzupassen. Wenn der Verkäufer eine solche Bürgschaft leistet, sollten Sie außerdem prüfen lassen, ob die Bürgschaft den gesetzlichen Anforderungen entspricht.

Zahlung des Kaufpreises in Raten

Bei einem Bauträgervertrag über eine noch nicht vollständig fertiggestellte Wohnung ist der Kaufpreis meist in Raten fällig.

Tipp

Bestehen Sie bedingungslos darauf, dass der Zahlungsplan verbindlich und Teil des Kaufvertrags wird.

Bereits im Kaufvertrag sollte ein verbindlicher Zahlungsplan konkret festgelegt werden, der die Anzahl und die Höhe der einzelnen Raten beinhaltet sowie die Leistungen, die für die jeweilige Rate erbracht werden müssen. Diese Punkte sollten nicht in das Ermessen des Verkäufers gestellt werden. Lassen Sie an dieser Stelle nicht mit sich diskutieren.

In den meisten Vertragsmustern ist ein solcher verbindlicher Zahlungsplan enthalten. Möglicherweise wird der Bauträger Ihnen gegenüber behaupten, dass dieser Zahlungsplan durch die MaBV vorgeschrieben und daher nicht verhandelbar sei. Das ist nicht richtig: Der Bauträger darf nach der MaBV den Kaufpreis in höchstens sieben Raten einfordern. Der Zeitpunkt, zu dem sie zu zahlen sind, also deren Fälligkeit, muss sich nach dem Baufortschritt richten. Die MaBV gibt auch die maximale Ratenhöhe vor (→ Kasten Seite 189).

Höchstsätze dürfen unterschritten werden

Dabei handelt es sich um Höchstsätze, die nicht über-, jedoch durchaus unterschritten werden dürfen. Es ist also zulässig, weniger als sieben Raten zu verlangen oder aber die einzelnen Raten niedriger als gesetzlich vorgesehen anzusetzen. Daher ist es dem Bauträger zum Beispiel auch erlaubt, den gesamten Kaufpreis erst nach vollständiger Fertigstellung zu verlangen, sodass der Käufer keinerlei Vorleistung erbringen muss. Solche verbraucherfreundlichen Vertragsgestaltungen sind allerdings selten.

Der Ratenzahlungsplan nach der Makler- und Bauträger-Verordnung (MaBV)

Beim Erwerb einer Wohnung zu Eigentum dürfen nach § 3 Absatz 2 MaBV die maximal sieben Zahlungsraten aus folgenden Kaufpreis-Teilbeträgen (in Prozent der Gesamtkosten) zusammengesetzt werden:

30,0 %	nach Beginn der Erdarbeiten
28,0 %	nach Rohbaufertigstellung einschließlich Zimmererarbeiten
5,6 %	für die Herstellung der Dachflächen und Dachrinnen
2,1 %	für die Rohinstallation der Heizungsanlagen
2,1 %	für die Rohinstallation der Sanitäranlagen
2,1 %	für die Rohinstallation der Elektroanlagen
7,0 %	für den Fenstereinbau einschließlich der Verglasung
4,2 %	für den Innenputz, ausgenommen Beiputzarbeiten
2,1 %	für den Estrich
2,8 %	für die Fliesenarbeiten im Sanitärbereich
8,4 %	nach Bezugsfertigkeit und Zug um Zug gegen Besitzübergabe
2,1 %	für die Fassadenarbeiten
3,5 %	nach vollständiger Fertigstellung

Erste Kaufpreisrate möglichst gering halten

Die erste Kaufpreisrate. Zumeist wird eine erste Rate in Höhe von 30 Prozent – beim Erwerb eines Erbbaurechts in Höhe von 20 Prozent – des Kaufpreises mit Beginn der Erdarbeiten, also mit dem ersten Spatenstich, fällig. Aus Ihrer Sicht sollten Sie versuchen durchzusetzen, dass die erste Rate reduziert wird, zum Beispiel auf 20 Prozent des Kaufpreises. Dadurch verringern Sie das finanzielle Risiko für den Fall, dass der Bauträger nach Baubeginn, aber bevor er wesentliche Gegenleistungen erbracht hat, insolvent wird.

Die vorletzte und letzte Kaufpreisrate. Die letzten Raten sollten wiederum möglichst hoch sein. Hintergrund ist das Recht des Käufers, bei Baumängeln einen angemessenen Teil des Kaufpreises zurückzubehalten (→ Seite 183). Wenn Sie aber, wie üblich, nach der Abnahme und Übergabe der Wohnung nur noch die letzte Rate in Höhe von zumeist 3,5 Prozent in Händen halten, können die voraussichtlichen Mängelbeseitigungskosten deutlich darüber liegen. So wird der Schutz dieses Zurückbehaltungsrechts abgeschwächt. Dasselbe gilt, wenn Ihnen die Wohnung erst nach vollständiger

Fertigstellung und Zahlung des gesamten Kaufpreises übergeben wird. Des Weiteren sollte die vorletzte Rate bereits bei der Übergabe des Objekts im bezugsfertigen Zustand fällig werden und die letzte Rate erst nach vollständiger Fertigstellung einschließlich der Beseitigung aller Mängel.

Kaufraten richten sich nach Baufortschritt

Beachten Sie bei Ihrer finanziellen Planung auch den Baufortschritt, den das Objekt zum Zeitpunkt des Vertragsschlusses erreicht hat: Hat der Bauträger bereits mit dem Bau begonnen, werden die erste Rate und mitunter auch darauf folgende Raten direkt nach Vertragsschluss fällig. Sie müssen daher in diesem Fall recht kurzfristig die erste(n) Kaufpreisrate(n) zur Verfügung stellen können.

Zusammengefasst: Die ersten Raten sollten in Ihrem Interesse so niedrig wie möglich, die letzten zwei Raten hingegen so hoch wie möglich sein.

Bei der Vereinbarung von Ratenzahlungen in Bauträgerverträgen sieht das Gesetz im Übrigen vor, dass der Bauträger dem Käufer eine Sicherheit für die rechtzeitige Fertigstellung ohne wesentliche Mängel in Höhe von mindestens 5 Prozent der Vergütung gibt. Der Bauträger kann dabei wählen, wie er diese Sicherheit leisten möchte: Dies kann zum Beispiel in Gestalt einer Bürgschaft geschehen. Eine andere Möglichkeit besteht darin, dass Sie einen entsprechenden Teilbetrag von der ersten Rate einbehalten, der erst nach rechtzeitiger und mängelfreier Fertigstellung des Kaufobjekts fällig wird. Im Vertrag sollten die Verpflichtung des Bauträgers zur Gestellung dieser Sicherheit und ihre Modalitäten ausdrücklich festgelegt werden!

Bauzeit

Neben den Zahlungsmodalitäten ist die Bauzeit ein zentraler Aspekt aller Bauträgerverträge. Eindeutige Regelungen dazu sind für Sie von überragender Bedeutung. Sie müssen planen können, zu welchem Termin Sie Ihre alte Wohnung kündigen oder aber verkaufen und wann Sie in Ihr neues Heim einziehen bzw. ab wann Sie die neue Wohnung vermieten können. Wichtig ist aber auch, wann der Bau beginnt, weil dann ja meist die erste Zahlung zu leisten ist, und Sie über eine rechtliche Handhabe verfügen, wenn der Bauträger mit dem Baubeginn in Verzug gerät.

Tipp

Wenn sich der Bauträger gegen die vertragliche Festlegung von Kalenderdaten für den Baubeginn und die Fertigstellung wehrt, verweisen Sie bei den Verhandlungen auf seine Prospekte und Exposés, wenn darin mit bestimmten Terminen zur Fertigstellung geworben wird. Nageln Sie den Bauträger hierauf fest!

Bestehen Sie daher unbedingt auf kalendermäßig festgelegte Termine des Baubeginns und der Fertigstellung im Kaufvertrag, zum Beispiel 1.7.2012. Akzeptieren Sie keine ungenauen Formulierungen zur Bauzeit wie »voraussichtlich« oder »ca.«. Auch eine Bestimmung, nach der sich der Bauträger »bemüht«, zu einem bestimmten Zeitpunkt mit dem Bau zu beginnen oder den Bau fertigzustellen, nützt Ihnen nicht. Ablehnen sollten Sie überdies Klauseln, nach denen ausschließlich auf die Erteilung der Baugenehmigung oder andere von Ihnen nicht zu beeinflussende Faktoren abgestellt wird, wie zum Beispiel »zwölf Monate nach Baugenehmigung«. Allein der Bauträger kann absehen, ob und wann die Baugenehmigung erteilt werden wird, und den Baubeginn sowie die Bauzeit darauf abstimmen. Auch gehört es zu den Pflichten Ihres Vertragspartners, schon im Rahmen der Vorbereitung und Planung des Bauvorhabens sicherzustellen, dass eine zügige Genehmigung und anschließende Bebauung möglich ist. Daher sollten Versäumnisse in diesem Bereich unbedingt allein zu seinen Lasten gehen. Lassen Sie sich nicht auf Diskussionen hierüber ein.

Vertragsstrafe und Entschädigung bei Überschreitung vereinbarter Termine

Wichtig ist es schließlich, im Vertrag festzulegen, welche Konsequenzen die Überschreitung der vereinbarten Termine hat. Dies kann durch eine Vertragsstrafe oder durch eine Entschädigungsregelung geschehen, durch die sich der Bauträger verpflichtet, für jeden Tag der Fristüberschreitung einen bestimmten Betrag an Sie zu zahlen. Zur Ermittlung eines angemessenen Betrags können Sie von der Miete ausgehen, die Sie bei der Vermietung Ihrer neuen Wohnung erzielen könnten. Zusätzlich sollten Sie die Ihnen entstehenden Kosten einer Ersatzunterkunft, des verzögerten Umzugs, des Verdienstausfalls sowie sonstige Schäden berücksichtigen, die bei einer verspäteten Errichtung entstehen können. Der sich daraus ergebende Betrag sollte von Ihnen mit der nächsten Kaufpreisrate verrechnet werden dürfen. Auch dies muss vertraglich festgelegt werden.

Vorbehalt von Änderungen in der Ausführung und sonstigen Abweichungen von der Baubeschreibung

Sehr weit verbreitet ist es, dass sich der Bauträger im Kaufvertrag das Recht vorbehält, von der ohnehin häufig nicht sehr aussagekräftigen Baubeschreibung abzuweichen, etwa wenn behördliche Auflagen erfüllt werden müssen oder eine Änderung »aus technischen Gründen« erforderlich ist (Änderungsvorbehalt).

Vorausschauende Planung kann verlangt werden

Es gehört jedoch zu den wesentlichen Pflichten des Bauträgers, das Bauvorhaben so sorgfältig und vorausschauend zu planen, dass kurzfristige Änderungen der Bauausführung nicht nötig werden sollten. Sowohl die baurechtlichen Hürden als auch die Fragen der technischen Umsetzung und der Verfügbarkeit der benötigten Materialien sollte der Bauträger bereits frühzeitig geklärt haben, sodass er sich keine Änderungen mehr vorbehalten muss. Deshalb, und um vor unliebsamen Veränderungen geschützt zu werden, sollte ein Änderungsvorbehalt entweder vollständig gestrichen oder aber dahin ergänzt werden, dass Sie sämtlichen Änderungen zuvor zustimmen müssen. Dies ist allerdings meist nur schwer durchsetzbar.

Der Bundesgerichtshof hat dazu übrigens festgestellt, dass Änderungsvorbehalte nur unter bestimmten Voraussetzungen zulässig sind (Urteil vom 23. 6. 2005, Aktenzeichen: VII ZR 200/04).

Vereinbarte Änderungen der Baubeschreibung

Unbedingt bereits vor Vertragsschluss sollten Sie sich darüber klar werden, ob Sie Ihrerseits Leistungen in der Baubeschreibung ändern oder einige der dort aufgeführten Arbeiten in Eigenleistung erbringen möchten. Jede Abweichung der Baubeschreibung, die bereits bei Vertragsschluss feststeht und mit dem Bauträger vereinbart ist, muss im Kaufvertrag oder in einer ebenfalls zu beurkundenden Anlage dazu aufgeführt werden. Andernfalls können sowohl der notarielle Bauträgervertrag als auch die außerhalb dieses Vertrags getroffenen Vereinbarungen nichtig sein. Durch die Aufnahme von solchen Änderungswünschen in den notariellen Vertrag kann sich zwar der Kaufpreis erhöhen. Das hat zur Folge, dass auch eine höhere Grunderwerbsteuer anfällt. Daran führt aber kein Weg vorbei: Werden nämlich Änderungswünsche, die den Kaufpreis und damit auch die Grunderwerbsteuer erhöhen, nicht mit beurkundet, um Steuern zu sparen, kann dies auch für Sie strafrechtliche Folgen haben. Hinzu kommt, dass Zusatzkosten durch erst später vereinbarte Sonderwünsche oft nicht von der Finanzierung des – vertraglich fixierten – Kaufpreises gedeckt sind.

Änderungswünsche ohne vertragliche Zusage müssen nicht durchgeführt werden

Wenn Sie vor Vertragsschluss Änderungswünsche haben, deren Preis oder Durchführbarkeit noch nicht feststeht oder zu denen Ihr Vertragspartner aus anderen Gründen noch keine Zusage gegeben hat, so müssen Sie überlegen, ob Sie die Wohnung auch ohne diese Extras kaufen möchten. Hängt Ihre Kaufentscheidung von diesen Sonderwünschen ab, zum Beispiel weil es Ihnen auf eine kind- oder auch eine behindertengerechte Ausstattung der Wohnung ankommt, sollte der Kaufvertrag nicht geschlossen werden, bevor nicht Einigkeit darüber erzielt wurde. Alternativ dazu könnte der Kaufvertrag für Sie ein besonderes, kostenfreies Rücktrittsrecht für den Fall vorsehen, dass die im Vertrag näher zu bezeichnenden Änderungswünsche nicht ausgeführt werden können.

Sonderwünsche nach Vertragsabschluss

Klauseln, um spätere Sonderwünsche umsetzen zu können

Ist der Kaufvertrag erst einmal geschlossen, so ist der Bauträger grundsätzlich nicht dazu verpflichtet, spätere Wünsche des Käufers nach Änderungen der Baubeschreibung (Sonderwünsche) oder Durchführung einzelner Arbeiten in Eigenregie (Eigenleistungen) zu berücksichtigen. Dieses Problem lässt sich dadurch lösen, dass in den Vertrag eine Klausel aufgenommen wird, nach der sich Ihr Vertragspartner dazu verpflichtet, auch nachträglich geäußerte Sonderwünsche und Eigenleistungen zu akzeptieren, wenn sie baurechtlich zulässig und durchführbar sind. Im Einzelfall könnte es allerdings selbst dann schwierig sein, nachträgliche Änderungswünsche gegen den Willen des Bauträgers durchzusetzen.

Tipp

Wenn Sie Eigenleistungen beabsichtigen, legen Sie deren entsprechende Verrechnung mit dem Kaufpreis vertraglich fest.

Außerdem sollte festgelegt werden, dass Ihnen für Leistungen in der Baubeschreibung, die aufgrund von in Eigenregie durchgeführten Arbeiten entfallen, entsprechende Beträge gutgeschrieben werden. Selbst wenn dadurch oft nur eine sehr niedrige Ersparnis erzielt werden kann, gibt es keinen Grund dafür, dass Sie nicht davon profitieren sollten. Andererseits ist es natürlich verständlich, wenn der Bauträger Zusatzkosten, die durch Ihre nachträglichen Sonderwünsche entstehen, an Sie weitergeben möchte. Je nach Vertragsgestaltung kann es übrigens erforderlich sein, dass auch nachträgliche Vereinbarungen über Sonderwünsche notariell zu beurkunden sind. Hierzu kann Ihnen der beurkundende Notar unter Berücksichtigung der Einzelheiten des Kaufvertrags nähere Auskünfte geben.

Häufig finden sich in Bauträgerverträgen auch Regelungen, nach denen Sie Ihre Sonderwünsche unmittelbar mit den am Bau tätigen Subunternehmern vereinbaren sollen. Das hat zur Folge, dass Sie wegen Ihrer Sonderwünsche selbstständige Verträge mit den bauausführenden Unternehmen abschließen müssen. Allerdings kennen Sie zum Zeitpunkt des Abschlusses des Bauträgervertrags die am Bau beteiligten Unternehmer, deren Vertragsbedingungen und vor allem deren Preise meist noch nicht. Daher sollten Sie verlangen, dass ausschließlich der Bauträger für die Ausführung Ihrer Sonderwünsche zuständig ist. So haben Sie es auch nur mit einem Vertragspartner zu tun.

Besichtigung der Baustelle

Auch wenn es wie eine Selbstverständlichkeit erscheint, sollte Ihnen im Kaufvertrag ausdrücklich das Recht eingeräumt werden, die Baustelle – auch in Begleitung Dritter – besichtigen zu dürfen. Dies gilt insbesondere in der Endphase des Baus, weil der Rohbau dann durch provisorische Türen verschlossen ist.

Nutzen Sie dieses Besichtigungsrecht, um regelmäßig zu kontrollieren, ob die vereinbarten Arbeiten fertiggestellt sind, und um den Bau regelmäßig auf etwaige Mängel hin zu untersuchen. Ist der Rohbau erst einmal verputzt, sind die verwendeten Materialien, die Deckenstärken und auch die Leitungen nicht mehr ohne Weiteres prüfbar. Aber auch viele Baumängel sind nach Fertigstellung eines Gebäudes nur noch schwer feststellbar oder behebbar. Für die regelmäßige Kontrolle der Bauarbeiten sollten Sie unbedingt einen unabhängigen Architekten oder Bauingenieur engagieren.

Festlegung des Zeitpunkts der Abnahme und Übergabe der Wohnung

Achten Sie darauf, dass die Wohnung nicht erst nach vollständiger Fertigstellung oder gar zu einem Zeitpunkt nach Wahl des Bauträgers abgenommen und Ihnen übergeben wird, sondern bereits bei Bezugsfertigkeit.

Vollständig fertiggestellt ist ein Bau erst, wenn der Bauträger sämtliche ihm nach dem Vertrag obliegenden Leistungen erbracht hat. Dazu muss also nicht nur das Gebäude selbst vollständig errichtet sein, sondern auch, soweit vertraglich vereinbart, die Außenanlagen wie Stellplätze oder Garagen, Wege, Gartenanlagen und Ähnliches. Nach der Rechtsprechung ist zur vollständigen Fertigstellung auch die Beseitigung aller wesentlichen Mängel notwendig. Gerade die Mängelbeseitigung ist aber erfahrungsgemäß oft ein Streitpunkt und nimmt viel Zeit in Anspruch. Dadurch kann sich die Abnahme und Übergabe der Wohnung, wenn sie erst nach vollständiger Fertigstellung erfolgen soll, erheblich verzögern. Es kommt sogar vor, dass ein Bauträger die Käufer mit der Erklärung unter Druck setzt, dass er erst bei vollständiger Fertigstellung zur Abnahme und Übergabe verpflichtet sei und daher das Objekt mangels vollständiger Fertigstellung zurückhalten müsse, solange die Käufer an den von ihnen geäußerten Mängelrügen festhalten und nicht den vollständigen Kaufpreis zahlen würden.

Mängelbeseitigung oft langwierig und ärgerlich

Um solche Situationen zu vermeiden, sollte im Vertrag festgeschrieben werden, dass Abnahme und Übergabe der Wohnung bereits bei Bezugsfertigkeit erfolgen müssen. Bezugsfertig ist eine Wohnung, wenn es trotz etwaiger Mängel und ausstehender Restarbeiten zumutbar und ohne Gefahren möglich ist, dort einzuziehen und darin zu wohnen.

Klauseln zur Durchführung der Abnahme und Übergabe der Wohnung

Die Abnahme Ihrer neuen Wohnung, die meist mit der Übergabe zusammenfällt, ist für Sie als Käufer besonders wichtig. Hier werden die Weichen für die Erfolgsaussichten Ihrer Ansprüche bei etwaigen Baumängeln und für Ihre sonstigen Rechte gestellt (→ Seite 207 ff.).

Tipp

Bereiten Sie die Abnahme durch eine Vorbesichtigung gut vor, erscheinen Sie persönlich beim Abnahmetermin und nehmen Sie eine sachverständige Person mit.

Daher sollten Sie die für Sie so wichtige Abnahme bereits im Vorfeld gut vorbereiten (→ Seite 210) und dazu einen Architekten oder Bauingenieur hinzuziehen. Weil dies meist nicht in wenigen Tagen zu bewerkstelligen ist, sollte sich Ihr Vertragspartner bereits im Kaufvertrag dazu verpflichten, Ihnen den Termin zur Abnahme mindestens zwei, besser drei Wochen vorher mitzuteilen. Zusätzlich kann es sinnvoll sein, eine gemeinsame Vorbesichtigung zu vereinbaren.

Oftmals enthalten Vertragsmuster ausführliche Regelungen für den – praktisch eher seltenen – Fall, dass der Käufer trotz ordnungsgemäßer Einladung nicht zum Termin zur Abnahme erscheint oder dass er zwar erscheint, aber die Abnahme grundlos verweigert. Häufig wird für solche Situationen vorgesehen, dass die Abnahme nach einem weiteren erfolglosen Termin und Ablauf einer bestimmten Frist als mängelfrei erfolgt gilt (sogenannte »fiktive Abnahme«). Dies ist aus den vorstehend dargestellten Gründen nicht im Interesse des Käufers.

Abnahme des Gemeinschaftseigentums

Die Abnahme des Gemeinschaftseigentums erfolgt – anders als beim Sondereigentum an den einzelnen Wohnungen – meist erst nach dessen vollständiger Fertigstellung. Streng juristisch betrachtet müsste auch das Gemeinschaftseigentum durch jeden einzelnen Erwerber einer Wohnung abgenommen werden. Dies ist aber kaum praktikabel.

Stattdessen wird häufig vereinbart, dass eine einheitliche Abnahme des Gemeinschaftseigentums entweder durch den Verwalter oder einen anderen gemeinsamen Bevollmächtigten für alle Eigentümer erfolgt oder aber durch die Wohnungseigentümergemeinschaft im Rahmen der ordnungsgemäßen Verwaltung beschlossen wird. Soll die Abnahme durch einen Bevollmächtigten, meist einen Sachverständigen, stattfinden, sollte dieser neutral sein und nicht aus dem Lager des Bauträgers kommen, also nicht der vom Bauträger selbst eingesetzte Verwalter oder ein ihm nahestehendes Unternehmen sein. Das kann zum Beispiel dadurch erreicht werden, dass dazu ein öffentlich bestellter und vereidigter Sachverständiger von der Industrie- und Handelskammer, der Handwerkskammer oder der Architektenkammer benannt wird.

Auf Neutralität des Sachverständigen achten

Ist die Abnahme bereits durchgeführt, sollten Sie sich das Protokoll der Abnahme vorlegen lassen und klären, ob die dort aufgeführten Mängel beseitigt sind. In diesem Fall können übrigens Besonderheiten bei der Frist zur Verjährung Ihrer Ansprüche wegen Mängeln am Gemeinschaftseigentum bestehen (→ Seite 219 f.).

Haftung des Bauträgers bei Mängeln

Es ist üblich, dass der Verkäufer einer Immobilie seine Haftung für etwaige Mängel daran ausschließt, soweit dies möglich ist. Bei Bauträgerverträgen hat der Gesetzgeber aber Grenzen gesetzt: So darf die Haftung für Mängel des Grundstücks zwar ausgeschlossen werden. Dieser Ausschluss gilt aber nicht für Grundstücksmängel, die zu einem Mangel des Gebäudes führen, wenn also zum Beispiel das Haus gar nicht auf dem Grundstück errichtet werden kann.

Für das Gebäude wiederum darf der Bauträger seine Haftung nicht ausschließen, sondern lediglich modifizieren: So werden zum Beispiel Schadenersatzansprüche häufig beschränkt (zur Haftung des Verkäufers → Seite 220). Achten Sie darauf, dass hier nicht allzu viele Regelungen getroffen werden, weil diese meist zu Einschränkungen Ihrer gesetzlichen Rechte und Ansprüche führen. Lassen Sie sich die Regelungen zur Haftung und deren rechtliche Konsequenzen vom Notar erläutern.

Wenn bereits mit dem Bauvorhaben begonnen wurde, sollten Sie das Kaufobjekt im Übrigen bereits vor Vertragsschluss gründlich untersuchen und sich im Kaufvertrag zusichern lassen, dass etwaige, genau zu bezeichnende Mängel noch beseitigt werden. Andernfalls können Sie Ihre Rechte wegen solcher bei Vertragsschluss bereits erkennbarer Mängel verlieren.

Einschaltung eines Sachverständigen bei Meinungsverschiedenheiten

Eine vertragliche Regelung dazu, dass bei Meinungsverschiedenheiten über Baumängel oder Restarbeiten ein Bausachverständiger eingeschaltet wird, ist sinnvoll. Dadurch können zeit- und kostenaufwendige Streitigkeiten vermieden werden. Achten Sie darauf, dass der Sachverständige neutral ist, indem er nicht von einer Vertragspartei, sondern ausschließlich von der Industrie- und Handelskammer, der Handwerkskammer oder der Architektenkammer benannt werden darf. Des Weiteren sollten die Kosten des Sachverständigen nicht nur von Ihnen zu tragen sein, sondern auf beide Vertragspartner verteilt werden, je nachdem, wessen Behauptungen sich als richtig oder falsch erweisen. Schließlich sollte durch die Einschaltung eines solchen Sachverständigen nicht der ordentliche Rechtsweg ausgeschlossen werden, damit Sie die Möglichkeit haben, dessen Feststellungen und Bewertungen auch gerichtlich überprüfen zu lassen.

Kosten des Sachverständigen von beiden Vertragspartnern zu tragen

Besondere Rücktrittsrechte für den Bauträger

Manche Vertragsmuster sehen besondere Rücktrittsrechte für den Bauträger vor. Abzulehnen sind Klauseln, die dem Bauträger den Rücktritt vom Kaufvertrag erlauben, wenn er das Baugrundstück nicht planmäßig bebauen kann oder wenn er nicht ausreichend viele Wohnungen verkauft. Sowohl die technische und rechtliche Bebaubarkeit des Baugrundstücks als auch die Vermarktung des Objekts obliegen dem Bauträger. Nur er hat es in der Hand, diese Faktoren zu beeinflussen, sodass auch nur er diese Risiken zu tragen hat. Für Sie ist es auch nicht zumutbar, einseitig an den Kaufvertrag gebunden zu sein, ohne zu wissen, ob das Bauprojekt letztlich überhaupt realisiert wird.

Ausschluss Ihrer Schadenersatzansprüche kann teuer werden

Dies gilt insbesondere dann, wenn für den Fall eines Rücktritts des Bauträgers aus solchen oder vergleichbaren Gründen Ihre Schadenersatzansprüche ausgeschlossen werden: Sollte sich nach Vertragsschluss zeigen, dass das Bauvorhaben nicht durchgeführt wird, sind Ihnen möglicherweise schon erhebliche Notar- und Gerichtskosten für die Beurkundung des Kaufvertrags entstanden sowie weitere Kosten für die Finanzierung des Kaufpreises, Bearbeitungsgebühren und Notar- sowie Gerichtskosten für die Bestellung von Grundpfandrechten. Zusätzlich müssen Sie damit rechnen, an Ihre Bank eine Nichtabnahme- oder Vorfälligkeitsentschädigung in erheblicher Höhe zahlen zu müssen.

Wenn der Bauträger an seinen Rücktrittsrechten festhält, sollten Sie daher auf einer vertraglichen Regelung bestehen, nach der er Ihnen bei der Rückabwicklung des Vertrags sämtliche mittelbar und unmittelbar entstandenen Aufwendungen und Schäden ersetzen muss.

Übernahme der anteiligen Kosten für vorbereitende Maßnahmen

Im Vorfeld des Verkaufs anfallende Kosten sollten im Festpreis einkalkuliert sein

Mitunter steht im Bauträgervertrag eine Klausel, nach der Sie neben den üblichen Notar- und Gerichtskosten des Vertrags selbst auch die anteiligen Kosten für die Beurkundung der Teilungserklärung und/oder der Baubeschreibung tragen sollen. Dasselbe gilt für Planungs- und sonstige Kosten, wie zum Beispiel im Zusammenhang mit der Abgeschlossenheitsbescheinigung. Üblicherweise sind solche Kosten, die zwingend im Vorfeld des Verkaufs anfallen, bereits im Festpreis einkalkuliert. Weisen Sie daher solche Klauseln zurück.

Kauf einer gerade fertiggestellten Wohnung

Beim Kauf einer Wohnung, die bereits fertiggestellt ist, aber noch nicht oder allenfalls für einen kurzen Zeitraum genutzt wurde, gelten die gleichen vertraglichen und gesetzlichen Regelungen wie beim Kauf eines noch nicht errichteten oder noch im Bau befindlichen Objekts.

Dies gilt insbesondere für die Sicherstellung Ihrer Ansprüche wegen etwaiger Baumängel, die ja auch beim Kauf einer neu fertiggestellten Wohnung noch auftreten können, und für das Abwälzen der anteiligen Kosten für die Beurkundung von Teilungserklärung und/oder Baubeschreibung. Anders als beim Kauf einer noch nicht fertiggestellten Wohnung wird der Kaufpreis hier jedoch nicht in Raten, sondern meist in einem Betrag und recht kurzfristig fällig.

Tipp

Prüfen Sie den Vertrag nach Klauseln über die vorhandene Bauqualität. Nehmen Sie keine Mängel als zur Wohnung zugehörig hin und drängen Sie auf ihre Beseitigung gemäß Vertrag.

Eine weitverbreitete Besonderheit beim Erwerb einer neuen Wohnung ist, dass sich in den Verträgen Klauseln finden, nach denen die vorhandene Bauqualität als vertragliche Beschaffenheit vereinbart wird. Folge davon ist, dass die Wohnung selbst dann, wenn sie zum Beispiel von der Baubeschreibung abweicht, als vertrags- und damit ordnungsgemäß gilt, sodass Sie als Erwerber keine Ansprüche deswegen geltend machen können. Daher ist es für Sie besonders wichtig, dass Sie das Kaufobjekt bereits vor Vertragsschluss eingehend auf etwaige Mängel hin untersuchen, am besten zusammen mit einem Sachverständigen, und sich die Beseitigung der dabei festgestellten Mängel vom Verkäufer im Kaufvertrag vertraglich zusichern lassen.

Nach der Beurkundung des Kaufvertrags

Mit der Unterzeichnung des Kaufvertrags werden Sie noch nicht Eigentümer der neuen Wohnung. Kaufverträge über Immobilien unterscheiden sich nämlich von den Geschäften des täglichen Lebens in einem ganz wesentlichen Punkt: Beim täglichen Einkauf geben Sie an der Kasse Ihr Geld ab. Gleichzeitig, also »Zug um Zug«, erhalten Sie das Eigentum an den gekauften Waren. Dieser Ablauf ist beim Erwerb einer Immobilie nicht möglich. Vielmehr sind hier mehrere Zwischenschritte notwendig, über die Sie der beurkundende Notar laufend informiert.

Vormerkung, Unbedenklichkeitsbescheinigung, Löschungsunterlagen und Genehmigungen

Nach der Beurkundung des Kaufvertrags legt der Notar dem Grundbuchamt eine Ausfertigung hiervon mit dem Antrag vor, für den oder die Käufer eine Auflassungs- bzw. Eigentumsverschaffungsvormerkung einzutragen (→ Seite 171 f.). Gleichzeitig schickt er den Vertragsparteien Abschriften des Kaufvertrags. Auch das Finanzamt erhält eine Abschrift, damit es die anfallende Grunderwerbsteuer festsetzen kann. Die Höhe der Grunderwerbsteuer wird mittlerweile von den Bundesländern selbst bestimmt. Sie ist daher nicht mehr bundesweit einheitlich und beträgt je nach Bundesland derzeit zwischen 3,5 Prozent und 5 Prozent des Kaufpreises. Erkundigen Sie sich daher bereits frühzeitig beim Finanzamt oder auch beim Notar nach der Höhe der Grunderwerbsteuer.

Grunderwerbsteuer legen Bundesländer selbst fest

Sobald die Grunderwerbsteuer bezahlt wurde, sendet das Finanzamt dem Notar die Unbedenklichkeitsbescheinigung zu. Darin erklärt es, dass aus steuerlicher Sicht gegen die Eigentumsumschreibung auf Sie keine Bedenken bestehen. Aber keine Angst: Hier geht es nicht um etwaige sonstige Steuerschulden des Käufers, sondern allein um die Grunderwerbsteuer. Die Eigentumsumschreibung im Grundbuch setzt zwingend voraus, dass die Unbedenklichkeitsbescheinigung vorliegt.

Manchmal sind im Grundbuch noch Rechte eingetragen, die vom Käufer nicht zu übernehmen sind. Dann bittet der Notar nach der Beurkundung des Kaufvertrags die Gläubiger dieser Rechte darum, die Löschung zu bewilligen. Dies gilt insbesondere für Grundpfandrechte, die noch der Verkäufer bestellt hat: Die als Gläubiger eines solchen Rechts eingetragene Bank teilt dann dem Notar mit, ob und wie viel Geld sie noch vom Verkäufer zu bekommen hat.

Ebenfalls im Anschluss an die Beurkundung des Kaufvertrags kümmert sich der Notar um die sonstigen Erklärungen, die für den Vollzug des Vertrags notwendig sind. So kann es beim Erwerb einer bereits bestehenden Eigentumswohnung erforderlich sein, dass der Verwalter dem Verkauf zustimmt. Der Notar wird ihn dann darum bitten, eine solche Genehmigung zu erteilen.

Fälligkeitsmitteilung

Wenn der Notar alle Unterlagen wie Genehmigungen, Löschungsbewilligungen und andere gesammelt hat, die zur Eigentumsumschreibung erforderlich sind (mit Ausnahme der Unbedenklichkeitsbescheinigung), und er außerdem überprüft hat, ob die Eintragung der Vormerkung im Grundbuch sichergestellt bzw. beim Kauf vom Bauträger erfolgt ist, erhalten Sie von ihm die Fälligkeitsmitteilung. Hierin bestätigt Ihnen der Notar, dass die allgemeinen Voraussetzungen für die Fälligkeit des Kaufpreises, die auch im Vertrag aufgeführt sind, nun erfüllt sind. Ab dem Zugang dieser Fälligkeitsmitteilung liegt es dann allein in Ihrer Hand, durch die Zahlung des Kaufpreises und der Grunderwerbsteuer die weiteren Voraussetzungen für die Umschreibung des Eigentums zu erfüllen.

Notar bestätigt Erfüllung der Voraussetzungen für den Kauf

Achtung beim Kauf vom Bauträger: Dabei muss zusätzlich auch die Baugenehmigung bzw. die Bestätigung, dass sie als erteilt gilt und/oder mit dem Bau begonnen werden darf, vorliegen, damit der Kaufpreis fällig wird. Diese Voraussetzung prüft der Notar nicht! Daher sollten Sie selbst prüfen, ob diese Unterlagen vorliegen. Weitere Besonderheiten beim Kauf vom Bauträger können gelten, wenn dieser eine Bürgschaft nach § 7 MaBV stellt (→ Seite 187 f.).

Für die Fälligkeit des Kaufpreises und die Fälligkeitsmitteilung ist es unerheblich, ob schon die Unbedenklichkeitsbescheinigung des Finanzamts vorliegt (→ Seite 201).

Kaufpreiszahlung

Sofern Sie eine bereits vorhandene, fertige Wohnung erwerben, sollten Sie nach dem Empfang der Fälligkeitsmitteilung im Kaufvertrag nachschauen, innerhalb welcher Frist Sie nach Zugang dieser Mitteilung den Kaufpreis zahlen müssen. Möglicherweise findet sich im Kaufvertrag ein – späteres – Kalenderdatum dafür. Dann brauchen Sie auch nicht früher zu bezahlen.

Bei Bauträgerverträgen heißt es nach Eingang der Fälligkeitsmitteilung für Sie meist: abwarten, bis die jeweilige Zahlungsanforderung vom Bauträger bei Ihnen eingeht. Überprüfen Sie dann an der Baustelle zusammen mit einem Fachmann, ob der vom Verkäufer behauptete Bauzustand auch tatsächlich erreicht ist, der ja Voraussetzung für die Fälligkeit der jeweiligen Rate ist. Allerdings sollten Sie sich juristisch beraten lassen, wenn Sie Zweifel haben, in welcher Höhe Sie eine Abschlagsrechnung begleichen müssen. Der Notar ist dafür der falsche Ansprechpartner, weil er keinen anwaltlichen Rat erteilen darf.

Tipp

Fragen Sie den Notar, an wen Sie den Kaufpreis zahlen müssen.

Sind im Grundbuch noch Grundpfandrechte eingetragen, die Sie nicht übernehmen, wird die begünstigte Bank die Löschung dieser Rechte davon abhängig machen, dass zuvor noch ein bestimmter Betrag an sie bezahlt wird. In diesem Fall wird der Notar in der Fälligkeitsmitteilung angeben, in welcher Höhe Sie einen Teil des Kaufpreises an welchen Gläubiger auf welches Konto zahlen müssen. Nur der danach übrige Teil des Kaufpreises ist unmittelbar an den Verkäufer zu zahlen. Wenn es Unklarheiten darüber gibt, an wen Sie was zu zahlen haben, sprechen Sie den Notar an und verlassen Sie sich nicht auf pauschale Auskünfte. Letztlich obliegt es Ihnen, im Zweifelsfall nachweisen zu können, dass Sie den Kaufpreis ordnungsgemäß und den vertraglichen Vereinbarungen entsprechend bezahlt haben!

Kaufpreiszahlung auf ein Notaranderkonto

Bei der Abwicklung des Kaufvertrags über ein Notarandergeldkonto hinterlegt der Käufer den Kaufpreis auf einem speziellen Treuhandkonto des Notars und damit »auf neutralem Boden«. Der Notar zahlt das so hinterlegte Geld erst dann an den Verkäufer aus, wenn alle dazu vereinbarten Bedingungen erfüllt sind und der Eigentumsübergang sichergestellt ist.

Kaufpreiszahlung auf ein Notaranderkonto als Ausnahme. Heute werden Zahlungen im Rahmen von Grundstückskaufverträgen nur noch in Ausnahmefällen über ein Notaranderkonto abgewickelt. Der Grund hierfür ist eine Gesetzesänderung vor mehreren Jahren, nach der dafür unter anderem ein »berechtigtes Sicherungsinteresse« der Vertragsparteien gefordert wird. Wenn das Interesse des Käufers am lastenfreien Eigentumserwerb einerseits und das Interesse des Verkäufers am Empfang des Kaufpreises andererseits auch anders als durch die Hinterlegung auf einem Notaranderkonto ausreichend gesichert werden können, darf der Notar es gar nicht einrichten. Meist reicht es aus zu vereinbaren, dass der Kaufpreis erst nach der notariellen Fälligkeitsmitteilung zu zahlen ist. Dadurch erübrigt sich die Hinterlegung auf einem Notaranderkonto. Dies ist im Übrigen auch die kostengünstigere Lösung. Daher ist es nur noch bei Bauträgerverträgen recht weitverbreitet, dass ein Teil des Kaufpreises, meist lediglich die letzte Rate, auf einem Notaranderkonto hinterlegt wird.

Kosten. Durch die Kaufpreisabwicklung über ein Notaranderkonto fallen zusätzliche Kosten an. Diese »Hebegebühren« richten sich nach der Höhe des ausgezahlten Betrags. Wird zum Beispiel ein Kaufpreis in Höhe von 100.000 Euro insgesamt auf einem Notaranderkonto hinterlegt und dann in einer Summe an den Verkäufer ausgezahlt, beläuft sich die Hebegebühr auf 287,50 Euro zuzüglich Mehrwertsteuer und Auslagen. Muss allerdings der hinterlegte Kaufpreis in Höhe von 100.000 Euro in fünf Teilbeträgen zu je 20.000 Euro an den Verkäufer ausgezahlt werden, betragen die Hebegebühren insgesamt 437,50 Euro zuzüglich Mehrwertsteuer und Auslagen.

Wer bei der Kaufpreisabwicklung über ein Notaranderkonto diese Kosten trägt, ist unterschiedlich und hängt oft davon ab, in wessen Interesse dies geschieht. Eine pauschale Empfehlung hierzu ist daher nicht möglich.

Eigentumsumschreibung

Wenn Sie den Kaufpreis bezahlt haben, wird der Notar darüber eine Bestätigung des Verkäufers verlangen. Liegt dann auch die Unbedenklichkeitsbescheinigung vor, beantragt der Notar beim Grundbuchamt die Umschreibung des Eigentums auf Sie. Die Umschreibung kann dann eine Weile dauern. Sorgen müssen Sie sich deshalb aber nicht machen, weil Sie ja durch die für Sie eingetragene Vormerkung geschützt sind.

Notar beantragt die Umschreibung des Eigentums

Sobald Sie als Eigentümer im Grundbuch eingetragen sind, erhalten Sie auch hierüber eine Mitteilung des Notars. Es ist sinnvoll, sich über den Notar einen vollständigen Grundbuchauszug besorgen zu lassen. Damit haben Sie eine Dokumentation des aktuellen Grundbuchstands.

Mit der Umschreibung des Eigentums an der Wohnung auf Sie ist aus notarieller Sicht der Kaufvertrag vollzogen. Damit endet die Tätigkeit des Notars bei der Vertragsabwicklung.

Notar- und Gerichtskosten

Normalerweise, aber nicht zwingend, übernimmt der Käufer die Kosten des Vertrags, also die Notar- und Gerichtskosten für dessen Beurkundung und notarielle Abwicklung. Aber Vorsicht: Es gibt einige Kostenpositionen, die nicht vom Käufer, sondern vom Verkäufer getragen werden sollten (→ Seite 199). Finanziert der Käufer den Kaufpreis ganz oder teilweise durch eine Bank, muss er außerdem noch die Notar- und Gerichtskosten für die Beurkundung und Eintragung einer Grundschuld oder Hypothek tragen.

Nicht alle Kosten sind vom Käufer zu tragen

Sowohl für die Gerichtsgebühren als auch für die Notarkosten gilt die gesetzliche Kostenordnung als Grundlage. Die Kosten richten sich zwar nach der Höhe des Kaufpreises bzw. nach der Höhe der Grundschuld oder Hypothek. Sie belaufen sich aber nicht auf einen festen Prozentsatz und steigen nicht linear an. Stattdessen sind die Notar- und Gerichtskosten im Verhältnis zum Kaufpreis bzw. der Grundschuld oder Hypothek niedriger, je höher der Kaufpreis bzw. die Grundschuld oder Hypothek ist. Hinzu kommen noch etwaige Gebühren für das Einholen von Genehmigungen und andere Tätigkeiten des Notars, die im Zusammenhang mit der Beurkundung erforderlich werden, sowie Auslagen. Diese können sehr unterschiedlich ausfallen.

Faustformel: Kalkulieren Sie für die Notar- und Gerichtskosten insgesamt etwa 2 Prozent des Kaufpreises ein. Bei einem sehr hohen Kaufpreis kann es etwas weniger sein, bei einem sehr geringen Kaufpreis können sie sich wiederum auf etwas mehr als 2 Prozent belaufen.

Abnahme und Übergabe der Immobilie

Startschuss für »Schlüsselgewalt«

Ihre neue Wohnung wird Ihnen meist dadurch übergeben, dass Ihnen die Schlüssel dafür ausgehändigt werden. Beim Erwerb einer neu errichteten Wohnung oder auch bei einem vollständig sanierten Altbau findet vor oder auch bei der Wohnungsübergabe die Abnahme statt. Mit der Abnahme erkennt der Käufer an, dass die Wohnung und insbesondere die erbrachten Bauleistungen im Wesentlichen den vertraglichen Vereinbarungen entsprechen. Bei unwesentlichen Mängeln und Restarbeiten dürfen Sie die Abnahme nicht verweigern!

Was ein wesentlicher Mangel ist, muss stets individuell geklärt werden und ist daher nicht allgemein zu definieren. Jedenfalls müssen Sie sich bei der Abnahme Ihre Rechte auf Beseitigung der dabei festgestellten Mängel ausdrücklich vorbehalten! Aus Beweisgründen sollte dies schriftlich in einem Abnahmeprotokoll geschehen. Dasselbe gilt für etwaige andere Ansprüche gegen den Bauträger wie zum Beispiel auf Zahlung einer Vertragsstrafe. Versäumen Sie dies und erklären Sie die Abnahme der Wohnung ohne Vorbehalte, können Sie diese Rechte und Ansprüche nicht mehr geltend machen!

Wichtig!

Das Abnahmeprotokoll sollte von beiden Vertragspartnern unterschrieben werden.

Die Abnahme bzw. Übergabe des Objekts ist für den Käufer sehr bedeutsam: So ist dieser Termin häufig die einzige Gelegenheit, Mängel der Wohnung mit Ihrem Vertragspartner gemeinsam zu besprechen und zu dokumentieren. Beim Erwerb vom Bauträger ist mit der Übergabe meist auch eine weitere Kaufpreisrate zu zahlen. Hinzu kommt, dass bei einem Bauträgervertrag mit der Abnahme und bei einem Kaufvertrag über eine »gebrauchte« Wohnung mit der Übergabe die Gewährleistungszeit beginnt, also die Frist bis zur Verjährung Ihrer Ansprüche aufgrund von Mängeln (→ Seite 169 f.).

Vor diesem Hintergrund sollte die Abnahme bzw. Übergabe der Wohnung sorgfältig vorbereitet und durchgeführt werden. Nach der Übergabe der Immobilie gehen zufällige Schäden daran grundsätzlich zu Ihren Lasten. Des Weiteren gehen die Verkehrssicherungspflichten auf Sie über. Sie müssen also dafür sorgen, dass keine Unfälle geschehen und Dritte durch das Objekt nicht zu Schaden kommen. Achten Sie also unbedingt darauf, dass ab diesem Zeitpunkt ausreichender Versicherungsschutz besteht.

Darüber hinaus müssen Sie ab der Wohnungsübergabe grundsätzlich auch alle weiteren Kosten der Wohnung tragen, wenn im Kaufvertrag nichts anderes dazu vereinbart wird.

Die Abnahme einer Neubauwohnung

Es muss hier zwischen der Abnahme des Gemeinschaftseigentums und der Abnahme des Sondereigentums differenziert werden.

Abnahme durch ausgewiesenen Sachverständigen

Abnahme des Gemeinschaftseigentums. Das Gemeinschaftseigentum wird – je nach Teilungserklärung und Kaufvertrag – oft von einem öffentlich bestellten und vereidigten Sachverständigen abgenommen (→ Seite 190). Dieser wird häufig vom Bauträger beauftragt oder von der Eigentümergemeinschaft, wenn sich diese bereits gebildet hat. Der Sachverständige kann auch die Beseitigung der letzten Mängel bis zur endgültigen Fertigstellung überprüfen. Beauftragt die Eigentümergemeinschaft den Sachverständigen, dann sollten auch der Hausverwalter und ein Beiratsmitglied bei der Abnahme anwesend sein.

Ist die Abnahme des Gemeinschaftseigentums bereits erfolgt, sollten Sie sich unbedingt das Protokoll vorlegen lassen, um zu erkennen, welche Mängel noch erfasst wurden, ob sie zwischenzeitlich beseitigt sind bzw. ob sich der Verwalter um ihre Beseitigung kümmert.

Abnahme des Sondereigentums. Die Abnahme des Sondereigentums ist Sache des Käufers, also Ihre Angelegenheit. Denken Sie dabei auch an andere Räume, die zu Ihrem Kaufobjekt gehören.

Wichtig: Bereiten Sie sich auf die Abnahme vor!
Überprüfen Sie die Wohnung in aller Ruhe bereits vor der offiziellen Abnahme. Machen Sie sich eine vorläufige eigene Mängelliste oder nehmen Sie einen eigenen Architekten als Berater zu dieser vorbereitenden Begehung mit und besprechen Sie mit ihm, ob bestimmte Auffälligkeiten als Mängel einzustufen sind oder nicht. Dieses Vorgehen hilft, Streitigkeiten und längere Diskussionen während der Abnahme zu vermeiden. Wenn möglich und nicht bereits geschehen, überprüfen Sie dabei auch die Wohnflächen.

Zur Abnahme des Sondereigentums sollten Sie die Baubeschreibung und die Pläne mitnehmen, um überprüfen zu können, ob die Bauausführung damit übereinstimmt und ob noch Leistungen ausstehen. Außerdem sollten Sie sich mit Maßband, Taschenlampe, Stromprüfer und Wasserwaage bewaffnen und beim Gang durch die Wohnung alle Auffälligkeiten notieren, zum Beispiel mithilfe einer Checkliste (→ Seite 212 ff.).

Durchführung der Abnahme

Die Abnahme besteht aus einer gemeinsamen Begehung der Wohnung und der Prüfung aller erbrachten Bauleistungen. Daran nehmen in der Regel der Bauleiter oder Architekt des Bauträgers, unter anderem auch andere Fachleute des Unternehmens und der Käufer mit fachlicher Begleitung teil. Noch ausstehende Leistungen und Mängel werden dann in einem schriftlichen Protokoll festgehalten, das von allen Beteiligten zu unterschreiben ist. Achten Sie unbedingt darauf, dass im Protokoll alle von Ihnen gerügten Restarbeiten und Mängel vollständig aufgeführt werden! Werden Sie sich mit dem Bauleiter über bestimmte Mängelfeststellungen nicht einig, können die unterschiedlichen Standpunkte im Protokoll festgehalten werden. Machen Sie auch Fotos von den Mängeln und unter anderem Zeichnungen von der Lage des Mangels.

Tipp

Führen Sie die Abnahme nicht allein durch! Lassen Sie sich von einem Architekten oder Bauingenieur bei der Abnahme begleiten, der Ihnen bei der Ermittlung und Feststellung möglicher Mängel zur Seite steht. Teilen Sie dem Bauträger rechtzeitig mit, dass Sie von einem fachkundigen Berater begleitet werden.

Mindestens ebenso wichtig ist, dass Sie im Abnahmeprotokoll ausdrücklich festhalten, dass Sie sich Ihre Rechte wegen der darin aufgeführten Mängel und Restarbeiten sowie unter anderem auch etwaige sonstige Ansprüche vorbehalten!

Das Abnahmeprotokoll

Im Abnahmeprotokoll sollten aufgeführt werden:

- die Namen und Anschriften aller Teilnehmer,
- das Datum der Abnahme,
- eine genaue Beschreibung und die Lage der festgestellten Mängel (nehmen Sie in das Abnahmeprotokoll all das hinein, was Ihnen auffällt, missfällt und noch nachgebessert werden muss, auch Bagatellbeanstandungen),
- Fristen für die Beseitigung der Mängel,
- Abnahme nur unter Vorbehalt aller Rechte wegen der aufgeführten Mängel und Restarbeiten sowie unter anderem auch etwaiger sonstiger Ansprüche,
- die Unterschriften aller Beteiligten,
- als Anlage zum Beispiel Zeichnungen.

Was ist ein Mangel?

Mängel liegen vor, wenn die Wohnung bei der Übergabe nicht der vereinbarten Beschaffenheit entspricht. Soweit vertraglich keine besondere Beschaffenheit vereinbart wurde, ist entscheidend, ob die Wohnung sich für die »vertraglich vorausgesetzte Verwendung« eignet. Wurde auch hierzu nichts vereinbart, ist die Wohnung mangelfrei, wenn sie sich für die »gewöhnliche Verwendung« eignet und die Eigenschaften aufweist, die üblich sind und vom Käufer erwartet werden dürfen. Das bedeutet, dass Sie nicht nur Fehler bei der Bauausführung beanstanden, sondern auch die Planung und zugesicherten Leistungen mit den tatsächlich vorhandenen vergleichen und Planungsmängel sowie fehlende oder nicht vereinbarte Leistungen rügen sollten.

Checkliste: Abnahme des Sondereigentums

Diese Checkliste ist ein Leitfaden, der bei Bedarf entsprechend erweitert werden muss. Sie erhebt keinen Anspruch auf Vollständigkeit, die Zahl möglicher Fehlerquellen kann natürlich höher sein. Achten Sie bei allen Bauteilen vor allem darauf, ob sie mit der Baubeschreibung und den Bauplänen übereinstimmen.

Türen

- [ ] Entsprechen die Öffnungsrichtungen und der Öffnungsradius der Türen der Planung?
- [ ] Entsprechen die Türhöhen und Türbreiten der Planung?
- [ ] Sind die Türen lotrecht eingebaut?
- [ ] Funktioniert das Schließsystem der Türen?
- [ ] Sind ausreichend Schlüssel vorhanden?
- [ ] Ist ein leichtgängiges Schließen und Öffnen der Türen möglich?
- [ ] Schließen die Türen dicht?
- [ ] Weisen die Türblattoberflächen und die Zargen Beschädigungen auf?
- [ ] Ist der Anschluss der Zargen an der Wand korrekt?

Räume

- [ ] Entsprechen Größe und Anordnung der Räume den Plänen?
- [ ] Entspricht die Wohnfläche der Wohnflächenberechnung?

Bodenbeläge

- [ ] Sind die Bodenbeläge eben verlegt?
- [ ] Haben sich Risse oder Fugen gebildet?
- [ ] Gibt es Flecken oder Beschädigungen auf den Bodenbelägen?
- [ ] Gibt es Stolperkanten?
- [ ] Sind die Bodenbeläge ausreichend befestigt?
- [ ] Stimmen die Verlegemuster?
- [ ] Sind einheitliche und angemessene Fugenbreiten zu erkennen?
- [ ] Sind die Fußleisten fachgerecht verlegt?

Wände und Decken

- [ ] Ist der Putz gleichmäßig aufgetragen?
- [ ] Ist die Oberflächenstruktur einheitlich wie vereinbart?
- [ ] Sind die Anstriche sorgfältig und fachgemäß aufgetragen?

- [ ] Sind die Tapeten fachgemäß aufgebracht (→ Nähte, Stöße, Anschlüsse)?

Fenster

- [ ] Entsprechen Höhe und Breite der Fenster den Plänen?
- [ ] Ist der Einbau lotrecht?
- [ ] Sind die Wandanschlüsse innen und außen fachgerecht ausgeführt?
- [ ] Entsprechen die Öffnungsrichtungen und der Öffnungsradius der Planung?
- [ ] Ist ein leichtgängiges Schließen und Öffnen der Fenster möglich?
- [ ] Schließen die Fenster dicht?
- [ ] Ist der Anstrich (bei Holzfenstern) fachgerecht ausgeführt?
- [ ] Sind die Glasoberflächen frei von Kratzern?

Fensterbänke

- [ ] Sind die Fensterbänke waagerecht eingebaut?
- [ ] Ist der Wandanschluss fachgerecht ausgeführt?
- [ ] Sind die Fensterbänke frei von Kratzern und sonstigen Beschädigungen?

Rollläden

- [ ] Ist die Bandführung lotrecht?
- [ ] Ist der Ein- und Auszug leichtgängig?

Elektroinstallation

- [ ] Entspricht die Anzahl der Schalter der Baubeschreibung und sind sie nach Plan eingebaut?
- [ ] Entspricht die Anzahl der Steckdosen der Baubeschreibung und sind sie nach Plan eingebaut?
- [ ] Sind die Lichtauslässe in den Wänden und Decken (Anzahl und Lage) korrekt angebracht?
- [ ] Gibt es keinen Luftzug an den Steckdosen?
- [ ] Ist die Stromzufuhr zu allen Schaltern und Steckdosen gegeben?

Badezimmer

- [ ] Entspricht die Badezimmerausstattung der Baubeschreibung?
- [ ] Sind die Wasseranschlüsse und -abflüsse voll funktionstüchtig?
- [ ] Sind die Befestigungen fachgerecht ausgeführt?

- [ ] Haben Waschbecken und Toilettensitz die richtige Einbauhöhe?
- [ ] Sind die Silikonabdichtungen der Sanitärgegenstände fachgerecht ausgeführt?
- [ ] Sind die Duschtrennwände dicht?
- [ ] Sind Revisionsöffnungen vorhanden?
- [ ] Ist bei einem fensterlosen Badezimmer oder WC eine Entlüftung vorhanden?
- [ ] Sind die Wandfliesen fachgerecht verlegt?

Küche

- [ ] Entspricht die Anzahl der Steckdosen der Baubeschreibung und sind sie nach Plan eingebaut?
- [ ] Sind die Wasseranschlüsse und -abflüsse voll funktionstüchtig?
- [ ] Ist die Einbauküche passgenau eingebaut oder einbaubar?
- [ ] Sind die Wandfliesen fachgerecht verlegt?
- [ ] Ist eine Entlüftung vorhanden und funktionstüchtig?

Heizung

- [ ] Entspricht die Größe und Breite der Heizkörper der Baubeschreibung und sind sie nach Plan eingebaut?
- [ ] Ist die Oberfläche der Heizkörper frei von Kratzern und sonstigen Beschädigungen?
- [ ] Sind die Heizkörper fachgerecht befestigt?

Übergabe einer gebrauchten Eigentumswohnung

Da bei älteren Immobilien der Verkäufer meist seine Haftung für Mängel ausschließt (→ Seite 169 ff.), muss die Prüfung der Wohnung vor der Kaufentscheidung und Vertragsvereinbarung stattfinden. Für Bauschäden und Mängel muss unter anderem im Kaufvertrag eine Kaufpreisreduzierung vereinbart werden. Nach dem Vertragsschluss ist es hierfür zu spät.

Die Übergabe beschränkt sich in der Regel auf eine Überprüfung, ob die Wohnung im vereinbarten Zustand übergeben wird. Ob sie also

- vollständig leer geräumt,
- unter Verbleib bestimmter Einbaumöbel (zum Beispiel Einbauküche) oder
- renoviert übergeben wird.

Zu prüfen ist auch, ob sich die im Sondereigentum befindlichen Ausstattungselemente und Gebäudeteile, zum Beispiel Heizkörper, Badezimmerausstattung, Markisen (weitere → Seite 85 f.), in gutem Zustand befinden oder renovierungsbedürftig sind.

Achtung!

Obwohl grundsätzlich Gemeinschaftseigentum, kommt es vor, dass Wohnungseigentümer mit Duldung der Eigentümergemeinschaft Fenster auf eigene Rechnung austauschen. Fragen Sie gegebenenfalls nach und klären, wer für die Instandhaltung dieser Fenster weiterhin aufkommen soll.

Sind Renovierungsarbeiten wie zum Beispiel neue Anstriche oder Tapeten, Ersatz der Bodenbeläge, Fensteranstrich und anderes mit dem Verkäufer vereinbart worden, sind diese abzunehmen.

Das Übergabeprotokoll

Wichtig ist das Ablesen der Zählerstände für den Verbrauch von Strom, Wasser und Gas. Nehmen Sie in das Übergabeprotokoll, das von Ihnen und vom Verkäufer unterschrieben wird, Folgendes auf:

- den Erhalt der Haus- und Wohnungsschlüssel,
- den Zählerstand für den Wohnungsstrom, der direkt mit dem Versorgungswerk abzurechnen ist,
- den Zählerstand der Wasseruhr, soweit die Wohnung über einen eigenen Wasserzähler verfügt,
- das Ableseergebnis an den Heizkörpern bzw. den Zählerstand des Gaszählers.

Den Versorgungsunternehmen wie der Telefongesellschaft sollte der Eigentümerwechsel möglichst rasch mitgeteilt werden. Ebenso sollte der Verwalter über das Ableseergebnis der Heizkörper und Wasseruhren für eine entsprechende Verrechnung mit dem Hausgeld informiert werden.

Nach dem Erwerb
Was tun in besonderen Situationen?

Ist der Kauf vollzogen und die Wohnung übergeben, stellen sich für den Erwerber oft neue Fragen. Diese betreffen häufig Mängel der Wohnung, die Vermietung, Auseinandersetzungen mit der Wohnungseigentümergemeinschaft, aber auch familien- und erbrechtliche Aspekte.

Was tun, wenn sich Mängel zeigen?

Leider passiert es nicht selten, dass der Käufer nach dem Erwerb seiner neuen Wohnung Mängel feststellt.

Zuerst den Kaufvertrag lesen. Welche Rechte Sie bei Mängeln haben und wie Sie damit umgehen sollten, richtet sich zunächst einmal nach den Vereinbarungen im Kaufvertrag.

Zunächst prüfen, ob die Haftung des Verkäufers im Vertrag eingeschränkt wurde

Bei der Veräußerung einer Bestandsimmobilie durch eine Privatperson schließt der Verkäufer fast immer seine Haftung für Mängel aus. Soweit dies im Kaufvertrag geschehen ist, können Sie grundsätzlich keinerlei Ansprüche wegen Mängeln geltend machen. Ausnahmen bestehen allenfalls dann, wenn der Verkäufer den Mangel kannte und Ihnen gegenüber arglistig verschwiegen hat oder wenn er eine Garantie gegeben hat, der die Wohnung nicht entspricht.

Ist der Verkäufer ein Immobilienunternehmen oder Bauträger, darf er seine Haftung für Mängel der Wohnung nur modifizieren, nicht aber vollständig ausschließen (→ Seite 169 ff.). In den Fällen, in denen Ihr Vertragspartner für einen Mangel an der Wohnung haftet und die Verjährungsfristen noch nicht abgelaufen sind, müssen Sie ihm zunächst eine Frist setzen, innerhalb derer er »nacherfüllen«, also den Mangel beseitigen muss. Dies sollte aus Beweisgründen schriftlich geschehen.

Kommt der Verkäufer Ihrer Aufforderung nicht nach oder ist die Mängelbeseitigung zum wiederholten Mal nicht von Erfolg gekrönt, können Sie – vorbehaltlich der vertraglichen Vereinbarungen – nach Ihrer Wahl den Kaufpreis angemessen mindern oder Schadenersatz verlangen. Beim Kauf vom Bauträger können Sie sich auch dafür entscheiden, den Mangel selbst zu beseitigen und den Bauträger wegen der dadurch entstandenen Kosten in Anspruch zu nehmen. Vom Vertrag zurücktreten dürfen Sie hingegen immer nur dann, wenn der Mangel erheblich ist.

Wichtig!

Ob und in welchem Umfang ein Mangel vorliegt, welche Rechte deswegen nach dem Kaufvertrag geltend gemacht werden können und was dabei sinnvoll ist, ist stets individuell zu klären. Um hier kostspielige Fehler zu vermeiden, sollten Sie sich daher unbedingt juristisch eingehend beraten lassen, bevor Sie den Verkäufer wegen Mängeln in Anspruch nehmen!

Mängel am Gemeinschaftseigentum. Besonderheiten bestehen, wenn nicht die Wohnung, also das verkaufte Sondereigentum selbst, mangelhaft ist, sondern Gebäude- oder Grundstücksteile, die im Gemeinschaftseigentum stehen wie die Fassade oder das Treppenhaus. In diesem Fall muss der Käufer zunächst auf etwaige Entscheidungen der Wohnungseigentümergemeinschaft achten: Hat diese beispielsweise beschlossen, dass der Bauunternehmer zunächst zur Nacherfüllung und sodann zur Zahlung von Schadenersatz aufgefordert wird, kann der einzelne Wohnungseigentümer grundsätzlich keine Forderungen an den Bauunternehmer stellen, die von diesem Beschluss abweichen. Dasselbe gilt, wenn die Wohnungseigentümergemeinschaft einvernehmlich mit dem Bauunternehmer vereinbart hat, wie mit den Mängeln am Gemeinschaftseigentum verfahren werden soll.

Schließlich darf der einzelne Wohnungseigentümer nicht ohne Weiteres eine Klage im eigenen Namen gegen den Bauunternehmer wegen der Mängel am Gemeinschaftseigentum erheben. Beim Kauf vom Bauträger ist außerdem sorgfältig zu prüfen, wann die Abnahme des Gemeinschaftseigentums erfolgt ist und ob damit bereits die Verjährungsfrist auch für Ihre Ansprüche begonnen hat.

Wann verjähren Ansprüche gegen den Verkäufer?

Wenn Sie den Verkäufer wegen Mängeln der Wohnung in Anspruch nehmen möchten, muss dies innerhalb einer bestimmten Frist geschehen, der Verjährungsfrist. Dieser Zeitraum wird häufig auch als »Gewährleistungszeit« bezeichnet. Ist die Frist abgelaufen und damit Verjährung eingetreten, haben Sie keine Möglichkeit mehr, Ihre Ansprüche gegen Ihren Vertragspartner durchzusetzen.

Die Abgrenzung, welche Verjährungsregeln im konkreten Fall gelten, kann sehr schwierig sein. Daher kann hier nur ein allgemeiner Überblick gegeben werden, der eine individuelle juristische Beratung selbstverständlich nicht ersetzen kann.

Fünf Jahre Verjährungsfrist für Mängelansprüche an Bausubstanz

Verjährungsfrist für Ansprüche wegen Mängeln. Beim Kauf einer Immobilie beträgt die Verjährungsfrist für Ansprüche des Käufers wegen Mängeln daran nach dem BGB grundsätzlich fünf Jahre. Dies gilt aber nur für Mängel an der Wohnung selbst, also insbesondere an der Bausubstanz! Werden Möbel oder andere Gegenstände mitverkauft, verjähren Ansprüche des Käufers wegen Mängeln daran nach dem Gesetz grundsätzlich innerhalb von zwei Jahren.

Je nachdem, ob Sie eine gebrauchte Wohnung oder einen Neubau erwerben, kann der Kaufvertrag hiervon abweichende Regelungen enthalten. Beim Erwerb einer gebrauchten Wohnung ist dies zu Lasten des Käufers nahezu uneingeschränkt zulässig bis hin zum völligen Ausschluss der Haftung des Verkäufers wegen Mängeln (→ Seite 169 ff.). Beim Kauf einer noch im Bau befindlichen Wohnung greift hingegen für Baumängel nach dem BGB immer die gesetzliche Verjährungsfrist von fünf Jahren. Dasselbe gilt auch für den Erwerb einer Neubauwohnung vom Bauträger, die nach ihrer Fertigstellung kurze Zeit leer gestanden hat oder vermietet war, und für den Kauf einer umfassend renovierten Altbauwohnung vom Bauträger, wenn die darin ausgeführten Arbeiten mit einem Neubau vergleichbar sind.

Wenn allerdings der Verkäufer ein Unternehmer und der Käufer ein Verbraucher ist und mit der Wohnung zusammen gebrauchte Gegenstände wie zum Beispiel Möbel mitverkauft werden, darf die Verjährungsfrist von Ansprüchen wegen Mängeln an solchen Gegenständen nicht auf weniger als ein Jahr verkürzt werden.

Beginn der Verjährungsfrist. Beim Kauf einer gebrauchten Wohnung beginnt die Verjährungsfrist in dem Moment, in dem Ihnen die Wohnung nebst etwaig mitverkauften Gegenständen übergeben wird. Ist die Wohnung zum Zeitpunkt des Kaufs noch nicht oder gerade erst vollständig errichtet, beginnt die Verjährungsfrist mit deren Abnahme.

Wichtig!

Auf der sicheren Seite befinden Sie sich, wenn Sie vor Ablauf der Verjährungsfrist gerichtliche Schritte einleiten, zum Beispiel durch Erhebung einer Klage auf Beseitigung der festgestellten Mängel. Die bloße Anmeldung Ihrer Rechte beim Verkäufer reicht nicht aus, um die Verjährung der Ansprüche zu verhindern!

Wenn Sie eine Wohnung in einem gerade fertiggestellten Objekt erwerben, bei dem die Abnahme des Gemeinschaftseigentums bereits stattgefunden hat, wird im Kaufvertrag häufig vereinbart, dass der Käufer die Abnahme des Gemeinschaftseigentums gegen sich gelten lassen muss. Dies hat zur Folge, dass auch für Sie die Verjährungsfrist für Ihre Ansprüche wegen Mängeln am Gemeinschaftseigentum mit dieser Abnahme und damit schon vor dem Abschluss des Kaufvertrags begonnen hat.

Wenn es zum Streit kommt ...

Kommt es innerhalb der Wohnungseigentümergemeinschaft zum Streit, ist dafür in den meisten Fällen das Amtsgericht zuständig, in dessen Bezirk das betreffende Objekt liegt. Dies gilt insbesondere für Auseinandersetzungen der Wohnungseigentümer untereinander über ihre jeweiligen Rechte und Pflichten, für Streitigkeiten mit dem Verwalter über seine Tätigkeit und für Klagen eines Wohnungseigentümers oder auch des Verwalters im Zusammenhang mit der Gültigkeit von Beschlüssen der Wohnungseigentümer. Daher entscheidet das örtliche Amtsgericht unter anderem über Streitigkeiten bei Verstößen gegen die Hausordnung, über Ansprüche des Verwalters auf Zahlung von Vergütung oder auch über Schadenersatzforderungen der Eigentümer gegen den Verwalter wegen Verletzung seiner Pflichten.

Einen Schwerpunkt von Streitigkeiten nach dem WEG bildet die Anfechtung von Beschlüssen der Eigentümerversammlung durch einen Wohnungseigentümer. Die Anfechtung muss grundsätzlich innerhalb eines Monats nach der Beschlussfassung beim Gericht erklärt und binnen zwei Monaten nach der Beschlussfassung ausführlich und detailliert (unter Angabe von Beweismitteln) begründet werden.

Wichtig!

Auf der sicheren Seite befinden Sie sich, wenn Sie vor Ablauf der Verjährungsfrist gerichtliche Schritte einleiten, zum Beispiel durch Erhebung einer Klage auf Beseitigung der festgestellten Mängel. Die bloße Anmeldung Ihrer Rechte beim Verkäufer reicht nicht aus, um die Verjährung der Ansprüche zu verhindern!

Klageerhebung und Verfahren. Ein Verfahren nach WEG wird eingeleitet, indem ein entsprechender Antrag schriftlich oder zu Protokoll der Geschäftsstelle des Gerichts gestellt wird. Der Kläger muss außerdem einen Vorschuss auf die Gerichtskosten einzahlen. Dann wird die Klageschrift der Gegenseite zur Stellungnahme zugeleitet. Nachdem Kläger und Beklagte ihre Argumente vorgebracht haben, wird das Gericht grundsätzlich einen Termin zur mündlichen Verhandlung bestimmen. Ein solcher Termin dient dazu, die Angelegenheit zu erörtern. Wird hierbei keine einvernehmliche Lösung gefunden, entscheidet (mitunter nach einer Beweisaufnahme) das Gericht durch ein Urteil. Wenn die sonstigen Voraussetzungen hierfür vorliegen, kann die unterlegene Partei dieses Urteil innerhalb eines Monats ab seiner Zustellung mit der Berufung beim zuständigen Landgericht anfechten.

Beratung und Vertretung durch einen Rechtsanwalt. Selbstverständlich können Sie sich bei solchen Verfahren durch einen Rechtsanwalt vertreten lassen. Das ist insbesondere dann zu empfehlen, wenn Sie nicht nur als Mitglied der Miteigentümergemeinschaft am Verfahren beteiligt sind, sondern alleiniger Kläger oder Beklagter sind. Möchten Sie Berufung gegen ein Urteil des Amtsgerichts einlegen, müssen Sie zwingend einen Rechtsanwalt hiermit beauftragen.

Unabhängig hiervon sollten Sie sich immer durch einen Rechtsanwalt beraten lassen, bevor Sie vor Gericht aktiv werden. Das Wohnungseigentumsrecht ist eine sehr komplizierte und schwer überschaubare Materie. Daher kann nur ein kompetenter Fachmann beurteilen, ob und wie solche Verfahren geführt werden sollten und wie teuer dies werden kann. Aber nicht nur die juristischen Erfolgsaussichten und die dabei entstehenden Kosten sind vor der Einleitung gerichtlicher Schritte zu berücksichtigen. Bedenken Sie auch, dass solche Auseinandersetzungen die Atmosphäre innerhalb der Wohnungseigentümergemeinschaft empfindlich stören können. Das gilt insbesondere dann, wenn Sie Ihre Eigentumswohnung selbst bewohnen und die Miteigentümer damit auch Ihre Nachbarn sind.

Die Vermietung

Vermieter sind für ihre Mieter verantwortlich

Wenn Sie eine Eigentumswohnung vermieten, sollten Sie schon bei der Auswahl des Mieters im Auge behalten, dass Sie gegenüber der Wohnungseigentümergemeinschaft für dessen Verhalten verantwortlich sind. Beschwerden der Miteigentümer über Ihren Mieter können Sie also nicht damit abtun, dass nicht Sie die Wohnung bewohnen. Umgekehrt können Sie vom Mieter nichts verlangen, wozu er sich nicht auch im Mietvertrag verpflichtet hat, und zwar selbst dann nicht, wenn Sie selbst gegenüber der Gemeinschaft eine entsprechende Verpflichtung, zum Beispiel zur Gartenpflege, eingegangen sind.

Berücksichtigung der gemeinschaftlichen Vorgaben bei der Vermietung. Zunächst sollten Sie die Teilungserklärung und die Gemeinschaftsordnung durchsehen und prüfen, ob die Vermietung der Wohnung überhaupt erlaubt und ob die Zustimmung des Verwalters dazu erforderlich ist. Achten Sie unbedingt darauf, dass Sie im Mietvertrag nur einen solchen Nutzungszweck vereinbaren, der im Einklang mit den Vorgaben der Teilungserklärung, der Gemeinschaftsordnung und den sonstigen Vereinbarungen der Gemeinschaft steht. Eine in der Teilungserklärung als solche bezeichnete Wohnung sollte auch nur als Wohnung vermietet werden. Andernfalls können Sie in eine äußerst schwierige und unangenehme Situation kommen: Wenn Sie eine Wohnung entgegen der Teilungserklärung zum Beispiel zum Betrieb eines Friseursalons vermieten, ist der Mietvertrag durchaus wirksam. Der Mieter hat also einen Anspruch darauf, einen Friseursalon in der Wohnung einzurichten, wenn das im Mietvertrag vereinbart ist. Gleichzeitig kann aber die Eigentümergemeinschaft von Ihnen verlangen, dass Sie eine solche Nutzung unterbinden. Dass dieses Dilemma für Sie schwerwiegende Folgen hat, liegt auf der Hand.

Betriebskostenverordnung regelt die auf Mieter umlegbaren Kosten

Umlage von Betriebskosten auf den Mieter. Regelmäßig wird vereinbart, dass der Mieter neben der Miete auch die Betriebskosten tragen und darauf monatliche Vorauszahlungen leisten muss, über die der Vermieter jährlich abrechnen muss. Diese Kosten sind aber nicht gleichzusetzen mit denen, die Sie als Wohnungseigentümer auf der Grundlage des Wirtschaftsplans und der Jahresabrechnung zu tragen haben! Zahlreiche der darin aufgeführten Positionen dürfen aus mietrechtlichen Gründen gar nicht auf den Mieter umgelegt werden. Das gilt zum Beispiel für Instandhaltungs- und Instandsetzungskosten oder auch die Vergütung des Verwalters. Aus diesem Grund können Sie auch nicht die Einzeljahresabrechnung der Gemeinschaft einfach an den Mieter weiterreichen. Welche dieser Kosten auf den Mieter umgelegt werden dürfen, regelt die Betriebskostenverordnung, deren Text im Buchhandel und im Internet erhältlich ist. Die Betriebskosten, die der Mieter tragen soll, müssen eindeutig und unmissverständlich unter Angabe des Verteilungsschlüssels im Mietvertrag aufgeführt werden. Bei der jährlichen Betriebskostenabrechnung für den Mieter haben Sie sich dann vorrangig an den mietvertraglichen Vereinbarungen zu orientieren. Ihrer Einzeljahresabrechnung können Sie lediglich die jeweilige Höhe der Kosten entnehmen.

Sonstige Besonderheiten im Mietvertrag. Zum Inhalt des Mietvertrags sollten außerdem all jene Verhaltenspflichten gemacht werden, die sich für den Nutzer einer Wohnung aus der Teilungserklärung, der Gemeinschaftsordnung oder sonstigen Vereinbarungen sowie den Beschlüssen der Wohnungseigentümergemeinschaft ergeben. Dem Mieter sollten zum Beispiel eigenmächtige bauliche Veränderungen der Mietsache untersagt werden. Aus demselben Grund sollte auch die von den Wohnungseigentümern vereinbarte Hausordnung im Mietvertrag ausdrücklich erwähnt und dem Vertrag auch beigefügt werden.

Vorsorge für den Trennungs- und Todesfall

Beim Kauf auch an Vorsorge denken

Der Erwerb der Eigentumswohnung sollte auch Anlass dazu geben, sich über die Zukunft Gedanken zu machen, nämlich das Ende einer Partnerschaft, das Ende der Ehe oder das Ende des Lebens. Sind Sie alleinstehend, werden Sie Ihr Augenmerk allein darauf lenken, was im Falle Ihres Todes mit der Wohnung geschehen soll. Sobald Sie in einer Partnerschaft leben und die gekaufte Wohnung als gemeinsames Heim dienen soll, stellen sich dagegen zwangsläufig rechtliche und finanzielle Fragen, die geklärt werden sollten:

- Was soll bei einer Trennung geschehen? Wer wohnt dann weiter in der Wohnung und wer zieht aus? Oder soll die Wohnung verkauft und der Erlös geteilt werden?
- Was geschieht, wenn ein Partner stirbt? Können Hinterbliebene die Wohnung noch halten, wenn zum Beispiel durch den Tod ein Einkommen wegfällt? Welche steuerlichen Folgen ergeben sich für die Erben?

Ein Patentrezept zur Lösung dieser Fragen kann es nicht geben. Die für Sie geeignete Gestaltung lässt sich nur bei einer eingehenden individuellen Beratung finden. Daher kann dieses Buch die verschiedenen Möglichkeiten nur anreißen.

Vorsorge für den Fall der Trennung. Kauft ein Paar eine Immobilie, so kommt das oft dem Bekenntnis zu einer stabilen Beziehung gleich. Einem Ende der Beziehung wird dabei eher wenig Aufmerksamkeit geschenkt. Diese Haltung ist ebenso verständlich wie riskant. Jeder weiß im Grunde, wie oft Beziehungen zur Überraschung aller vorzeitig enden.

Für Paare, die als Miteigentümer eine Wohnung erwerben, ist es zwar nicht romantisch, aber dennoch vernünftig, bereits frühzeitig Vorkehrungen für den – theoretischen – Fall einer Trennung zu treffen. So kann vereinbart werden, wer in der Wohnung bleiben und wer – gegebenenfalls gegen eine angemessene Ausgleichszahlung – ausziehen soll. Die Partner können sich auch dazu verpflichten, nach der Trennung auf eine Teilungsversteigerung (→ Seite 38) zu verzichten und sich stattdessen um einen freien Verkauf zu bemühen. Dies alles kann unter anderem in der Form eines Partnerschaftsvertrags detailliert geregelt werden. Ehepaare können einen Ehevertrag schließen, der Regelungen zur Immobilie enthalten kann, aber nicht hierauf beschränkt sein muss.

Auch junge Käufer sollten Todesfall absichern

Vorsorge für den Todesfall. Die Vorsorge für den Todesfall betrifft Alleinstehende ebenso wie Menschen, die in einer Partnerschaft leben. Insbesondere jüngere Käufer einer Eigentumswohnung denken noch nicht an die Fragen, die der Tod aufwerfen könnte. Das sollten sie aber tun! Die Immobilie ist dann oft noch mit Bankverbindlichkeiten belastet, die für die Erben finanzielle Einschränkungen bedeuten können. Vielleicht gehören auch minderjährige Kinder zu den Erben, was weiteren Regelungsbedarf auslöst.

Die gewünschten Regelungen beim Tod des Allein- oder Miteigentümers der Wohnung können durch ein Testament oder einen Erbvertrag festgelegt werden. Zusätzlich haben verheiratete Paare die Möglichkeit, ein gemeinschaftliches Testament zu errichten. Dieser Weg steht auch gleichgeschlechtlichen Paaren offen, die miteinander in einer eingetragenen Lebenspartnerschaft im Sinne des Lebenspartnerschaftsgesetzes leben. Welche Lösung in Ihrem Fall zu empfehlen ist, kann nur nach einer individuellen Beratung durch einen Fachmann entschieden werden. Hier ist immer ein »Maßanzug« statt einer Lösung »von der Stange« gefordert.

Dies alles kann und soll für Sie nur ein Anstoß sein, bei aller Freude über die gefundene Eigentumswohnung auch über solche Fragen nachzudenken, die hoffentlich noch weit in der Zukunft liegen. Wenden Sie sich an den Berater Ihres Vertrauens, der Ihnen weiterhelfen wird. Denken Sie dabei auch daran, dass die meisten Regelungen in diesem Zusammenhang notariell beurkundet werden müssen oder jedenfalls werden sollten.

Anhang

Weiterführende Literatur

Verbraucherzentrale (Hrsg.)

Die Baufinanzierung
Der beste Weg zu Haus oder Eigentumswohnung
Düsseldorf 2011

Bausparen
Verträge optimal ausnutzen – zum Sparen und Finanzieren
Düsseldorf 2010

Eigentumswohnung
Selbst nutzen, verwalten, vermieten
Düsseldorf 2012

Gebäude modernisieren – Energie sparen
Düsseldorf 2012

Ihr Weg zum Wohneigentum
Finanzieren, planen, entscheiden
Düsseldorf 2010

Kostenfallen beim Immobilienkauf
Versteckte Risiken erkennen und ausschalten
Düsseldorf 2012

Wärmedämmung
Vom Keller bis zum Dach
Düsseldorf 2009

Wenn das Mietverhältnis endet
Kündigung, Schönheitsreparaturen, Wohnungsübergabe
Düsseldorf 2011

Versicherungen für Haus und Wohnung
Düsseldorf 2010

Feuchtigkeit und Schimmelbildung
Düsseldorf 2012

wohnen im eigentum e. V. (Hrsg.)

Der Modernisierungsknigge für Wohnungseigentümer
Ein Wegweiser durch das Rechts-Labyrinth bei Instandsetzungen, Modernisierungen und baulichen Veränderungen
Bonn 2010

Unbekannt und unbeachtet
60 Jahre Wohnungseigentum
Bonn 2011

Wenn es Streit gibt ...
Über Absicherung der WEG-Gelder vor Veruntreuung. Treuhandkonten oder offene Fremdgeldkonten? Entlastung des Verwalters? Abberufung des Verwalters und Kündigung des Verwaltervertrages! Stimmrechts-Vollmachten?
Bonn 2012

Verbraucherorientierter Muster-Verwaltungsvertrag
Als Verhandlungsgrundlage und zum Vergleich
Loseblattsammlung
Bonn 2011

Checklisten »So finden wir den geeigneten Verwalter« und **»So gut arbeitet unser Verwalter«**
Bonn 2009

Leitfaden zur Prüfung von Jahresabrechnungen
Bonn 2012

Das neue Wohnungseigentumsgesetz
Die wichtigsten Änderungen Schritt für Schritt erklärt!
Bonn 2007

Maklerleistungen für Wohnimmobilien –
Provisionen und Konditionen erfolgreich verhandeln
Bonn 2007

Eigentum verpflichtet –
Teilungserklärungen und Gemeinschafts-ordnungen sicher beurteilen
Bonn 2007

Muster-Teilungserklärung und **Muster-Gemeinschaftsordnung**
Bonn 2007
Kostenloser Download von der Website www.wohnen-im-eigentum.de/content/news/070228_muster_ teilgserklg.php4

Energiecontracting
Neue Heizung zum Nulltarif?
Bonn 2008

Weitere Informationen und Tipps unter www.wohnen-im-eigentum.de sowie unter www.verwaltungsbeiraete.de

Adressen

Verbraucher allgemein

Verbraucherzentrale Bundesverband e.V.
Markgrafenstraße 66
10969 Berlin
Telefon: 0 30/2 58 00-0
Fax: 0 30/2 58 00-5 18
www.vzbv.de

Verbraucherzentralen

Verbraucherzentrale Baden-Württemberg e. V.
Paulinenstraße 47
70178 Stuttgart
Telefon: 0 711/66 91 10
Fax: 07 11/66 91-50
www.vz-bawue.de

Verbraucherzentrale Bayern e. V.
Mozartstraße 9
80336 München
Telefon: 0 89/5 39 87-0
Fax: 0 89/53 75 53
www.verbraucherzentrale-bayern.de

Verbraucherzentrale Berlin e. V.
Hardenbergplatz 2
10623 Berlin
Telefon: 0 30/2 14 85-0
Fax: 0 30/2 11 72 01
www.verbraucherzentrale-berlin.de

Verbraucherzentrale Brandenburg e. V.
Templiner Straße 21
14473 Potsdam
Telefon: 03 31/2 98 71-0
Fax: 03 31/2 98 71-77
www.vzb.de

Verbraucherzentrale des Landes Bremen e. V.
Altenweg 4
28195 Bremen
Telefon: 04 21/1 60 77-7
Fax: 04 21/1 60 77 80
www.verbraucherzentrale-bremen.de

Verbraucherzentrale Hamburg e. V.
Kirchenallee 22
20099 Hamburg
Telefon: 0 40/2 48 32-0
Fax: 0 40/2 48 32-290
www.vzhh.de

Verbraucherzentrale Hessen e. V.
Große Friedberger Straße 13–17
60313 Frankfurt/Main
Telefon: 0 69/97 20 10-0
Fax: 0 69/97 20 10-40
www.verbraucher-zentrale-hessen.de

Neue Verbraucherzentrale in Mecklenburg und Vorpommern e. V.
Strandstraße 98
18055 Rostock
Telefon: 03 81/2 08 70 50
Fax: 03 81/2 08 70 30
www.nvzmv.de

Verbraucherzentrale Niedersachsen e. V.
Herrenstraße 14
30159 Hannover
Telefon: 05 11/ 9 11 96-0
Fax: 05 11/9 11 96-10
www.verbraucherzentrale-niedersachsen.de

Verbraucherzentrale Nordrhein-Westfalen e. V.
Mintropstraße 27
40215 Düsseldorf
Telefon: 02 11/38 09-0
Fax: 02 11/38 09-172
www.vz-nrw.de

Verbraucherzentrale Rheinland-Pfalz e. V.
Seppel-Glückert-Passage 10
55116 Mainz
Telefon: 0 61 31/28 48-0
Fax: 0 61 31/28 48-66
www.verbraucherzentrale-rlp.de

Verbraucherzentrale des Saarlandes e. V.
Trierer Straße 22
66111 Saarbrücken
Telefon: 06 81/5 00 89-0
Fax: 06 81/5 00 89-22
www.vz-saar.de

Verbraucherzentrale Sachsen e. V.
Brühl 34–38
04109 Leipzig
Telefon: 03 41/69 62 90
Fax: 03 41/6 89 28 26
www.verbraucherzentrale-sachsen.de

Verbraucherzentrale Sachsen-Anhalt e. V.
Steinbockgasse 1
06108 Halle
Telefon: 03 45/2 98 03-29
Fax: 03 45/2 98 03-26
www.vzsa.de

Verbraucherzentrale Schleswig-Holstein e. V.
Andreas-Gayk-Straße 15
24103 Kiel
Telefon: 04 31/5 90 99-0
Fax: 04 31/5 90 99-77
www.verbraucherzentrale-sh.de

Verbraucherzentrale Thüringen e. V.
Eugen-Richter-Straße 45
99085 Erfurt
Telefon: 03 61/5 55 14-0
Fax: 03 61/5 55 14-40
www.vzth.de

Weitere hilfreiche Adressen

Verein Deutscher Wohnungseigentümer e.V. (VDWE)
Irmastraße 16
12683 Berlin
Tel. 0 30/51 48 88-0
Fax 0 30/51 48 88-78
info@vdwe.de
www.vdwe.de

wohnen im eigentum. die wohneigentümer e.V.
Thomas-Mann-Straße 5
53111 Bonn
Tel. 02 28/30 41 26 70
Fax 02 28/7 21 58 73
info@wohnen-im-eigentum.de
www.wohnen-im-eigentum.de

Haus & Grund Eigentümerschutz-Gemeinschaft
Mohrenstraße 33
10117 Berlin
(Postfach 08 01 64, 10001 Berlin)
Tel. 0 30/2 02 16-0
Fax 0 30/2 02 16-555
zv@haus-und-grund.net
www.haus-und-grund.net

Register

Herausgeber

Verbraucherzentrale Nordrhein-Westfalen e.V.
Mintropstr. 27, 40215 Düsseldorf
Tel. 02 11/38 09-5 55
Fax 02 11/38 09-2 35
publikationen@vz-nrw.de
www.vz-nrw.de

Mitherausgeber
Verbraucherzentrale Baden-Württemberg e.V.
Verbraucherzentrale Bundesverband e.V. (vzbv)
Verbraucherzentrale Hamburg e.V.
Verbraucherzentrale Niedersachsen e.V.
(Adressen → Seite 232 f.)

Autoren
RA Harald Haakshorst, Essen
Gabriele Heinrich, Bonn
RA Katja Hennig, Essen

Koordination
Frank Wolsiffer

Lektorat
Mendlewitsch + Meiser, Düsseldorf
www.mendlewitsch-meiser.de

Fachliche Beratung
RA Claus Mundorf

Umschlaggestaltung
Ute Lübbeke, www.LNT-design.de

Gestaltung und Satz
Kommunikationsdesign Petra Soeltzer, Düsseldorf
www.petrasoeltzer.de

Fotos
Cover: Artur Images, Klaus Frahm
Innenteil: Fotolia.com (© Eisenhans: S. 15, © Adam Radosavljevic: S. 65, © Friedberg: S. 77, 107, 155, © bella: S. 123, © H-J Paulsen: S. 139, © japolia: S. 165, © Yuri Arcurs: S. 217, © MAK: S. 229)

Druck und Verarbeitung
Stürtz GmbH, Würzburg

Einzelbestellung und Vertrieb
Bei allen Verbraucherzentralen
Adressen → Seite 232 ff.

Redaktionsschluss: März 2012

Die Autoren

Harald Haakshorst ist neben seiner langjährigen Tätigkeit als Rechtsanwalt und Notar auch in der Erwachsenenbildung, unter anderem im Bereich Immobilienrecht, tätig.
Katja Hennig ist Rechtsanwältin.
Beide überprüfen gemeinsam seit über zehn Jahren in Zusammenarbeit mit der Verbraucherzentrale NRW Bauträgerverträge für Kaufinteressenten.

Gabriele Heinrich, Dipl.-Geogr., ist geschäftsführendes Vorstandsmitglied des Vereins wohnen im eigentum e.V. (Mitgliedsverband der Verbraucherzentrale NRW).

Noch Fragen?

Unser Plus für Sie!

Die Beratung der Verbraucherzentralen

Hoffentlich haben Ihnen die Informationen in diesem Ratgeber weitergeholfen. Wenn Sie noch Fragen haben ...
Die Expertinnen und Experten der Verbraucherzentrale beraten Sie individuell, kompetent und unabhängig:

- in Ihrer **Beratungsstelle** vor Ort,
- am **Telefon** oder
- im **Internet**.

www.

Unter **www.verbraucherzentrale.de** finden Sie das vollständige Beratungsangebot in Ihrem Bundesland.

! Wir beraten zum Beispiel zu:

- Banken und Geldanlagen
- Baufinanzierung
- Energie
- Ernährung
- Haushalt, Freizeit, Telekommunikation
- Kreditrecht, Schuldner- und Insolvenzverfahren
- Patientenrechte und Gesundheitsdienstleistungen
- Reiserecht
- Versicherungen

Oder Sie nehmen direkt Kontakt mit Ihrer Verbraucherzentrale auf: Die **Adressen** finden Sie auf Seite 232–233.

Nutzen Sie unser Beratungsangebot und treffen Sie mit unserer Unterstützung die richtigen Entscheidungen.
Wir sind für Sie da!